KB131871

구야국(狗邪國)과 고대 동아시아

인제대학교 가야문화연구소
김해시

구야국과 고대 동아시아

엮은이 | 인제대학교 가야문화연구소
펴낸이 | 최병식
펴낸날 | 2015년 12월 21일
펴낸곳 | 주류성출판사
서울특별시 서초구 강남대로 435 (서초동 1305-5)
TEL | 02-3481-1024 (대표전화) • FAX | 02-3482-0656
www.juluesung.co.kr | juluesung@daum.net

값 20,000원

잘못된 책은 교환해 드립니다.

ISBN 978-89-6246-258-6 93910

구야국과 고대 동아시아

狗邪國

개 회 사

수로왕의 탄생과 가락국의 건국을 기념하는 가야문화축제의 한 마당으로 열리는 제21회 가야사국제학술회의의 개최를 기쁘게 생각합니다. 학술회의에 참석해 주신 국내외 연구자 여러분, 김해시장님과 김해시민 여러분, 그리고 가까운 날에 가야문화융성의 계승자가 될 부산 경남의 역사학 고고학 전공의 학생 여러분 모두에게 감사의 말씀을 올립니다.

우리 고장의 역사에 대한 애정으로 20년이 넘게 가야사 연구의 학술회의를 개최하고 있는 우리 김해시의 노력은 남다르다고 생각합니다. 이 학술회의를 주관하고 있는 인제대학교 가야문화연구소는 이러한 전통과 의미를 충분히 자각하고 보다 나은 내용의 학술회의와 연구결과의 전파를 위해 최선을 다하고자 합니다.

금번 국제학술회의의 주제는 '구야국과 고대 동아시아'입니다. 구야국이란 중국의 역사서인『삼국지』가 김해의 가야국을 가리켜 불렀던 말로 가야사의 시작을 생각하는 중요한 역사적 실체입니다. 3세기 후반 당시까지 서북한 지역에 있었던 선진의 중국군현과 후진지역이었던 일본열도의 왜국들을 교역으로 연결하면서 철을 수출하기도 했던 철의 왕국이면서 해상왕국이었습니다. 이러한 고대 동아시아 속의 구야국의 성격과 위상이 오늘과 내일 양일간의 회의에서 심도 있게 논의되고, 새로운 역사적 의미의 발견과 전파가 이루어질 수 있을 것으로 생각합니다.

발표와 토론 참가를 수락해 주신 학자 여러분들과 이번 학술대회를 준비하는 데 많은 도움을 주셨던 김해시청과 인제대학교 산학협력단, 그리고 국립김해박물관의 관계자 여러분께 심심한 감사의 말씀을 올립니다.

아무쪼록 오늘의 학술대회가 계획대로 잘 진행되고 풍성한 결실을 맺을 수 있도록 끝까지 자리해 주시고 성원해 주시기를 기대합니다.

오늘 자리하신 모든 분들의 건승하심과 가정의 평안을 기원합니다.

2015. 5. 1.

인제대학교 가야문화연구소

소장 이 영 식

환 영 사

제21회 가야사국제학술회의를 위해 우리 김해시를 찾아주신 중국과 일본, 그리고 전국의 학자 여러분과 학생 여러분을 환영하면서 존경하고 친애하는 김해시민 여러분과 함께 가야사국제학술회의의 개최를 축하하고 싶습니다.

우리 시가 개최하는 가야사국제학술회의의 첫 번째 목적이 진정한 가야사의 복원에 있음은 당연한 일입니다만, 가야왕국이라는 우리 시만의 이미지와 브랜드 창출과 함께, 문화관광분야에도 새로운 아이템과 자양분을 끊임없이 공급하는 싱크탱크로서의 의미도 있다고 생각합니다. 20년이 넘게 가야사의 비밀을 밝혀가며 우리 시 문화관광의 발전에도 기여해 주시는 학자여러분들께 감사의 말씀을 드립니다.

금년 가야사국제학술회의 주제는 '구야국과 고대 동아시아'라 합니다. 이제 53만이 넘은 우리 김해시민과 2만 5천명에 달하는 다문화가족이 김해라는 하나의 용광로에서 함께 들끓는 국제도시 김해에 시의적절한 주제라는 생각이 듭니다. 이번 국제학술회의의 성과가 우리 시가 당면과제로 설정하고 있는 국제화와 문화관광의 발전에도 올바른 방향의 제시와 좋은 자료의 제공으로 연결되기를 기대합니다.

금번 학술회의의 발표와 토론을 맡아 주신 한국 · 중국 · 일본 3국의 학자 여러분과 언제나 학술회의의 개최를 위해 많은 노력을 기울여주시는 김해시학술위원회의 신경철 · 조영제 · 이영식 교수님, 김정완 국립김해박물관장님과 이주헌 전)가야문화연구소장님께도 심심한 감사의 말씀을 올립니다.

가야사국제학술회의를 후원하는 국립김해박물관과 인제대학교 산학협력단에도 감사의 말씀을 올리면서, 학술회의를 주관하는 인제대학교 가야문화연구소 여러분의 노고에도 심심한 치하와 위로의 말씀을 올립니다.

부디 이번 학술회의가 계획한 대로 순조롭게 진행되고, 좋은 연구발표와 깊이 있는 토론이 가야사 연구의 진전으로 이어지기를 바랍니다. 아울러 학술회의의 성과가 우리 김해시 차세대의 교육과 문화관광의 발전을 위한 자산축적으로 이어지길 바라며, 우리 민족의 고대사를 보다 풍부하게 함과 동시에 이웃 나라의 '우리 역사 넘보기'를 제어할 수 있는 기회가 되기를 희망합니다.

끝으로 오늘 이 자리에 참석해주신 학자 여러분과 시민 여러분의 가정에 언제나 사랑과 행복이 충만하시기를 기원합니다. 감사합니다.

2015. 5. 1.

김해시장 김 맹 곤

축 사

안녕하십니까?

제21회 가야사국제학술대회에 참석하기 위하여 우리 박물관을 찾아주신 시민 여러분과 고고학 고대사 연구자 및 학생 여러분 반갑습니다. 환영합니다.

그리고 오늘 발표 이 학술대회를 위하여 중국과 일본에서 오신 발표자 및 토론자 여러분들께도 깊은 감사의 말씀을 드립니다.

가야사학술회의는 가야문화축제기간에 거의 매년 진행해 왔습니다만 작년까지만 해도 국내학술회의와 국제학술회의를 매년 번갈아 가며 해 왔었습니다만 금년에는 작년에 이어 국제학술회의로 진행하게 되었습니다. 그만큼 연구를 거듭할수록, 가야의 국제적인 성격이 부각되었고, 동아시아 전체의 역사 문화 속에서 가야사를 봐야 올바르게 파악할 수 있다는 그간의 연구 성과가 반영된 결정이겠지요. 이번 학술회의의 주제는 '구야국과 고대 동아시아'입니다. 가야 이전의 시기인 삼한시대에 이 지역에 있었던 구야국이 어떤 상황과 과정을 거쳐 가야로 발전해 나가는가를 밝혀보는 자리가 되겠습니다. 이 주제 또한 이제까지 때와 장소를 달리하여 다양한 연구자에 의해 여러 번 다루어져왔던 주제입니다만 새로운 자료의 증가와 이에 따른 다양한 접근방법 등으로 항상 새로운 시각이 탄생하고 있는 역동적인 분야입니다. 오늘은 또 어떤 자료와 시각이 소개될지 관심을 가지고 지켜보아 주시기 바랍니다.

멀리 해외에서까지 관계 전문가 선생님들을 어렵게 모신 만큼 청중 여러분들께서는 잘 경청하셔서 지역 향토사 이해의 폭을 넓히시기 바라며, 이 자리에 참석한 젊은 학도 여러분들도 여러 선생님들의 학문하는 자세, 시각 등을 이해하고 배우는 의미 있는 자리가 되길 기원합니다.

또한, 발표 및 토론하시는 선생님들께서도, 이 자리는 그간 학계의 연구 성과를 여기에 참석하신 시민 및 관심 있는 분들과 공유하는 자리이기 때문에, 여기에 참석하신 모든 분들과 우리의 미래인 젊은 학생들이 보다 잘 알아들을 수 있도록 최선을 다해 주시면 감사하겠습니다.

김해시와 인제대학교 가야문화연구소의 관계자 여러분들도 오늘 이 대회를 이루어내기 위해 많은 수고를 하셨습니다. 그분들의 노고에도 감사하는 마음을 가져야 하겠습니다. 수고하셨습니다.

2015. 5. 1.

국립김해박물관장 김 정 완

목 차

구야국 성립기의 토기문화

박 진 일*

目 次

Ⅰ. 머리말

마한馬韓, 진한辰韓, 변한弁韓으로 이루어진 삼한三韓 중 변한에 속한 구야국狗邪國은 『삼국지三國志』위서 동이전魏書 東夷傳에 '변진구야국'이란 이름으로 기록되어 있으며, 경상남도 김해지역에 위치했던 것으로 알려져 있다. 선사시대부터 김해지역은 낙동강과 남해안이라는 지리적 이점을 이용하여 영남 각 지역, 호남, 서북한 등 한반도뿐만 아니라 九州를 중심으로 한 일본열도와 중국 동북지방과도 활발하게 교류를 이어오던 곳이다. 이와 같은 교류는 신석기시대와 청동기시대를 지나 삼한에 이르러서도 계속되어 한국식동검문화, 전국계 · 한계 철기문화, 점토대토기·야요이토기와 와질토

* 국립중앙박물관

기문화, 칠기문화 등 거의 모든 물질문화에서 확인된다.

이런 구야국이 언제 성립하였는지는 명확하지 않다. 삼국지 위서 동이전의 기록은 기원후 3세기대의 것으로 최소한 이 시기에는 구야국의 존재가 알려져 있었다는 것을 보여준다. 기원후 3세기대 변한지역은 잘 알려져 있듯이 목곽묘木槨墓와 후기 와질토기後期 瓦質土器 단계이다. 하지만 필자의 능력으로 구야국의 성립기를 논증하기는 어려워 본고에서는 삼국유사 가락국기의 금관가야 건국 신화(기원후 42년)를 기준으로 하여 기원후 1세기대로 상정[1]하고 논지를 전개하겠다. 기원후 1세기대의 김해지역은 목관묘木棺墓가 본격적으로 조영되기 시작하며 토기로는 와질 타날문단경호나 조합우각형파수부호, 주머니호 등이 출토되는 시기이다. 그런데 목관묘에서 출토되는 조합우각형파수부호나 주머니호 등은 이전 점토대토기단계부터 무문토기로 확인되는 것이므로 대략 기원전 3~1세기대 점토대토기단계의 토기문화도 함께 살펴 구야국 등장기의 토기문화를 고찰하고자 한다. 공간적인 범위는 현재의 행정구역상 김해시로 한정하고 논지를 전개하겠다.

II. 구야국 성립 직전 김해지역의 토기문화

한반도에서 삼한사회의 등장을 알려주는 자료는 원형점토대토기문화와 한국식동검문화이다. 잘 알려져 있다시피 요령성 일대의 고조선古朝鮮 영역에서 한반도로 파급된 원형점토대토기문화는 기원전 5세기 이후 경기, 호서 등 한반도 중서부지역에서 처음 등장하며 원형점토대토기, 환상파수부호, 조합우각형파수부호, 흑색마연장경호, 두형토기 등이 대표적인 토기

1) 이것은 논지를 전개하기 위한 편의적인 상정일 뿐 논거를 가지는 것은 아니다.

기종이다. 이후 한국식동검문화가 부가되어 마한지역에서 초기철기문화의 전형을 형성한 후 이 문화가 진한과 변한지역으로도 영향을 미친다. 영남지방에 영향을 미친 원형점토대토기문화는 사천 방지리나 늑도 유적 등 영남 해안지역을 중심으로 삼각형점토대토기문화로 발전하게 된다. 이 삼각형점토대토기 단계에는 환상파수부호가 사라지고 조합우각형파수부호만 출토되며 이 외에도 시루, 뚜껑, 명사리식토기(봉상파수부호)처럼 새로운 기종들이 더해진다. 더불어 명사리식 옹관묘로 알려진 횡치합구식 옹관묘도 등장한다. 이와 같은 점토대토기문화의 확산과 함께 청동기시대 후기의 송국리문화는 서서히 소멸한다. 또 삼한사회에 철기와 함께 군집하는 목관묘가 등장하면서 점토대토기문화 역시 서서히 쇠락하면서 와질토기문화로 바뀌어 간다. 큰 틀에서 영남 지방의 청동기시대 후기 이후 물질문화의 변화상은 이와 같이 생각해 볼 수 있지만, 영남지방을 소지역별로 나누어 보면 그 속도와 방향성은 지역마다 차이를 보일 것이다.

김해지역에서 청동기시대 후기 송국리식 주거지는 김해 구산동 일대[2]에서 다수 확인되었는데 송국리식 토기와 석기들이 출토되었다. 청동기시대 후기 지석묘는 김해 구산동과 대성동 유적에서 발굴 조사되었는데, 이외에도 아직 조사되지 않은 구산동, 구지봉, 회현동, 수로왕릉 내 지석묘 등이 이 시기에 속할 가능성이 있다. 또 구산동, 대성동이나 외동 등지에서 석관묘도 확인된 바 있다.[3]

원형점토대토기단계의 주거지는 김해 대청 유적,[4] 김해 흥동 유적,[5] 김

2) 慶南考古學硏究所, 2010, 『金海 龜山洞 遺蹟』. 東義大學校博物館, 2013, 『金海 龜山洞 遺蹟』.

3) 심재용, 2014, 「김해시 대성동고분군 최신 발굴성과」, 『2014 고분문화연구회 발표요지』.

4) 釜山大學校博物館, 2002, 『金海 大淸 遺蹟』.

5) 東義大學校博物館, 2003, 『金海 興洞 遺蹟』.

해 구산동 유적[6]에서 확인되었다. 이 중 김해 대청 3호, 17호 주거지나 1호 수혈 등지에서는 원형점토대토기, 조합우각형파수, 두형토기, 뚜껑과 함께 재지계 석기인 유구석부가 출토되었다. 흥동 1호 주거지에서는 원형점토대토기와 야요이 전기 말의 토기가 함께 출토되었다. 비교적 많은 주거지가 조사된 김해 구산동 유적 18기의 주거지 중에서는 2, 3, 6, 7, 11, 12, 14, 17호 8기에서 원형점토대토기가 출토되었다. 이 중 2호 주거지는 방형 주거지 내부에 작업공이 있는 송국리식 주거지인데 석검, 석창과 함께 원형점토대토기가 출토되었다. 3호 주거지에서는 원형점토대토기와 반월형석도편이 출토되었다. 6호 주거지에서는 원형점토대토기, 두형토기, 조합우각형파수부호가 반월형석도편과 함께 출토되었다. 11호 주거지는 내부에 주공이 있는 방형 송국리형 주거지로 석착, 일단경식 석촉과 함께 원형점토대토기, 단면 편육각형 삼각형석촉이 출토되었다. 원형점토대토기가 출토되지 않은 18호 주거지를 12호 주거지가 파괴하고 조영되었으므로 구산동 유적은 원형점토대토기 출토 여부에 따라 2시기로 나누어 볼 만하다. 하지만 이와 달리 원형점토대토기 문화의 분묘는 현재까지 확인되지 않고 있다.

삼각형점토대토기가 출토되는 생활 유적은 김해 구산동 유적,[7] 김해 봉황대 유적[8]과 김해 패총[9] 등을 들 수 있는데 수량은 많지 않은 편이다. 삼각형점토대토기 단계의 무덤은 김해 화정유적[10]에서 11기의 옹관묘와 2기의 토광묘가 조사되었다. 옹관묘 중에는 '라'호처럼 2점의 봉상파수부호를 합구하여 만든 것도 있지만, '나'호처럼 장동파수부호와 삼각형점토대발을 횡

6) 東義大學校博物館, 2013, 위의 보고서.
7) 慶南考古學硏究所, 2010, 위의 보고서.
8) 釜山大學校博物館, 1998, 『金海 鳳凰臺 遺蹟』.
9) 국립김해박물관, 2014, 『김해 회현리패총』.
10) 福泉博物館, 2004, 『金海 花亭 遺蹟』.

치하여 만든 것도 있다. '나'호 옹관의 장동파수부호는 기원전 1세기 전반인 다호리 84호의 주옹과 형태가 비슷하다. 또 '마'호 옹관은 막음옹으로 와질 조합우각형파수부호를 사용했는데, 다호리 24호와 비슷하며 기원전후한 시기로 편년할 수 있는 것이다. '사'호 옹관 역시 다호리 45호나 46호처럼 기원전후한 시기로 볼 수 있다. 따라서 화정 유적 옹관묘의 연대는 기원전 1세기대가 중심이다.

김해지역 점토대토기문화의 특징은 재지 송국리문화와 외래 점토대토기문화 사이의 교류가 잘 관찰되는 특징이 있다. 즉 구산동 유적에서는 재지계 주거지에 외래계 점토대토기가 출토되었으며 대청 유적에서는 외래계 주거지에 재지계 유구석부가 출토되었다. 또 재지의 지석묘에 외래계 유물들이 출토되기도 한다. 대표적인 사례가 김해 내동 1~3호 지석묘,[11) 김해 율하리 B-9호묘[12)이다. 먼저 김해 내동 1호 지석묘에서는 한국식동검과 함께 흑색마연장경호가 출토되었다. 이들 유물은 1호 지석묘 내부 출토품이 아니라 주변에서 출토된 것이라 공반 여부에 이견도 있다. 또 2호와 3호 지석묘에서는 야요이시대 중기 전반 토기와 함께 홍도가 출토되었다. 김해 율하리 B-9호묘에서는 석관묘에서 반파된 한국식동검이 출토되었다(도면1).

11) 釜山大學校博物館, 1983, 『釜山 堂甘洞 古墳群』.

12) 慶南發展研究院 歷史文化센터, 2009, 『金海 栗下里 遺蹟 Ⅱ』.

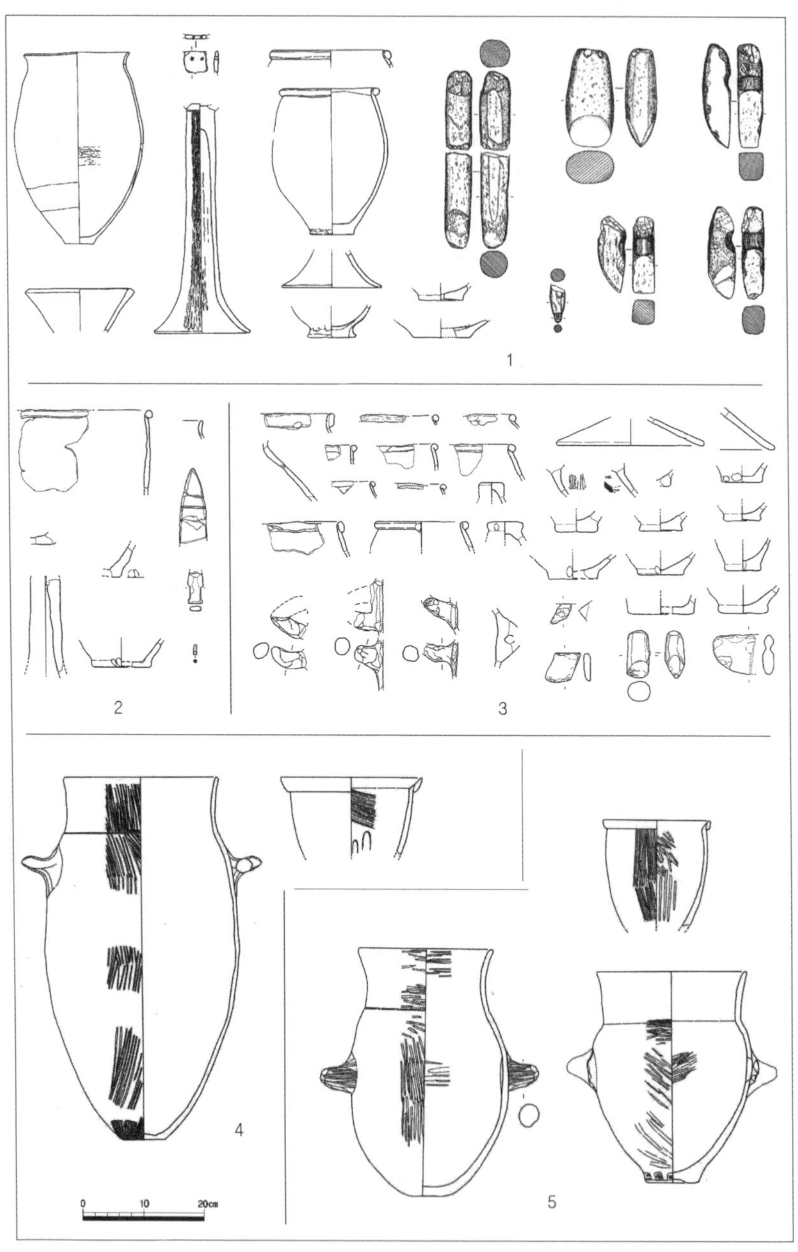

도면 1-1. 김해 지역 지석묘 출토 점토대토기문화 관련 유물

(1: 대청 3호 주거지, 2: 구산동 2호 주거지, 3: 구산동 6호 주거지, 4: 화정 '나'호 옹관, 5: 화정 '라' 호 옹관)

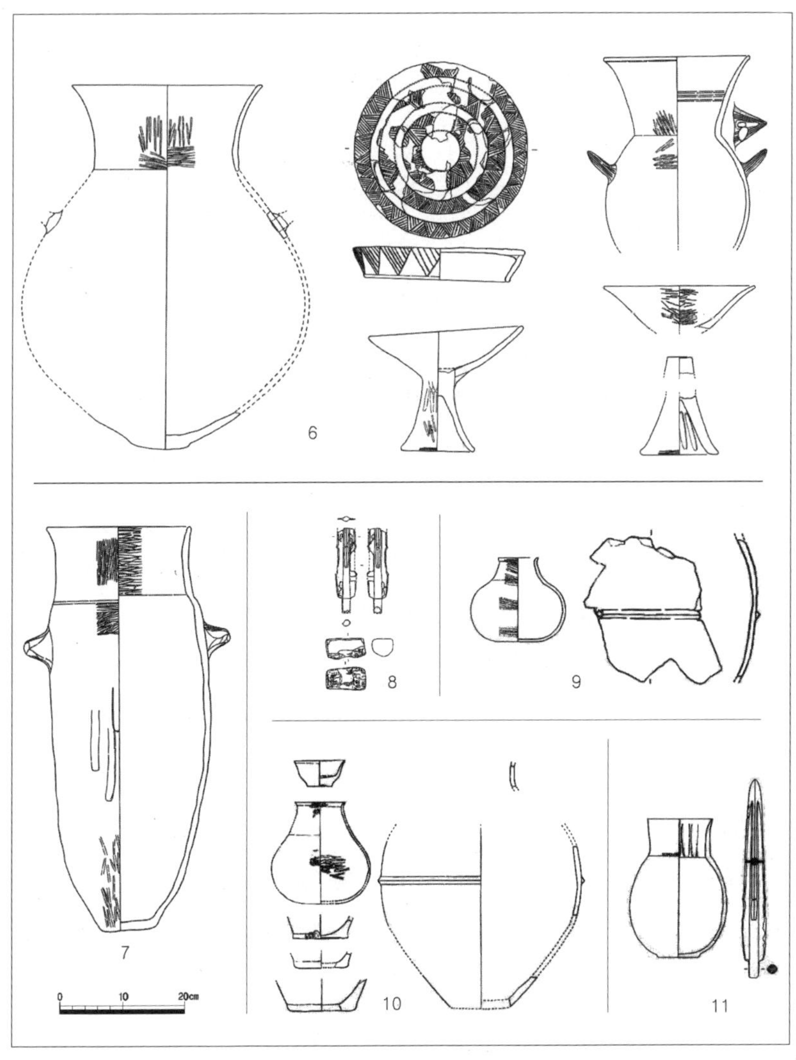

도면 1-2. 김해 지역 지석묘 출토 점토대토기문화 관련 유물
(6: 화정 '마'호 옹관, 7: 화정 '사'호 옹관, 8: 내동 1호 지석묘, 9: 내동 2호 지석묘, 10: 내동 3호 지석묘, 11: 율하 B-9호 석관묘)

더불어 김해지역에서는 야요이토기들이 다수 확인되는데 앞서 살펴본 내동 지석묘와 더불어 김해패총 옹관,[13] 지내동 옹관, 김해 흥동 1호 주거지, 대성동 소성 유적[14]과 김해 구산동 유적,[15] 김해패총 등지에서 弥生時代 중기를 중심으로 한 일군의 토기들이 출토된 점도 특징적이다. 김해패총에서 출토된 옹관묘는 야요이시대 중기 초두로 대개 기원전 200년을 전후한 시점으로 편년할 수 있는 것이다. 또 김해 지내동 유적에서는 야요이시대 중기의 대상구연호袋狀口緣壺가 출토된 바 있다. 앞서 살펴본 김해 흥동 1호 주거지에서는 원형점토대토기와 함께 야요이토기가 출토되었다. 흥동 유적에서 출토된 야요이토기는 야요이 전기 말~중기 초에 상당한다고 한다.[16] 대성동 소성 유적은 뒤에서 자세히 살펴보겠지만 기원전후한 단계로 보이는 야요이 중기 전반 토기가 기원전후한 시기로 편년할 수 있는 와질 주머니호와 같은 층위에서 출토되어 흥미롭다. 하지만 이보다 더욱 주목되는 곳은 김해 구산동 유적의 야요이토기[17]들이다.

경남고고학연구소에서 발굴 조사한 김해 구산동 유적[18]의 야요이토기는 武末純一에 의해 자세히 분석된바[19] 있다. 야요이시대 전기 말과 중기 전반에 해당하는 板付 2식~須玖 1식이 대부분인데 전체 토기 출토 수량 중 야요이토기의 출토 비율이 매우 높다. 즉 늑도 유적에서도 다량의 야요이토기가 출토되었지만, 전체 무문토기 중에 10%에 못 미치는 것에 비해, 구산

13) 국립김해박물관, 2014, 위의 보고서.

14) 부경대학교박물관, 1998, 『김해 대성동 소성유적』.

15) 慶南考古學硏究所, 2010, 위의 보고서.

16) 武末純一, 2010, 「11.金海 龜山洞 遺蹟 A1區域의 弥生系土器를 둘러싼 諸問題」, 『金海 龜山洞 遺蹟 X』, 慶南考古學硏究所.

17) 본고에서는 야요이토기와 야요이계 토기를 함께 칭하는 용어로 '야요이토기'를 사용하겠다.

18) 慶南考古學硏究所, 2010, 위의 보고서.

19) 武末純一, 2010, 위의 글.

동 A1구역 무문토기 중 야요이토기의 출토 수량은 70~80%에 달한다. 이와 같은 유물 출토 비율을 근거로 武末純一은 구산동 유적을 야요이토기를 사용하는 집단의 거주지로 보았다.[20] 또 구산동 유적에서 소수 출토된 원형점토대토기는 城ノ越式 토기 등 야요이토기와 공반되지 않았으며 삼각형점토대토기가 2513호에서 須玖 1式 토기와 함께 출토되었다. 따라서 구산동 A1구역에서 야요이토기의 시기는 늑도식토기가 성립한 기원후 2세기 전반 정도가 적당하며 하한이 기원전 1세기까지 내려올 가능성은 충분하다. 이 시기는 늑도 유적의 전성기와 비견할 만한 시기이다.

한편 구산동 A2-1호 지석묘는 송국리문화기인 A2-1호 주거지를 파괴하고 축조되어 송국리문화와 같은 시기이거나 늦은 시기일 것이다. 이에 대해 최종규는 구산동 A2-1호 지석묘의 하한이 삼각형점토대토기 단계까지 이를 가능성이 충분하다고 보았으며,[21] 이상길 역시 경남지역의 구획식 지석묘가 점토대토기단계까지 내려올 가능성을 언급한바[22]가 있다. 필자 역시 앞서 살펴본 내동 지석묘에서 출토된 한국식동검, 흑도장경호와 야요이 중기 토기 등을 고려한다면 김해지역에서 지석묘 조영의 삼각형점토대토기 단계인 기원전 2~1세기까지 이를 가능성이 충분하다고 판단하며 보고서에서 상석 무게만 약 350톤에 이를 것으로 추산한 구산동 A2-1호 지석묘는 이 중에서도 최상위급 지석묘일 것이다(도면2).

20) 武末純一, 2010, 위의 글.

21) 崔鍾圭, 2010, 「14.龜山洞유적 A2-1호 支石墓에서의 聯想」, 『金海 龜山洞遺蹟 X』, 慶南考古學硏究所.

22) 李相吉, 2006, 「區劃墓와 그 社會」, 『금강: 송국리형 문화의 형성과 발전』, 호남고고학회·호서고고학회.

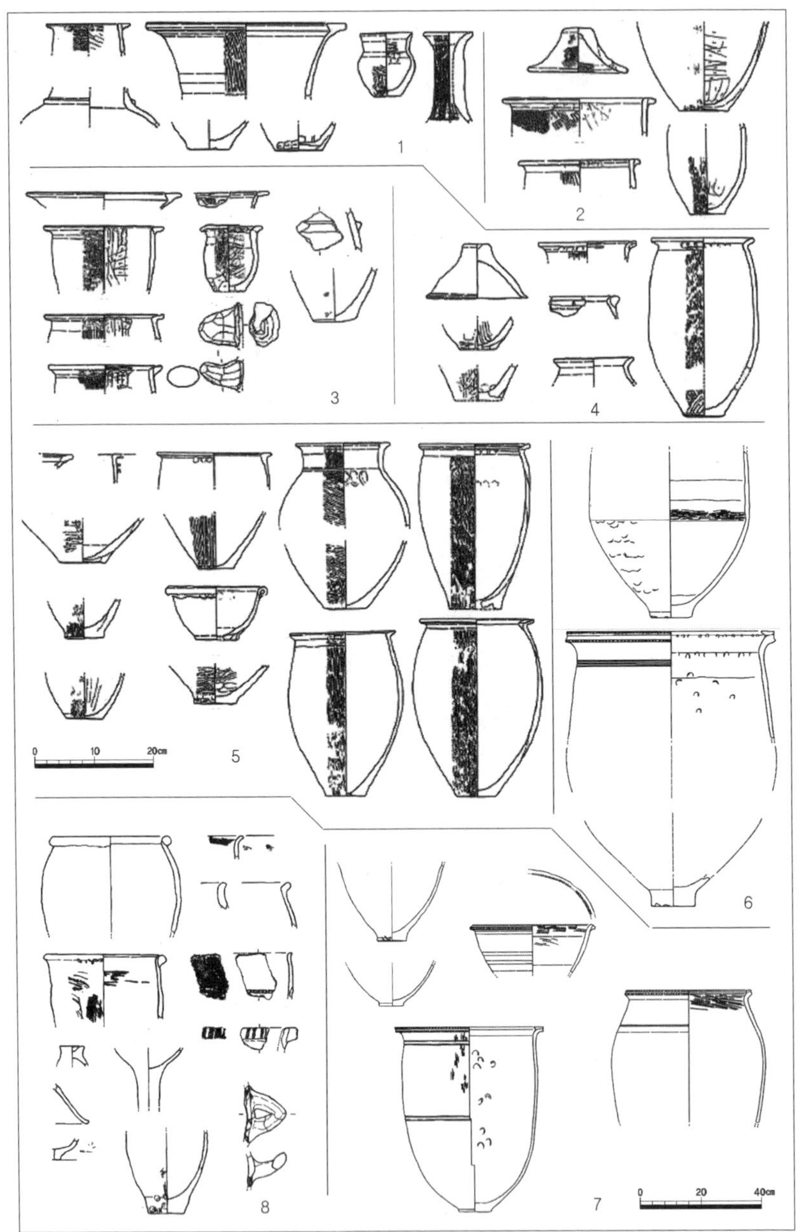

도면 2. 김해 지역 출토 야요이문화 관련 유물

(1: 구산동 1027호, 2: 659호, 3: 799호, 4: 486호, 5: 131호, 6: 회현리 1호 옹관, 7: 회현리 2,3호 옹관, 8: 흥동 1호)

이상과 같이 기원전 3~1세기 늦은 원형점토대토기와 삼각형점토대토기 단계의 김해지역은 재지의 지석묘를 기반으로 하는 청동기시대 후기 문화가 한국식동검과 점토대토기를 중심으로 하는 초기철기문화, 야요이 중기를 중심으로 하는 야요이 문화와 공존하는 복잡한 양상을 보이고 있다. 다만 지금까지 확인된 자료로 보아 기존 초기철기문화가 재지의 송국리문화를 압도하는 양상으로 비춰지지는 않는다. 특히 분묘 자료로 보아 점토대토기 단계에 초기철기문화의 요소만으로 이루어진 무덤(적석목관묘 또는 석관묘에 한국식동검과 점토대토기 등이 출토)은 보이지 않으며, 지석묘와 옹관묘가 주로 확인되고 있다.

Ⅲ. 구야국 성립기 김해지역의 토기문화

1. 분묘

구야국의 공간적 범위를 현재의 김해시로 한정할 때 대표적인 목관묘군은 대성동 일대와 양동리 일대에서 확인된다. 한정된 지역의 안정적인 편년을 위해서는 가능한 한 동일 유적 혹은 좁은 지역 내에서 상대 편년을 행하고 이를 주변지역과 비교하면서 교차 편년하고 이를 근거로 절대 연대를 구해야 한다. 하지만 아쉽게도 김해지역에서는 이른 시기의 목관묘 자료가 일부를 제외하면 거의 확보되지 않아 대성동 일대 혹은 양동리 일대의 토기만으로 목관묘 전 시기의 안정적인 편년안을 제시하기 힘든 상황이다. 따라서 본고에서는 불가피하게 인근의 변한 목관묘 중 가장 안정적인 편년안이 제시된 창원 다호리 유적의 편년[23]에 비추어 김해지역의 양상을 살피

23) 국립김해박물관, 2011, 『창원 다호리 유적 9차 발굴조사보고서』.

겠다. 향후 김해지역 목관묘의 상대 편년안은 김해지역의 자료만으로 다시 이루어져야 할 것이다.

김해지역 목관묘에서 출토된 토기 중 시간의 변화에 따라 명확하게 형태 차이를 보이는 기종은 다른 변한 목관묘와 마찬가지로 주머니호, (삼각형점토대)옹, 단경호, 조합우각형파수부호('조·우·파'로 약칭), 파수부호, 파수부장동호이다. 변한 목관묘에서 출토되는 토기들은 그 지역과 관계없이 시간의 변화에 따라 무문토기적 속성(굽, 평저, 점토띠, 마연, 산화염소성 등)이 약해지고 와질토기적 속성(원저, 홑구연, 타날, 횡침선, 환원염소성)이 강해지는 경향성을 보인다. 따라서 창원 다호리 유적에서 제시된 변화 방향을 김해지역 목관묘에 대입해 보아도 큰 문제는 없을 것이다. 창원 다호리 9차 발굴조사보고서에서 제시된 각 유물의 형식 설정 안은 다음과 같다.

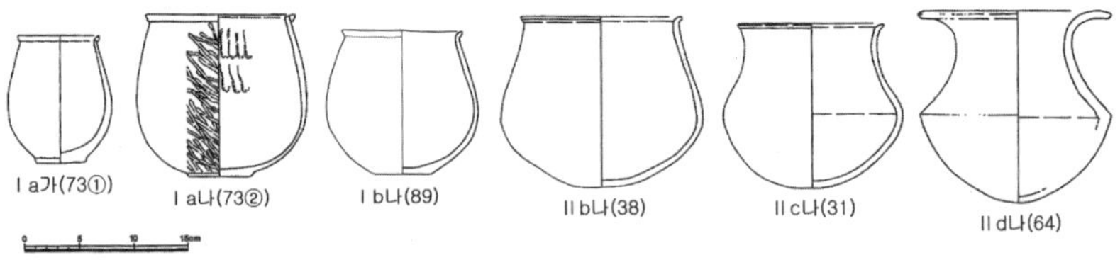

삽도 1. 다호리 출토 주머니호의 형식

주머니호는 잘 알려진 대로 '동최대경이 좁은 것 → 넓은 것', '굽 모양 저부 → 평저 → 원저', '점토띠가 있는 것 → 없는 것', '동체 상부가 내만 하는 것 → 외반하는 것'으로의 변화 방향이 명확하다. 특히 동최대경이 좁고, 굽과 점토띠가 있는 'Ⅰa가'식은 사천 늑도 8호 주거지[24] (삽도7-6)에서 출토된 바가 있어 주머니호의 계통성을 잘 보여주는 유물이다.

24) 釜山大學校博物館, 1989, 『勒島住居址』.

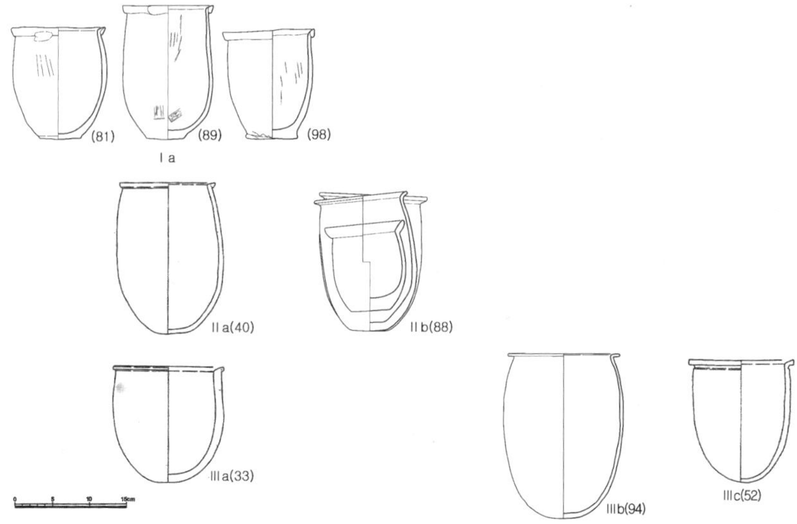

삽도 2. 다호리 출토 (삼각형점토대)옹의 형식

(삼각형점토대토기)옹은 '점토띠가 있는 것 → 없는 것', '굽 모양 저부 → 평저 → 원저'로의 변화 방향을 보인다.

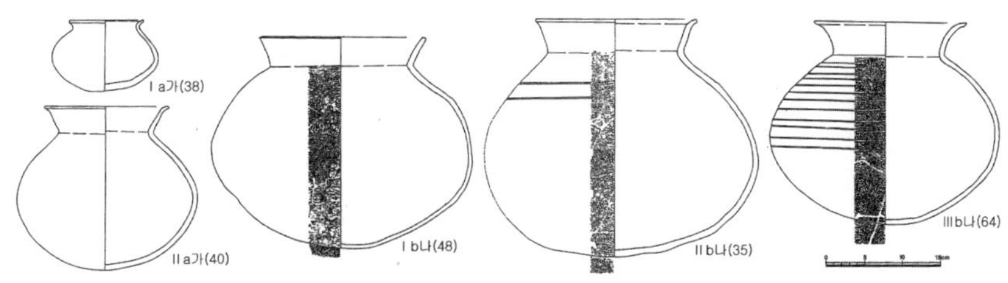

삽도 3. 다호리 출토 단경호의 형식

단경호는 '소문 → 타날문·횡침선', '구경부 짧게 외경 → 구연단에 면, 돌대'의 변화 방향을 보인다.

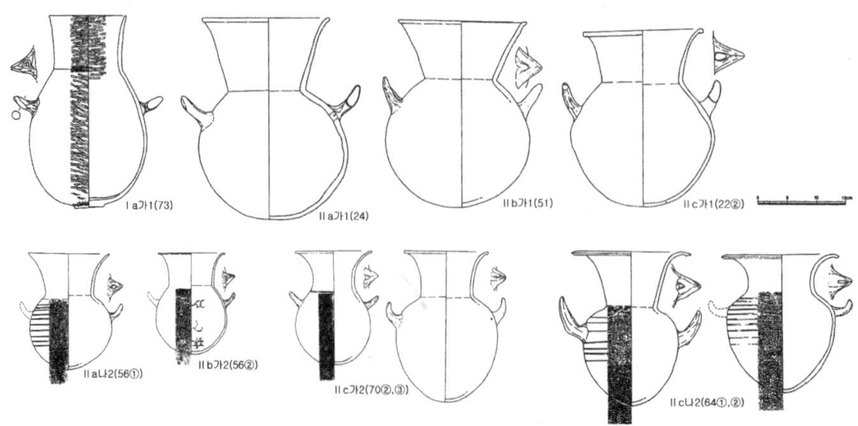

삽도 5. 다호리 출토 조합우각형파수부호의 형식

조합우각형파수부호는 '굽 모양 저부 → 평저 → 원저', '동최대경이 좁은 것 → 넓은 것', '마연이 있는 것 → 없는 것', '구경부 외경 → 구연단에 면, 돌대', '소문 → 타날문·횡침선'로 변화한다.

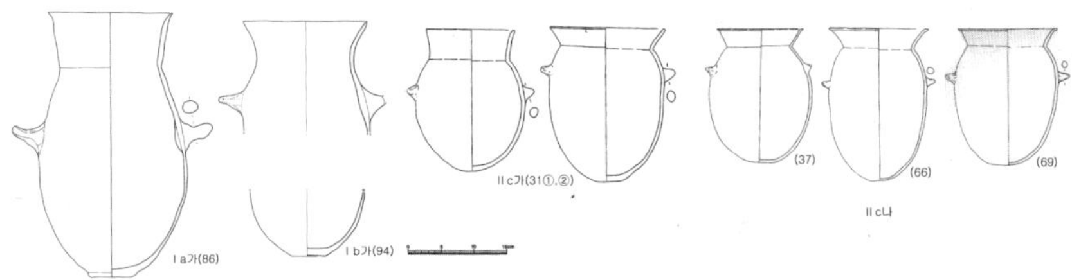

삽도 5. 다호리 출토 파수부호의 형식

파수부호는 '굽 모양 저부 → 원저', '봉상파수·우각형파수 → 뉴상 파수', '구경부 외경 → 구연단에 면'으로 변화상을 보인다.

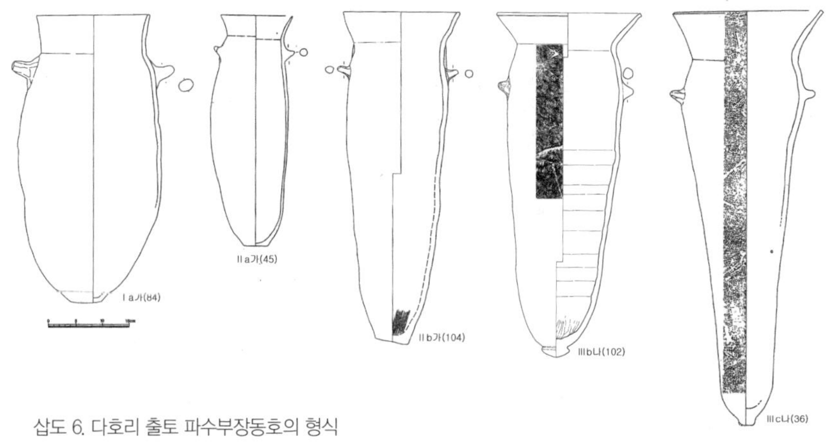

삽도 6. 다호리 출토 파수부장동호의 형식

파수부장동호는 '굽 모양 저부 → 평저 → 돼지코 모양 저부', '봉상파수·우각형파수 → 뉴상 파수' 변화상을 보인다.

위 형식 설정안에 따라 김해지역 주요 목관묘에서 출토된 유물을 살펴보면 다음과 같다.

가. 대성동 일대 주요 목관묘(도면 3~6)

유적명	호수	주요 출토 유물	다호리 교차	비고
가야의 숲[25]	3호	주머니호(Ⅱc나), 조·우·파(Ⅱb나2) 양뉴부옹(Ⅱc나)	Ⅶ기	
구지로[26]	7호	(점토대)옹(Ⅲb)	Ⅴ기 이후	
	11호	(점토대)옹(Ⅲb), 조·우·파(Ⅱb나2)	Ⅶ기	
	12호	주머니호(Ⅱd나), 조·우·파(Ⅱc나2)	Ⅷ기	
	23호	(점토대)옹(Ⅲb), 단경호(Ⅱb나) 양뉴부호(Ⅱc나)	Ⅴ기	
	25호	단경호(Ⅱb나), 조·우·파(Ⅱc나2)	Ⅶ기	

25) 東亞細亞文化財硏究院, 2006, 『金海 伽耶의 숲 造成敷地內 金海 茂溪里 共同住宅 建設敷地內 遺蹟 發掘調査 報告書』.

26) 慶星大學校博物館, 2000, 『金海 龜旨路 墳墓群』.

대성동[27]	Ⅰ-13호	주머니호(Ⅱd나), 조·우·파(Ⅱc가2) 대부 조·우·파(新형식)	Ⅷ기 이후	목곽 병행기
	27호	주머니호(Ⅱc나), 조·우·파(Ⅱc가2) 조·우·파(Ⅱc나2)	Ⅶ기	
	53호	조·우·파(Ⅱc나2)	Ⅶ기 이후	
	Ⅴ-3호	단경호(Ⅱb가), 조·우·파(Ⅱb나2)	Ⅶ기?	
	Ⅴ-4호	단경호(Ⅰb나)	Ⅴ~Ⅵ기	
	Ⅴ-10호	양뉴부호(Ⅱc가)	Ⅴ기 이후	
	Ⅴ-11호	주머니호(Ⅱd나), 조·우·파(Ⅱc가2) 단경호(Ⅲb나)	Ⅷ기	
	Ⅴ-12호	단경호(Ⅱa나)	Ⅴ기 이후	
	Ⅴ-18호	조·우·파(Ⅱc가1), 장동호(Ⅱc가)	Ⅷ기	
	Ⅴ-60호	주머니호(Ⅱc나), 조·우·파(Ⅱb나2)	Ⅶ기	
	Ⅴ-67호	(점토대)옹(Ⅲd), 단경호(Ⅲb나)	Ⅷ기	

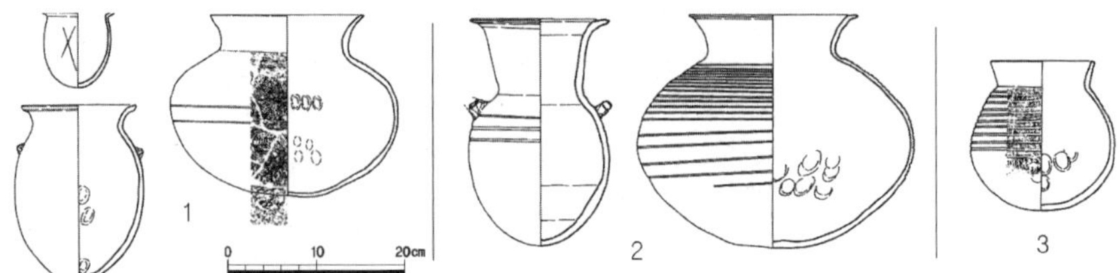

도면 3. 대성동 일대(다호리 5~6)
(1: 구지로 23호, 2: 대성동 V-3호, 3: V-4호)

27) 慶星大學校博物館, 2000, 『金海 大成洞 古墳群 Ⅰ』, 慶星大學校博物館, 2003, 『金海 大成洞 古墳群 Ⅲ』.

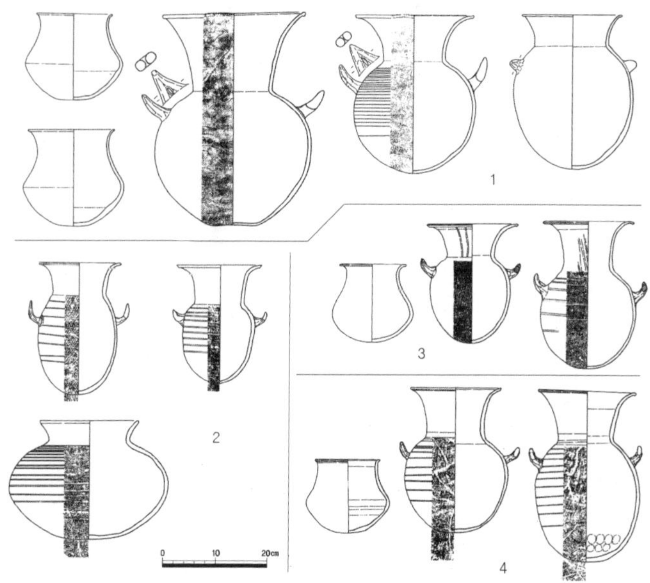

도면 4. 대성동 일대(다호리 7기)
(1: 가야의 숲 3호, 2: 구지로 25호, 3: 대성동 27호, 4: V-60호)

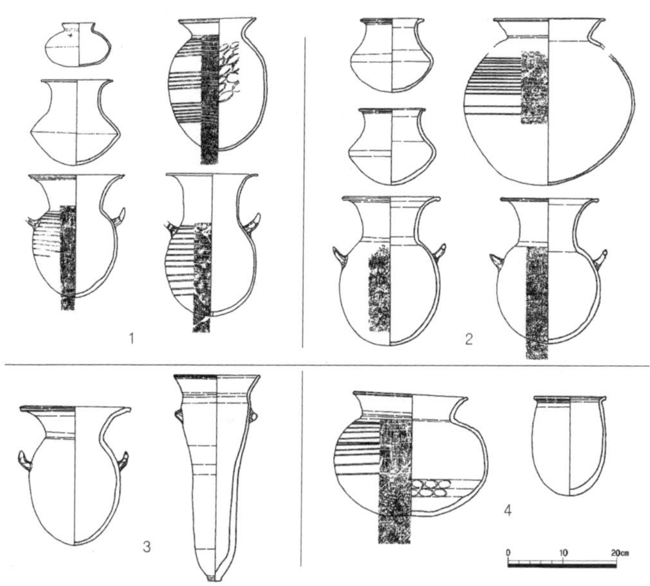

도면 5. 대성동 일대(다호리 8기)
(1: 구지로 12호, 2: 대성동 V-11호, 3: V-18호, 4: 67호)

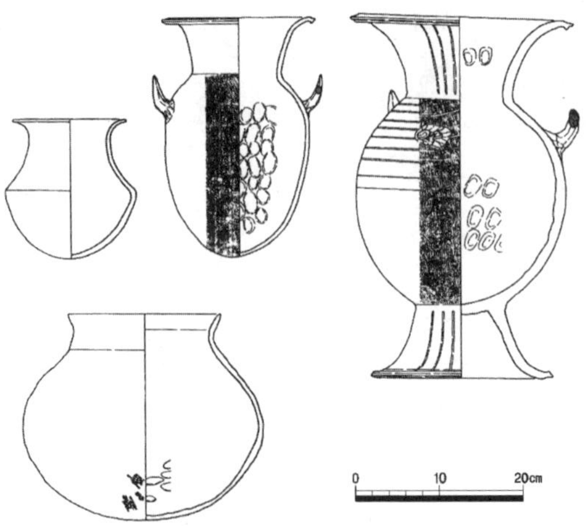

도면 6. 대성동 일대(다호리 8기 이후)
(대성동 Ⅰ-13호)

가야의 숲, 구지로 유적은 위치로 보아 대성동 유적과 동일한 집단으로 보아도 무방할 것이다. 대성동과 그 주변 목관묘들은 위의 표에서 보듯이 다호리 Ⅴ기 이후만 확인된다. 필자의 다호리 유적 편년은 보고서와 논문[28)]에서 밝혔듯이 다호리를 모두 8개 시기로 구분하고 상한을 기원전 2세기 후반으로, 하한을 기원후 2세기 전엽으로 본 것이다. 유명한 다호리 1호 무덤은 다호리 Ⅳ기로 기원전 1세기 후엽에 해당하므로 대성동 일대에서 가장 이른 시기 목관묘인 구지로 23호는 기원후 1세기 전엽 정도에 해당하겠다. 가장 늦은 목관묘는 대부조합우각형파수부호가 출토된 Ⅰ-13호로 볼 수 있을 것인데, 목곽묘 단계로 볼 수도 있을 것 같다. 따라서 기원후 1세기 전엽~기원후 2세기 중엽 정도의 시기폭을 상정할 수 있겠다.

주목되는 바는 대성동 91호 도굴갱에서 'Ⅰa나'식으로 볼 만한 주머니호가 확인된 것이다.[29)] 이 유물이 이전에 대성동 구릉 위에 있었던 목관묘에 부장되었던 유물인지, 패총 속에 버려졌던 유물인지 현재로써 확인할 수는

28) 拙稿, 2013,『韓半島 粘土帶土器文化 硏究』, 釜山大學校博士學位論文.
29) 대성동고분박물관 심재용선생님의 가르침이 있었다.

없지만, 이 토기는 기원전 1세기로 볼 수 있는 형식이다.

나. 양동리 일대 주요 목관묘[30] (도면7~10)

유적명	호수	주요 출토 유물	다호리 교차	비고
양동리 문·연[31]	2호	주머니호(IIdL나), 단경호(IIb나) 조·우·파(IIc나2)	Ⅷ기 이후?	단면육각형철부목곽 병행기?
양동리 동의대[32]	17호	주머니호(IIc나)	Ⅵ~Ⅶ기	
	52호	(점토대)옹(Ⅲc), 단경호(Ⅰb나) 삼각형점토대토기 발	Ⅴ~Ⅵ기	
	55호	주머니호(IId나)	Ⅷ기	
	70호	주머니호(Ⅰa가), 평저장경호	Ⅰ기	
	99호	주머니호(IId나), 조·우·파(IIc나2)	Ⅷ기 이후?	2단 관식 철모 목곽 병행기?
	151호	주머니호(IId나), 단경호(IIb나) 조·우·파(IIc나2), 양뉴부호(IIc나)	Ⅷ기	
양동리 김해박[33]	2호	우각형파수부호(IIc나2)	Ⅷ기 이후?	목곽 병행기?
	10호	조·우·파(IIc나2)	Ⅷ기	
	17호	주머니호(IId나), 조·우·파(IIc나2)	Ⅷ기	단경호
	19호	단경호(IIb나), 조·우·파(IIc나2) 우각형파수부호(IIc나2)	Ⅷ기 이후?	목곽 병행기?
	21호	주머니호(IId나), 단경호(Ⅲb나) 대부 조·우·파(新형식)	Ⅷ기 이후	목곽 병행기
	32호	주머니호(IId나)	Ⅷ기	
	35호	조·우·파(IIc나2)	Ⅷ기	
	36호	주머니호(IId나), 조·우·파(IIc나2)	Ⅷ기	

30) 동의대박물관 발굴분은 '東', 국립김해박물관 발굴분은 '金'으로 약기하였다.
31) 국립문화재연구소, 1989, 『김해 양동리 고분군』.
32) 東義大學校博物館, 2008, 『金海 良洞里 古墳群 I』.
33) 국립김해박물관, 2012, 『金海 良洞里 遺蹟』.

망덕리[34]	1호	주머니호(I b나)	II기	
	2호	주머니호(I b나), 평저장경호, 두	II기	
	3호	단경호(I a가)	III기	

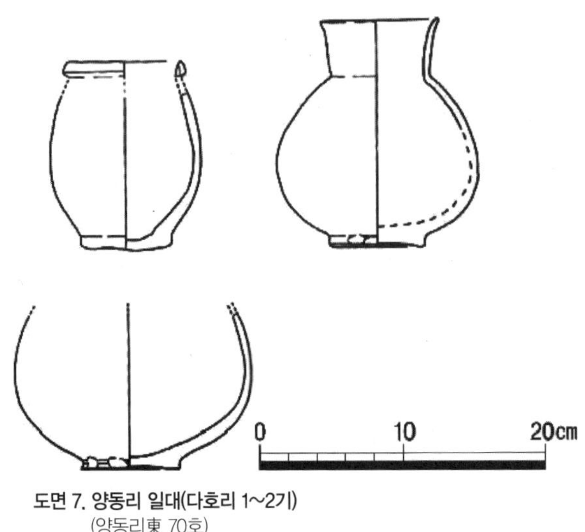

도면 7. 양동리 일대(다호리 1~2기)
(양동리東 70호)

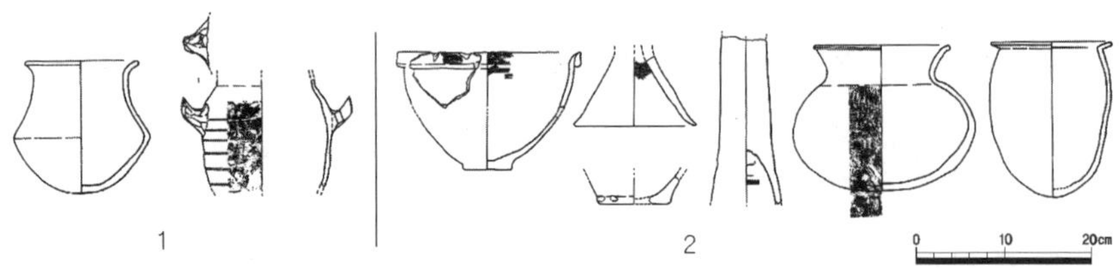

도면 8. 양동리 일대(다호리 5~7기)
(1: 양동리東 17호, 2: 52호)

34) 동서문물연구원 문백성선생님의 가르침이 있었다.

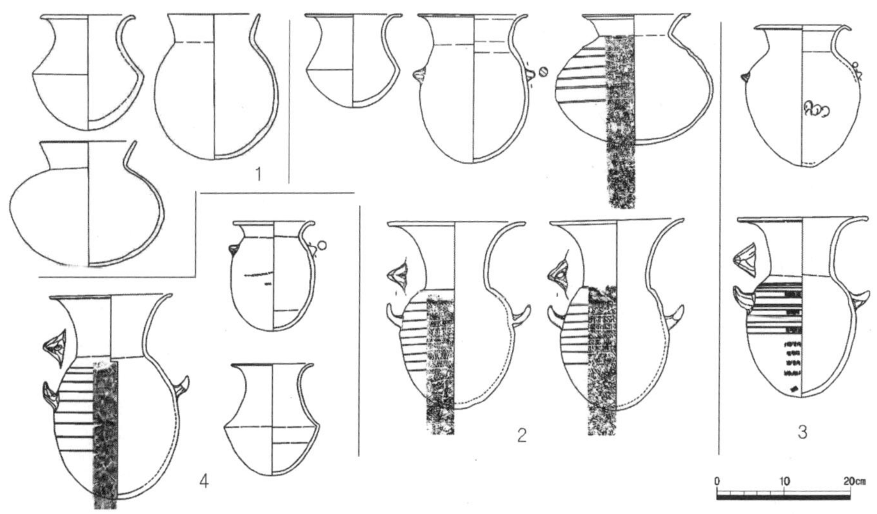

도면 9. 양동리 일대(다호리 8기)
(1: 양동리東 55호, 2: 151호, 3: 양동리金 10호, 4: 17호)

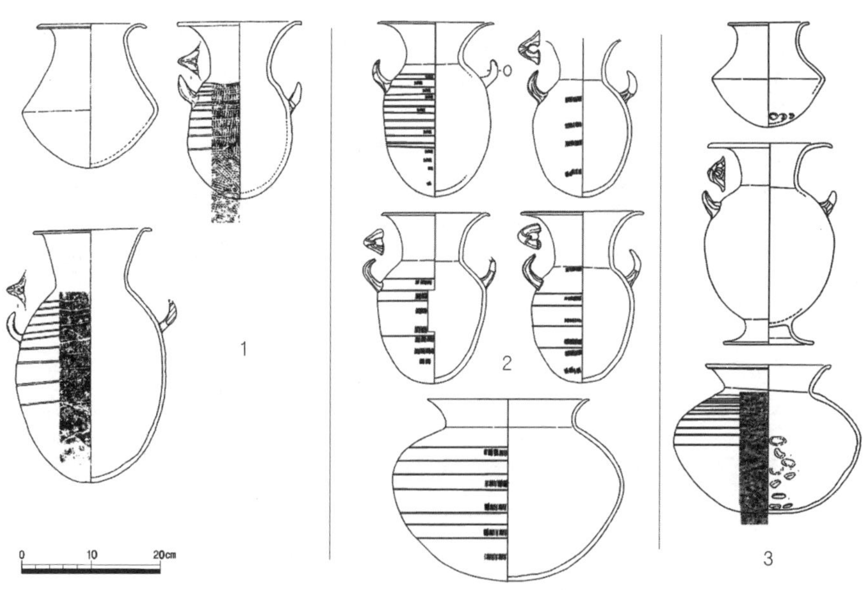

도면 10. 양동리 일대(다호리 8기 이후)
(1: 양동리東 99호, 2: 양동리金 19호, 3: 21호)

양동리 일대의 목관묘 중 가장 빠른 것은 양동리 東70호로 여기에서는 늑도 8호 주거지에서 출토된 것과 비슷한 형태의 소형옹이 출토되었다. 또 인근의 망덕리에서도 'Ⅰb나'식 주머니호가 확인되었다. 하지만 양동리 유적에서는 東70호와 東17호 사이의 유물이 확인되지 않는다. 이에 비해 늦은 시기인 東162호와 같거나 조금 이른 단계의 목관묘들은 다수 확인된다.[35] 특히 대성동 Ⅰ-13호와 같은 대부조합우각형파수부호가 출토된 金21호는 東162호와 비슷한 목곽묘 초기 단계로도 볼 수 있으며 그 외 국립김해박물관에서 조사한 金19호나 이단 관식 철모가 출토된 東99호 등의 목관묘는 초기 목곽묘와 비슷한 시기로 볼 가능성이 있겠다. 물론 다호리 Ⅰ기와 Ⅳ기 사이에 위치시킬 확실한 목관묘들이 보이지는 않지만, 현재의 양동마을 등지에 이 단계의 목관묘들이 존재할 가능성은 충분하다.

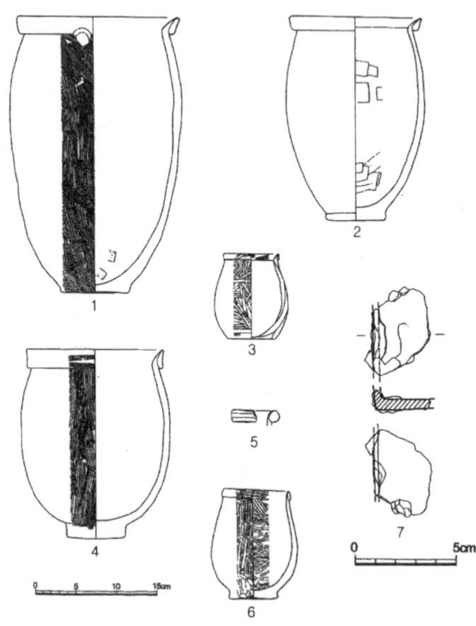

삽도 7. 늑도 Ⅰa지구 8호 주거지 출토유물

2. 생활 유적

이 시기 김해지역의 생활 유적 중 가장 대표적인 곳이 부경대학교박물관에서 조사한 대성동 소성 유적이다. 보고서에 의하면 출토한 토기는 크

35) 특히 김해박물관에서 조사했던 Ⅰ지구에서 다수 확인되었다. 이 목관묘들은 장축방향이 등고선과 평행한 방향으로 이전 목관묘와 다른 양상을 보인다. 국립김해박물관, 2012, 위의 책.

게 무문토기와 와질토기로 대별할 수 있다. 무문토기 중 점토대토기는 모두 59점이 출토되었는데 원형이 7점, 삼각형이 12점이며 야요이토기가 36점이며 홑구연식토기가 4점이다. 비율로 보아 야요이토기가 50% 이상이며 원형점토대토기보다 삼각형점토대토기가 많음을 알 수 있다. 그 외 무문토기로는 호, 두, 개, 시루, 파수 등이 있다. 보고서에서는 이 유적의 삼각형 점토대토기는 와질토기와 반출하는 점을 고려하지 않더라도 기형의 특징상 전형적인 늑도식토기보다 퇴화된 형식임을 지적하였다. 야요이토기는 야요이시대 중기 초의 城ノ越式 토기와 유사한 형태이지만, 동체부 내면에서는 물손질 정면과 점토대를 접합할 때 생긴 지두압흔이 조밀하게 관찰되며 태토 역시 점토대토기와 거의 유사한 점을 보고서에서 적시하고 있다. 이런 점으로 미루어 보아 대성동 소성 유적의 야요이토기는 점토대토기 제작 기법이 가미된 절충형 야요이토기로 볼 수 있을 것이며 제작 연대 역시 야요이 중기 전반보다 내려올 가능성이 충분하다.

유적에서 출토된 와질토기는 모두 20점으로 전체 유물의 16% 정도이다. 주머니호, 소형옹, 호형토기 등이 출토되었으며 정확한 기형을 알 수 없는 것이 대부분이다. 출토 유물 중 주머니호는 홑구연에 원저라 다호리 유적 보고서에서 설정한 'Ⅱb나'식이다. 다호리 1호와 38호 등지에서 출토된 것과 같은 형식으로 존속기간이 비교적 긴 형식으로 기원전 1세기 후반~기원후 1세기 전반 정도로 편년할 수 있는 것이다. 단경호는 타날과 침선이 있는 것으로 다호리 유적에서는 기원후 1세기가 되어서야 출토되는 것이다.

대성동 소성 유적은 유구의 형태가 명확하지 않고 층위에 의한 유물의 차이도 인지하기 어려워 보고서에서는 동일 시기로 추정하고 있다. 다만 무문토기와 와질토기를 동일한 형태의 가마에서 소성할 수 있는지에 대해서는 앞으로 보다 신중한 검토가 필요할 것이다. 설사 다른 형태의 가마에서 소성했다 하더라도 이것이 곧 소성 시점의 차이를 보여주는 것은 아니다. 이와 같은 정황으로 미루어 보아 대성동 소성 유적의 연대는 기원후 1세기대가 안정적일 것이라 여겨지며 이는 애초에 보고서에서 추정한 연대와 같은 결과이다(도면11).

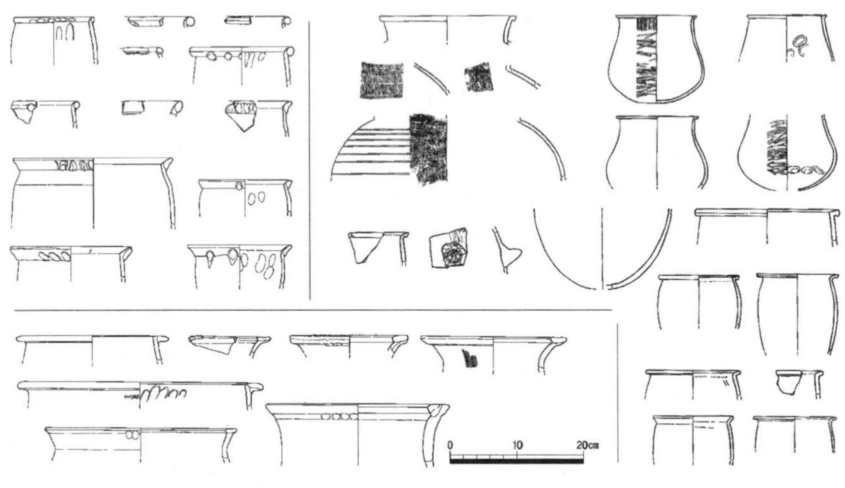

도면 11. 김해 대성동 소성유구 출토유물

Ⅳ. 구야국 성립기 김해지역 토기문화의 이해

1. 김해지역에서 목관묘의 등장

지금까지의 발굴 상의 한계일 수도 있지만, 현재 김해의 중심부인 대성동 일대에서는 이른 시기 목관묘가 잘 관찰되지 않는다. 즉 다호리 73호나 양동리 東70호 같은 무문토기만을 반출하는 기원전의 목관묘가 아직까지는 확인되지 않았다. 다만 앞서 언급한 대성동 91호 도굴갱에서 출토된 무문토기질의 주머니호편으로 보아 기원전 1세기대의 토기가 대성동 일대에 존재했던 것은 분명하다. 더불어 이미 파괴되어 버린 가야의 숲 일대나 대성동 유적에서 가야의 숲에 이르는 평탄지에 기원전 목관묘가 있었을 가능성도 있다. 하지만 대성동 91호 도굴갱에서 출토된 주머니호가 기원전 목관묘에서 출토되었다는 보장은 없으며 가야의 숲 일대도 역시 가능성일 뿐이다. 즉 지금까지 발굴조사를 통해 보고된 목관묘는 모두 기원후로 편년 가능한 것들이며 다호리 5기(기원후 1세기 전엽) 정도가 상한이다.[36] 이 시기는 다호리 유적에 비추어 보자면 단경호가 대형화되면서 타날문과 횡침선문이 처음으로 나타나는 시기이다. 또 주머니호와 조합우각형파수부호 역시 이전의 무문토기에서 완전한 와질토기로 변하는 단계이다. 대성동 일대의 목관묘가 대개 기원후 1세기대를 상회하지 않는다는 것은 이 지역 목관묘 집단이 기원후 1세기대가 되어서야 비로소 이 지역의 주력 세력으로 등장한다는 것을 보여주는 것이 아닐까?

김해의 서쪽 외곽인 양동리 일대의 목관묘는 이와 좀 다르다. 가장 이른 시기인 양동리 東70호에서는 무문토기만 출토된다. 늑도 8호 주거지에서 출토된 것과 같은 형식의 소형옹(삽도7-6, 주머니호의 전신)이 보이는 것이다. 물론 출토 사례가 너무 적어 이 시기부터 대규모 유적이 존재했다고 확신할 수는 없다. 인근의 망덕리 유적에서는 이보다 조금 늦기는 하지만 기원전 1세기대의 굽이 달린 주머니호가 확인되었다. 이런 양상은 당시 주촌면을 중심으로 하여 순수한 무문토기를 반출하는 목관묘군이 이른 시기부터 존재하였음을 보여주는 것이다. 현재의 양동리 일대나 주변 도로 등지에는 기원전 2세기~1세기대의 무덤들이 다수 존재하고 있을 가능성이 매우 높을 것이라 생각한다. 더불어 기원후 2세기대의 목곽묘도 다수 존재하기 때문에 양동리 일대의 목관묘의 존속 기간은 다호리 유적과 마찬가지로 아주 길다.

36) 拙稿, 2013, 위의 논문.

정리하자면 김해의 서쪽에서는 기원전 1세기대 목관묘의 존재가 확실하지만, 대성동 일대에서는 현재로써 가능성 정도만을 인정해 두고 싶다. 대성동 일대에서 목관묘 집단이 대규모로 확인되는 것은 기원후 1세기와 2세기를 중심으로 한 기간이 된다.

2. 김해지역에서 와질토기의 등장

변한의 무덤이 150여 기 조사된 다호리 유적의 토기 변화 양상을 살펴보면 무문토기에서 와질토기로의 변화상이 관찰된다. 즉 기존 무문토기였던 주머니호, (삼각형점토대)옹, 조합우각형파수부호, 파수부호, 파수부장동호가 시간의 흐름에 따라 와질화가 이루어지는 과정이 명확하게 관찰되는 것이다. 이와는 달리 단경호 같은 외래 기종은 등장부터 와질토기의 모습으로 보인다. 이런 현상은 진한의 주요 목관묘군인 대구 팔달동[37]이나 경주 조양동 유적[38]에서도 확인된다.

하지만 김해지역 변한 무덤에서는 이런 현상이 확인되지 않는다. 양동리 유적에서는 다호리 73호(기원전 2세기대)와 비슷한 시기로 볼 수 있는 東70호가 확인되었지만 이외에는 기원전으로 편년할만한 목관묘와 출토 유물이 전혀 없다. 다만 인근 망덕리에서 기원전 1세기대로 볼만한 일부 목관묘가 존재할 뿐이다. 대성동 주변의 목관묘는 기원전으로 편년할 만한 것이 아예 없어 모두 기원후 1~2세기대의 것이다. 물론 이와 같은 상황은 다분히 발굴 조사의 부족 때문일 가능성도 있다. 따라서 김해지역에서 기원전 1세기대의 목관묘 부재를 단정할 수는 없으며 와질토기의 등장 역시 김해지역에서의 순차적인 변화인지 외부로부터의 전래인지 확인하기는 어렵다. 향후의 발굴 조사 성과를 기다려가면서 신중한 해석이 필요하겠다.

---

37) 嶺南文化財硏究院, 2000, 『大邱 八達洞 遺蹟 I』.

38) 國立慶州博物館, 2000, 『慶州 朝陽洞 遺蹟 I』.

Ⅳ. 맺음말

지금까지 본고에서 살펴본 내용을 정리하자면 아래와 같다.

가. 목관묘 등장 이전 기원전 3~1세기대 김해지역에는 지석묘문화, 점토대토기문화, 야요이토기문화가 혼재하고 있었으나 점토대토기문화의 영향력은 크지 않았다.

나. 야요이토기는 대략 기원전 2세기대~기원후 1세기대까지 출토되며 야요이 중기 전반의 토기가 중심이다.

다. 기원전 1세기대에 목관묘가 조영되기 시작하지만 확실한 예는 양동리 등 서西 김해를 중심하고 있으며 대성동 일대에서는 기원후 1세기대부터 확인된다.

라. 와질토기는 현재까지 자료로 볼 때 김해지역에서 독자적으로 등장했다고 판단할 근거가 없다.

구야국 성립 직전 단계에 김해지역에서는 사천 늑도나 방지리처럼 삼각형점토대토기를 기반으로 하는 대규모 주거지는 아직 확인되지 않지만, 대청이나 구산동 유적 등지에서 송국리문화와 접변하는 모습의 원형점토대토기가 보인다. 삼각형점토대토기 역시 김해 화정 유적이나 봉황대, 김해패총 등지에서 확인된다. 또 구산동 유적에서 보듯이 야요이 중기 토기를 기반으로 하는 대규모 외래집단이 보이는 것도 특징적이다. 재지의 지석묘집단 역시 김해 내동 지석묘라든지 구산동 등지에서 여전히 확인된다. 이것은 점토대토기집단의 등장이 이전 지석묘사회를 해체시킬 정도로 강성하지 못했던 면모를 보여주는 것으로 당시 김해지역은 지석묘문화가 점토대토기문화, 야요이토기문화와 공존하고 있었던 것을 보여준다.

이후 와질토기가 등장하지만, 다호리 유적에서처럼 기원전 1세기에 삼각형점토대토기에서 와질토기로의 순차적인 변천 과정이 김해지역에서 잘 확인되지 않는다. 물론 대성동 91호의 도굴갱에서 출토된 토기 중에 기원전 1세기대로 볼 만한 주머니호편들이 있어 초기 목관묘가 김해지역으로 파급되었을 수도 있다. 그렇다 하더라도 그 세력은 크지 않으며 재지 지석묘 사회보다 우위에 있었다고 생각되지 않는다. 이런 분위기 속에서 재지의 지석묘 사회는 기원전 2세기뿐만 아니라 기원전 1세기까지도 꾸준히 존속했던 것으로 보이며 기원후 1세기대에 이르러 대성동을 중심으로 목관묘 집단이 강성해지면서 해체되었을 가능성이 높아 보인다. 하지만 석개목관묘에서 주조철부, 포타쉬계 유리와 함께 홍도, 일단병식석검, 일단경식석촉이 공반된 대성동 84호[39]는 재지 지석묘 문화가 목관묘 등장 이후인 기원후 1~2세기대까지 일부 잔존하고 있었던 것을 보여주는 결과로 보인다.(도면12)

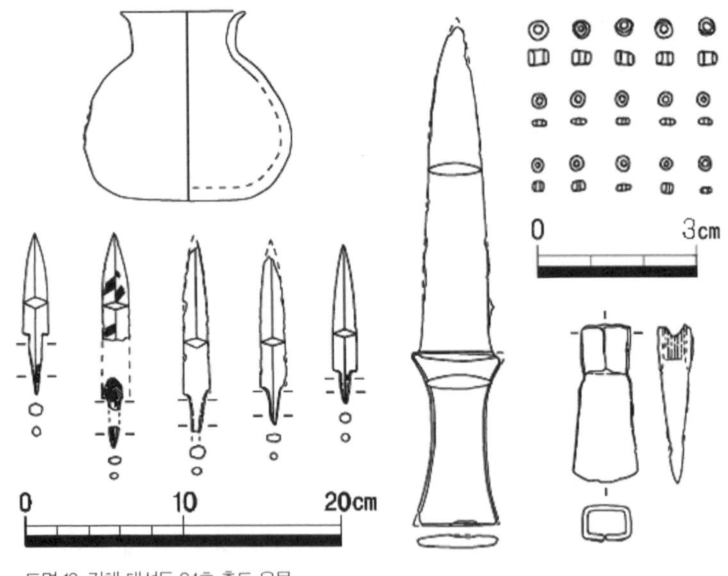

도면 12. 김해 대성동 84호 출토 유물

39) 대성동고분박물관, 2013, 『金海 大成洞 古墳群 – 73~84호분 – 』.

기원후 1세기대의 대성동에 등장한 목관묘 집단이 이전부터 김해지역에 있던 목관묘 집단의 세력이 강성해진 것인지 외래적 요인에 의해 등장한 것인지 앞으로 풀어야 할 숙제이다.

참고문헌

國立慶州博物館, 2000, 『慶州朝陽洞遺蹟 I 』.

국립김해박물관, 2011, 『창원 다호리 유적 9차 발굴조사보고서』.

______________, 2012, 『金海 良洞里 遺蹟』.

______________, 2014, 『김해 회현리패총』.

국립문화재연구소, 1989, 『김해양동리고분군』.

慶南發展硏究院 歷史文化센터, 2009, 『金海 栗下里遺蹟 II 』.

慶星大學校博物館, 2000, 『金海龜旨路墳墓群』.

________________, 2000, 『金海大成洞古墳群 I 』.

________________, 2003, 『金海大成洞古墳群 III 』.

부경대학교박물관, 1998, 『김해 대성동 소성유적』.

釜山大學校博物館, 1983, 『釜山堂甘洞古墳群』.

________________, 1989, 『勒島住居址』.

東義大學校博物館, 2003, 『金海興洞遺蹟』.

________________, 2008, 『金海良洞里古墳群 I 』.

慶南考古學硏究所, 2010, 『金海 龜山洞 遺蹟』.

________________, 2009, 『金海 龜山洞 遺蹟 X 』.

東亞細亞文化財硏究院, 2006, 『金海伽耶의숲造成敷地內 金海茂溪里共同住宅建設敷地內文化遺蹟發掘調査報告書』.

嶺南文化財硏究院, 2000, 『大邱八達洞遺蹟 I 』.

박진일, 2013, 『韓半島 粘土帶土器文化 硏究』, 釜山大學校博士學位論文..

윤태영, 2014, 「김해 회현리 옹관의 연대」, 『고고광장』15, 부산고고학연구회.

李相吉, 2006, 「區劃墓와 그 社會」, 『금강: 송국리형 문화의 형성과 발전』, 호남고고학회·호서고고학회.

崔鍾圭, 2010, 「14.龜山洞유적 A2-1호 支石墓에서의 聯想」, 『金海 龜山洞 遺蹟 X』, 慶南考古學硏究所.

武末純一, 2010, 「11.金海 龜山洞 遺蹟 A1區域의 弥生系土器를 둘러싼 諸問題」, 『金海 龜山洞 遺蹟 X』, 慶南考古學硏究所.

「구야국 성립기의 토기문화」에 대한 토론문

권 오 영 (서울대학교)

발표자 논지의 핵심은 김해 시내(대성동과 가야의 숲 등)에서 목관묘가 제대로 확인되는 것은 기원후 1세기 이후여서 양동리나 창원 다호리가 기원전부터 목관묘문화가 시작된 것과 차이가 있다는 주장일 것이다.

발표자의 견해대로 이러한 원인이 조사의 미비에서 비롯되었을 가능성이 아직 남아 있기는 하지만 대성동일대와 양동리, 다호리 등 여러 목관묘 유적의 시작시점의 차이를 부각시킨 것은 의미가 크다고 본다.

다만 그 과정에서 『삼국유사』가락국기의 수로 건국시점(기원후 42년)을 끌어들인 것은 시간적으로 거의 동시기라는 점에서 유혹을 느낄 만하지만, 발표자의 그동안의 고고학적 연구방법론과 배치되는 것은 아니지 질문하고 싶다.

「구야국 성립기의 토기문화」에 대한 토론문

이 양 수 (국립김해박물관)

1. 발표자는 맺음말에서 '가. 목관묘 등장 이전 기원전 3~1세기대 김해 지역에서는 지석묘 문화, 점토대토기 문화, 야요이토기 문화가 혼재하고 있었으나, 점토대토기 문화의 영향력은 크지 않았다.'라고 설명하고 있다. 결국, 목관묘 등장 이전 김해 지역의 중심세력은 지석묘 문화로 파악하고 있는데, 이 문화가 기원전 1세기까지지도 꾸준히 존속한 것으로 파악하고 있다. 토론자 역시 지석묘 문화가 구야국 성립기에 일정시기 존속하고 있었다는 것에는 동감하는 바이나, 기원전 1세기까지 잔존하고 있었다는 것에는 의구심을 가진다. 단면삼각형점토대토기가 등장하는 시기-아마도 기원전 194년 이후에는 단면삼각형점토대토기를 기반으로 하는 문화가 중심이 되지 않았을까 생각하고 있는데, 이에 대한 부연 설명을 부탁드린다.

2. 발표자의 논지대로라면 결국 대성동 일대에서 목관묘의 조영이 시작되는 시점이 구야국이 성립하며, 기존 지석묘 세력의 해체 요인으로 대성동 목관묘 세력의 강성과 관련된다고 이해가 가능하다. 최근 대성동 유적의 발굴 조사를 통해 정상부에서 지석묘가 존재한 것이 확인된 점을 근거로 한다면, 대성동에서 목관묘를 축조한 세력과 지석묘 축조세력 간에 연계성이 어느 정도 있을 것이라 추정되는데, 발표자는 이 두 세력이 경쟁 관계였던 것으로 보고 있는 것인지 추가 설명을 부탁드린다.

楽浪郡と倭と韓

上野祥史＊

目次

はじめに

中国世界との接触は、周縁世界に新たな局面をもたらした。中国鏡はそれを可視化する中国文物の一つである。東アジア世界に広く流通した中国鏡には、二つの性格がみえる。一つは中国世界から倭韓へ流通した器物としての性格であり、一つは倭韓の内部で流通した器物としての性格である。しかし、倭韓でその状況は対照的であった。中国世界から遠く離れた日本列島に中国鏡は多く、中国世界に近接した朝鮮半島南部に中国鏡は少ない。流通量が違えども、中国鏡は倭韓両地域が中国世界との接触を背景に入手した器物である。中国鏡の視点を通じて、倭韓の中国

＊国立歴史民俗博物館

世界への対外交渉を比較することは可能である。漢魏晋と倭韓の交渉は、日本列島や朝鮮半島の視点での検討が進んできた。しかし、中国王朝の意図も相互交渉を左右する重要な要素である。倭韓から漢魏晋をみるだけでなく、漢魏晋から倭韓をみることも必要である。

ここでは、中国鏡の地域内での流通を整理し、倭韓の比較を通じた東アジアでの流通を検討することによって、漢魏晋と倭と韓の交渉を描出することにしたい。中国鏡は楽浪郡を介して倭韓に流入しており、中国王朝が楽浪郡を統御した紀元前1世紀から4世紀初頭までを対象とする。

1. 中国世界の中国鏡

① 鏡の生産

まずは、中国世界での中国鏡の状況を整理してみよう、漢代400年には、次々と新しい図案をもつ鏡が創出された。当代に流行した思想を反映して、新しい中国鏡が生み出されたのである。漢代の鏡の変遷は、7期に区分する様式編年が提示されている[岡村1984·1993]。前漢前期から中期にかけては、戦国鏡の系譜を引き、龍文を主題とした蟠螭文鏡とその類鏡が主要な鏡であり、前漢中期には草葉文鏡が存在した。前漢後期には、文字表現を主題とした異体字銘帯鏡が主要な鏡であり、星雲文鏡や雲気禽獣文鏡が存在した。前漢末から後漢前半にかけては、動物文を細線表現した方格規矩四神鏡や、平彫で図像を表現した内行花文鏡が主要な鏡であった(1)。一部には、浮彫で図像を表現の盤龍鏡や浮彫式獣帯鏡も存在する。後漢後半には、浮彫表現の神獣鏡や画象鏡と、平彫表現の獣首鏡や夔鳳鏡が主要な鏡であった。各期には、主題や図像表現に特徴をもつ鏡が出現したのである。

ところが、3世紀を境として、新たな鏡は登場しなくなる。三国時代以後、隋唐時代に至るまで、漢鏡の模倣を旨とした生産が継続した。しかし、3世紀と5·6世紀ではその様相が異なる。三国西晋時代の模倣は、漢鏡を手本にしつつも図像を模写した鋳型を成形するものである。粗雑ではあるがその時代の特徴がみえており、創作模倣鏡と呼んでいる。南北朝時代の模倣は、漢鏡を踏み返して、漢鏡と全く同じ製品を創り出すことを旨とする。踏み返しを基本として、一部には外区を改変し大型化した製品がある。これらを踏返模倣鏡と呼んでいる[上野2007]。同じ模倣鏡でも、時期により模倣の形態は異なっていた(図1)。創作模倣鏡の場合は、形態的特徴による判別は可能であるが、踏返模倣鏡の場合は、改変が加えられていなければ、漢鏡か南北朝鏡かを判別するのは困難である。本稿では取り扱わないが、朝鮮半島南部出土鏡では武寧王陵出土鏡が踏返模倣鏡に該当する。

創作模倣鏡も踏返模倣鏡も、同笵鏡が多いことを特徴としており、さまざまな漢鏡を模倣の対象とした。また、任意に模倣対象を選択しており、頻繁な「先祖返り」が起こる様は、一系的な生産ではない、一過的な生産が継起したことを示している。中国世界が分裂し争乱の絶えない世相を反映した、粗製濫造と形容できる生産状況であった。なお、3世紀には、南北で創作模倣鏡を生産するが、華南と華北では様相が異なっていた。神獣鏡では南と北の違いが鮮明であり、華北の画文帯神獣鏡と、華南の銘文帯神獣鏡は対照をなしていた[上野2007]。

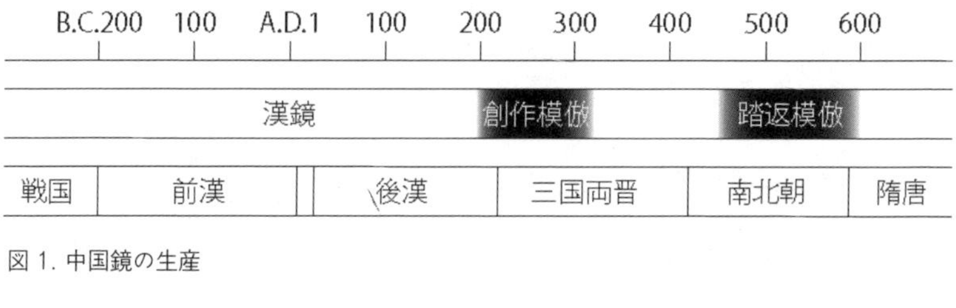

B.C.200	100	A.D.1	100	200	300	400	500	600
漢鏡				創作模倣			踏返模倣	

戦国	前漢	後漢	三国両晋	南北朝	隋唐

図 1. 中国鏡の生産

② 中国世界における鏡の価値

中国鏡は、倭韓に流入した器物であるが、中国世界で価値をもった器物でもある。漢代の鏡は、社会に広く普及しており、特定の階層が保有する器物ではない。しかし、特殊な形態の鏡は特定の社会階層に限定されていた。諸侯王墓や列侯墓で出土する鏡には18cmを超える大型鏡が目立つ。前漢武帝の庶兄であり元鼎四年(B.C.113)に卒した中山靖王劉勝は20.7cmの鏡を副葬しており、王妃墓は25.4cmの鏡を副葬していた[中国社会科学院考古研究所ほか1981]。ほぼ同じ時期の平度侯の墓と推定される山東平度界山漢墓では、20cmを超える鏡を20面近く副葬しており、大型鏡を玉璧·玉衣に見立てた使い方をしている[青島市文物局ほか2005]。後漢光武帝の子であり永元二年(A.D.90)に卒した中山簡王劉焉は28cmの鉄鏡と36cmの銅鏡を副葬していた[河北省文物工作隊1964]。宋代の『太平御覧』が引く『魏武上雑物疏』には、曹操が後漢献帝に一尺二寸の鏡を、貴妃に九寸の鏡を献呈したことを伝える[小南1978]。20cmに及ぶ大型鏡が王侯の保有のみに限られたわけではないが、出土資料も文献資料もともに、政治性を帯びて大型鏡が動く事例があることを示している。また、漢帝国の周縁では、元狩元年(B.C.122)頃に卒した南越王趙眜の墓には、40cmに及ぶ巨大な彩画鏡をはじめ特殊な象嵌鏡など20cmを超える鏡数面を副葬していた[広州市文物管理委員会ほか編1991]。武帝期の滇王墓である雲南晋寧石寨山1号墓では、30cmを超える彩画鏡を副葬している[雲南省博物館編1959]。これらは、漢王朝との政治交渉を通じて、大型鏡が中国世界の外へも移動したことを示している。中国世界の内外で、大型鏡は政治性を帯びて流通することがあったのである。

後漢時代以後、中国世界には鉄鏡が普及した。先の中山簡王劉焉墓では、19cmから28cmの鉄鏡を5面副葬していた。後漢後期には、大型墓や中型墓に鉄鏡を副葬する事例が増え、中には金銀象嵌の装飾を施したものもみる。青銅製飛燕馬(奔馬)の出土で著名な甘粛武威雷台漢墓は、将軍章銀印が出土した墓であり、21.0cmの象嵌鉄鏡を副葬していた[甘粛省博物館1974]。三国両晋墓でも鉄鏡の副葬は多く、鉄鏡を銅鏡の上位に序列する関係は継続した。曹操墓と目される河南安陽西高穴2号墓や、河南洛陽曹休墓、江蘇宜興周処家族墓、江蘇南京王興之家族墓などを挙げうる[河南省文物考古研究所2010, 羅宗真1957, 南京市文物保管委員会1965等]。

三国両晋時代に、漢代のような20cmを超える大型鏡は希であるが、銅鏡と鉄鏡が併存する中で、鏡の面径と社会階層との間に対応関係もみえている。鏡の刻銘から、三国呉では都尉や将軍の属吏(中下級の軍吏)が13cm前後の小型鏡を保有した実態がみえる。一方、東晋の名門貴族の一員であった王興之の家族墓では、13cm前後の鏡に交えて18cmに及ぶ大型鏡も副葬していた。社会階層と保有する鏡の面径の間には、相対的ではあるが対応関係が見出せるのである[上野2013a]。

鉄鏡と銅鏡による鏡の序列は、後漢時代から三国両晋時代にまで継続しており、三燕や高句麗などの周縁世界にも広がった。遼寧北票喇嘛洞遺跡や馮素弗墓、吉林集安麻銭溝2100号墓にみる、鉄鏡と創作模倣鏡の副葬は、こうした三国両晋時代の鏡の様相を反映するものである[黎瑶渤1973, 遼寧省文物考古研究所ほか2004, 吉林省文物考古研究所ほか2004]。

2. 倭韓の前漢鏡

① 三韓における前漢鏡

朝鮮半島では全北益山平章里にて出土した蟠螭文鏡がもっとも古い中国鏡であり、慶南昌原茶戸里1号墓の星雲文鏡や、慶北慶州朝陽洞38号墓の異体字銘帯鏡、大邱坪里洞の異体字銘帯鏡と雲気禽獣文鏡がみえる。異体字銘帯鏡は、他の諸鏡に比べて数量が多い。前漢後半の星雲文鏡や異体字銘帯鏡が流通する時期が、朝鮮半島南部への中国鏡流入の一つの画期をなしている。

前漢鏡は慶尚道地域に集中しており、特に慶州や大邱、慶山や永川など慶北地域に集中する。また、面径が10cm前後の小型鏡に限られるという形態的な特徴をもつ。そして、慶山林堂洞遺跡や慶州朝陽洞遺跡では、草葉文鏡や異体字銘帯鏡を再加工した製品が存在する。径が13mmの小型円板への加工は、印章状製品としての利用を目的とするが、円形という形態に小型の鏡への意識をよみとくことも可能である。漢鏡の分配に際して、数量が限られる外来品を分割·再加工した結果であるとの指摘があり[高久2000]、大きさによる格差が意識されたことも想定しておきたい。

筆·書刀をはじめとする中国文物を保有した茶戸里1号墓は、楽浪郡との交渉を主導した存在である。そこに、朝鮮半島南部の有力者が中国鏡を保有した状況がみえる。そして、慶北地域の前漢鏡は、複数を一括して副葬することを特徴とし、特定の存在に保有が集中する傾向がある。慶北地域では前漢鏡を模倣した小型鏡にも同じ傾向が指摘できる。朝鮮半島南部への前漢鏡の流入は、中国世界との交渉を通じて多様な中国文物が流入する動きの一つである[高久2000·2013, 井上2014]。弁辰韓での前漢鏡は、稀少な外来品として特定の存在が独占する傾向が強い器物であった。前漢鏡の保有は象徴性を帯び、弁辰韓地域では中国鏡の保有が区分指標として機能したのである。

一方、前漢前半の鏡である平章里の蟠螭文鏡は、面径が13.4cmであり、全羅道地域から出土した事例である。鏡式、出土地(分布域)ともに、前漢後半の鏡とは一線を画する存在であり、慶尚道地域の諸鏡とは異なった流入背景を考えるべきである。同じ朝鮮半島でも、異なった流入背景を考える必要がある。

②倭における前漢鏡

日本列島では、福岡県須玖岡本D地点甕棺に副葬した前漢前半の草葉文鏡を初出として、異体字銘帯鏡は同三雲南小路1号甕棺や同立岩遺跡、同東小田峯遺跡、佐賀県二塚山遺跡など北部九州にひろがり、響灘沿岸の山口県稗田地蔵堂遺跡にまで及んだ。前漢鏡の保有は、ほぼ北部九州に限定されていた。星雲文鏡や異体字銘帯鏡など前漢後半の鏡が流通する時期に、多量の中国鏡が流入する状況は朝鮮半島南部と類似する。

須玖岡本D地点甕棺と三雲南小路1号甕棺は、草葉文鏡や彩画鏡など前漢前半の鏡を含む。いずれも、面径が20cmに及ぶ大型鏡である。数量が豊富な星雲文鏡や異体字銘帯など前漢後半の鏡は、面径が16cm前後の中型鏡と10cm前後の小型鏡に区分することが可能である。豊富な数量と面径の大小を反映して、鏡の序列が早くもこの時期には現出した。大型鏡を含み、20面に及ぶ多量の中国鏡を保有した須玖岡本D地点や三雲南小路1号甕棺、中型鏡や小型鏡を複数保有する立岩10号甕棺、中型鏡を1面保有する立岩35号甕棺や稗田地蔵堂遺跡、小型鏡を1面保有する吉武樋渡62号墓や佐賀県柏崎田島6号甕棺などに区分することが可能である。前漢鏡の序列は、鉄製武器や玉類の装身具など、他の器物の保有格差にも対応する。前漢鏡は、階層を示す指標の一つとして機能していたのである。しかし、前漢鏡の序列は厳格なものではなく、多くが小型鏡を1面保有するなかに、多量保有や中型鏡を保有する特殊な存在が区分された、というのが実態であったと推測する。

前漢鏡の保有は、対外交渉を主導した福岡平野や糸島平野の勢力を要とするネットワークへの参加と表裏のものであり、前漢鏡は紐帯の指標として機能した。その一方で、多量保有は糸島平野と福岡平野に限定されており、形態と数量による序列が存在したことは、前漢鏡が区分の指標としても機能したことを示す。北部九州社会において、前漢鏡は紐帯原理と区分原理を内包する存在であった。

しかし、前漢末の鏡が流入する時期に鏡の序列はみえない。前漢末の雲気禽獣文鏡やゴチック字体の異体字銘帯鏡を対象に、新たに鏡を破砕する取扱いが始まる。破砕行為の背景には、儀礼行為の一環としての破砕と、数量の限られた外来品の分割を目的とした破砕が想定される。前漢後半の鏡が流入する段階には、数量の限られたガラス璧などを分割し再加工する例があり、破砕行為は新たに出現した現象ではない。こうした新しい鏡は北部九州の外へと広がり、近畿地方(奈良県清水風遺跡)や日本海沿岸(鳥取県青谷上寺地遺跡)、東海地方(愛知県高蔵遺跡)にまで及んだ。そこには、紐帯の指標としての機能する前漢鏡の姿がみえる。

3. 倭韓の後漢鏡

① 三韓地域における後漢鏡

朝鮮半島南部の後漢鏡には、伝金海出土と金海内徳里出土の方格規矩四神鏡と、慶南金海良洞里162号墳で出土した内行花文鏡や細線式獣帯鏡がある。その他には、全羅道地域で、伝全北益山出土とする盤龍鏡1面をみる程度である。全南高興安洞古墳のように、3世紀以後の遺跡から出土する後漢鏡もあるが、その流入時期を断定することは難しい。朝鮮半島南部の後漢鏡は、前漢鏡よりも数が少なく、極めて限定的である。現状での後漢鏡は、慶南地域に分布しており、慶北地域での出土はない。慶北への集中が慶南を凌いでいた前漢鏡とは様相が異なる。

金海出土の方格規矩四神鏡は、ともに後漢前半の1世紀の鏡であり、面径が20cmに及ぶ。小型鏡で構成する慶尚道地域の前漢鏡とは形態が大きく異なる。先に挙げた、紀元前2世紀末から紀元前1世紀の漢や南越、滇や倭などで動いた前漢大型鏡を参照すれば、後漢前半の大型鏡が金海地域へ流入する背景にも、これまでの前漢鏡とは異なった政治性の反映を汲むことが可能である。

良洞里162号墳出土鏡は、図像表現の簡略な細線式獣帯鏡と内行花文鏡であり、後漢後半の2世紀の鏡である。細線式獣帯鏡は9.1cmで、内行花文鏡は11.6cmであり、ともに10cm前後の小型鏡である。良洞里162号墳は大型木槨墓であり、金海地域の中心的存在であった。2世紀中頃を画期とする新たな墓制の一翼を担う大型墓に中国鏡を副葬した状況がうかがえる。なお、2世紀後半以後には、良洞里322号墓や蔚山下垈カ23号墓出土の銅鼎が代表するように、中国文物の慶尚道地域への流入が再び盛んになる時期でもある。後漢後半の鏡は、その流れ中で金海地域に流入した[高久2000·2002, 井上2014]。

この2面の後漢鏡は、面径が10cm前後の小型鏡であることと、盟主的な大型墓が中国鏡を保有するという2つの特徴を示している。小型鏡という形態は、慶尚道地域の前漢鏡にも共通する特徴である。この時期の慶尚道地域には、後漢鏡とともに小型仿製鏡が存在した。良洞里162号墓では6面を、427号墓では2面を副葬している。慶北の慶州舎羅里130号墓では2面を副葬している。

いずれも10cm以下であり、特定の保有者に集積する傾向があることは、後漢鏡も小型仿製鏡もともに共通している。小型仿製鏡は一部に朝鮮半島独自のものを含むが、日韓両地域での数量及び生産遺跡の状況からすれば、その大半が弥生倭鏡である[高倉2002, 田尻2012]。後漢鏡と倭鏡という漢倭の外来品を、特定の存在が、貴重財として独占保有する慶尚道地域の様相がみえる。後漢後半の鏡も、朝鮮半島南部では、当該社会を区分する指標として機能したのである。鏡の形態と保有の形態という視点では、後漢後半の鏡と前漢鏡では同じ様相がみえるのである。

② 倭における後漢鏡

日本列島では、佐賀県桜馬場甕棺や福岡県平原1号墓出土の方格規矩四神鏡や内行花文鏡などの後漢前半の鏡と、大分県名草台遺跡出土の画象鏡や神獣鏡などの後漢後半の鏡が存在する。方格規矩四神鏡や内行花文鏡には、20cmを超える大型の鏡も含まれていた。3世紀以降の古墳より出土した後漢鏡も存在するが、その流入の時期を判別するのは難しく、ここでも後漢と同時期の弥生時代後期の後漢鏡に限る。

日本列島での後漢鏡は、破片もしくは破鏡として存在するものが大半であり、完形鏡として取り扱う事例は、佐賀県桜馬場甕棺出土の方格規矩鏡など極一部に限られる。前漢末から後漢前半の方格規矩四神鏡鏡や内行花文鏡では、井原鑓溝鏡群や平原1号墓という多量集積事例があるものの、前漢後半の鏡のように形態と数量で表現した序列はみえない。井原鑓溝鏡群が1世紀初頭の鏡で構成され、平原1号墓出土鏡群が1世紀代の鏡で構成されることから、それぞれを後漢書が伝える中平二年(A.D.57)と永初元年(A.D.107)の遣使に対応した中国鏡の流入を想定できる。

流入した後漢鏡の大半は、鏡片や研磨·穿孔を施した破鏡として存在した。北部九州を中心にその分布は、瀬戸内や近畿地方など西日本にまで及ぶ。後漢鏡では、多量保有する特定の存在を別とすれば、保有形態に大きな違いはみえない。分布の密度は北部九州とそれ以東で異なるものの、鏡を保有することの等質性が日本列島西半でひろくみえる。しかし、後漢鏡の取扱いは各地で一様ではない。福岡県域や佐賀県域など北部九州弥生社会の中心地域では墓に副葬し、その周縁にあたる大分県域や熊本県域、そして瀬戸内海沿岸以東では、多くが集落から出土している[辻田2007]。鏡を受容する世界は広がるものの、その取り扱いは異なっていた。後漢鏡は、北部九州を起点に隣接地域を中継して、近畿地方や北陸地方、東海地方に至るネットワークの上を動いたいのであり、その動きは弥生時代後期の地域間交流を反映したものである。後漢鏡の流通は、日本列島各地で形態の同じ後漢鏡を共有するという、紐帯の指標として機能を果たしていたといえよう。鏡を受容する世界の広がりは、倭鏡にもみえる。弥生時代倭鏡は、後漢鏡の普及と連動して、北部九州を中心に、近畿·北陸地方にまでひろがった。倭鏡は弥生時代後期に、北部九州で石製鋳型を利用した生産が始まり、北部九州を中心に朝鮮半島南部や近畿地方にまで流通した。一方、東方世界でも、土製鋳型を利用した北部九州とは異なる倭鏡が遅れて登場する[田尻2012]。

ところが、兵庫県西条52号墳や徳島県萩原1号墓、京都府園部黒田古墳など、弥生時代の終わりには、後漢鏡を破砕副葬する事例が出現した。東部瀬戸内海域や近畿地方を中心に、墳墓への鏡副葬が始まり、上述の状況に変化があらわれはじめた。

なお、後漢鏡とともに日本列島へ流入した中国文物には素環頭鉄刀がある。北部九州では、佐賀県三津永田104号甕棺のように、後漢鏡と素環頭刀が共存する事例があるが、東方世界では、鉄刀と鏡の流通は重ならない。鉄刀が山陰から北陸にかけての日本海沿岸地域を中心に分布して瀬戸内海沿岸で希薄なのに対して、後漢鏡も倭鏡も瀬戸内海から近畿地方を中心分布し、日本海沿岸地域では比較的希薄である。壱岐原ノ辻遺跡や糸島平野の三雲遺跡群など諸遺跡を中核とした、原ノ辻·三雲貿易を通して入手した中国文物も[久住2007]、北部九州を起点とした日本列島内での流通は一様ではなかった。

4. 倭韓と三国西晋鏡

① 三国社会における三国西晋鏡

朝鮮半島南部では、3世紀以後も中国鏡の存在は少ない。三国西晋鏡には、慶南金海良洞里441号墳出土の方格規矩鏡、同大成洞23号墳出土の方格規矩四神鏡、忠南瑞山キジリ出土の細線式獣帯鏡がある。大成洞23号墳出土鏡は一般に漢鏡と認識される資料であるが、鈕座の12乳が漢鏡に類例がみえず、創作模倣鏡の方格規矩鏡に多いことから、三国西晋鏡として位置づけておきたい[上野2004]。5世紀の事例まで含めると、慶北慶州皇南大塚南墳出土の方格規矩鏡や、全南高興野幕古墳出土の双頭龍文鏡がある。伝慶州校洞出土の双頭龍文鏡も三国西晋鏡の一つである。三国西晋鏡はいずれも、華北の創作模倣鏡であり、華南の創作模倣鏡はみない。

三国西晋鏡も慶尚道地域に集中しており、文献資料から中国世界とのより密接な政治交渉が想定できる忠清道や京畿道地域への中国鏡の流入は、前代に引き続いて低調である。三国西晋鏡は、出土遺構の年代によって分布域が異なる。3·4世紀は慶南地域に分布し、5世紀は慶北地域と全南沿岸地域に分布している。

5世紀の出土鏡では、皇南大塚では南墳から方格規矩鏡が、北墳からは鉄鏡が出土している。全羅道地域では、近年倭系の帯金式甲冑と共伴して鏡を副葬する古墳の例が増えている。野幕古墳では、双頭龍文鏡が出土しており、全南新安ベノルリ古墳では鉄鏡が出土している。華北の創作模倣鏡(三国西晋鏡)と鉄鏡を保有する状況は、魏晋期の鏡保有と似た形態であり、先にも述べたように、遼寧省北票喇嘛洞三燕墓や馮素弗墓、高句麗王墓の一つに数えられる吉林集安麻銭溝2100号墓などに共通するものである。

朝鮮半島南部の三国西晋鏡に、魏晋から三燕 高句麗を介した、東北アジアに共通する鏡の様相がみえる[森下2006, 李陽洙2009]。皇南大塚の出土鏡については、共伴する馬具や冠·帯金具などの装身具が高句麗との関係が深いことを考えれば、三燕·高句麗を介した流入を想定することが可能である。

一方、4世紀の出土鏡について、大成洞23号墳では、巴形銅器や碧玉製管玉、鉄槍、圭頭鉄鏃など倭系文物が数多く共伴しており、良洞里441号墳出土鏡の同笵鏡が、北部九州の福岡県東真方1号墳で出土している。5世紀の出土鏡でも、全南沿岸地域では三国西晋鏡や鉄鏡が帯金式甲冑と共伴しており、日本列島での帯金式甲冑との共伴傾向に合致する。慶南地域及び全南沿岸地域の三国西晋鏡は、類例や共伴遺物のあり方から、倭系文物としての性格が強い。方格規矩鏡も双頭龍文鏡もともに、日本列島内部における北部九州の出土傾向と様相を同じくし、朝鮮半島南部の三国西晋鏡が日本列島から流入したことを想定することが可能である。

朝鮮半島南部出土の三国西晋鏡は、慶南地域にて王墓もしくは副槨をもつ大型木槨墓での保有を特徴としている。鏡の由来を何処に求めるにせよ、特定の存在が当該社会にとって稀少な外来品を独占していたことには違いはなく、三国西晋鏡も特殊な存在を際立たせる区分指標として機能していた。

② 倭における三国西晋鏡

日本列島には、「景初」「正始」の魏の紀年銘をもつ三角縁神獣鏡をはじめ、画文帯求心式神獣鏡、青龍年銘の方格規矩鏡、内行花文鏡、双頭龍文鏡など多様な創作模倣鏡が流入した。三角縁神獣鏡は、兵庫県権現山51号墳、兵庫県西求女塚古墳、京都府椿井大塚山古墳、奈良県黒塚古墳など古墳時代初頭の前方後円(方)墳から相当数が出土している。画文帯求心式神獣鏡は奈良県黒塚古墳や兵庫県白水瓢塚古墳など、方格規矩鏡は椿井大塚山古墳や福岡県津古生掛古墳など、枚挙にいとまがない。日本列島に流入した三国西晋鏡は、特殊な三角縁神獣鏡を除けば、いずれも河南洛陽や陝西西安、北京など華北地域の魏晋墓出土鏡に類例がある、華北の創作模倣鏡である。華南の創作模倣鏡は、呉の紀年銘「赤烏」をもつ銘文帯神獣鏡など数例に限られる。

日本列島では、三国西晋鏡の流入を以て中国鏡の取扱いが大きく変化する。完形鏡の副葬が日本列島に広く普及したのである。弥生時代の終わりには、後漢鏡を破砕して副葬する風習が日本列島西半にひろがるが、三国西晋鏡を破砕副葬や破鏡の対象とした例は極めて少ない。前方後円墳の普及に伴って、三国西晋鏡の副葬も普及した。

その分布は近畿地方を中心としたものであり、鏡の分布の中心は北部九州から近畿地方に移った。そして、岡山県湯迫車塚や福岡県石塚山古墳など、近畿地方以外にも三角縁神獣鏡を集積する存在があり、分布には配布の政治意図が反映されている。そこには、後漢鏡が流通した弥生時代後期のような中継交易を介した流通を想定することはできない。地理環境を反映して自然に分布が形成された弥生時代の中国鏡とは様相が異なるのである。三国西晋鏡の分布に、中央·周縁の関係はより明確にあらわれる。三角縁神獣鏡が面径22cm前後の大型鏡であるのに対して、方格規矩鏡は17cm程度の中型鏡であり、鏡式の違いが形態の違いに反映されている。方格規矩鏡などの中小型の魏晋鏡は、三角縁神獣鏡の希薄な地域に分布しており、その一つが丹後や出雲などの日本海沿岸地域である[森下2007]。三国西晋鏡の流入を契機として、形態･数量による新たな序列が形成されたのであり、中国鏡が紐帯と区分の指標として機能したことを示す[辻田2007]。

三国西晋鏡の画期は、日本列島内の物資流通の大きな画期でもある。弥生時代後期には、壱岐の原ノ辻遺跡や糸島の三雲遺跡群を中心にした対外交渉が進展したが、古墳時代初頭(庄内式期)を境として、新たに博多湾岸を中心とする対外交渉へと転換してゆく。対外交渉の拠点の変化は、日本列島内の流通ネットワークの再編とも連動しており、大交流時代と形容される新たな時代が幕を開けた[久住2007]。対外交渉を象徴し、かつ入手が限定される中国鏡は、対外交渉と連動したネットワークを維持管理する上で重要な器物として機能したのである。

5. 漢魏晋と倭と韓

① 中国鏡にみる倭韓の類似点と相違点

これまで、前漢鏡と後漢鏡、三国西晋鏡とに分けて、鏡を時期ごとに倭韓地域での様相を整理した。そこには、倭韓で様相が異なる現象と、倭韓で共通した現象がみえた。

これまでにも繰り返し指摘されている中国鏡の多寡は、もっとも顕著な相違点である。倭韓で鏡の形態が異なることも相違点である。大型鏡を除けば、朝鮮半島の中国鏡は小型鏡に限られ、日本列島の中国鏡は中型鏡と小型鏡を含んでいた。そして、当該地域社会での中国鏡の保有形態も異なっていた。朝鮮半島南部では特定の存在が中国鏡を独占したのに対し、日本列島では、多量保有する特殊な存在がある一方で、広く共有されていた。それは流入が一過的な韓と継続的な倭の違いを反映したものであり、朝鮮半島南部では一貫して区分指標として機能し、日本列島では紐帯原理と区分原理を内包させた資料として機能したのである。

相違点はより鮮明であるが、類似点も見出すことができる。それは、面径が20cm前後に及ぶ大型鏡が倭韓両地域にみえることである。倭では前漢前半の鏡と後漢前半の鏡、三国西晋鏡に大型鏡が存在しており、三韓でも数は少ないが、後漢前半の鏡に大型鏡が存在していた。倭韓では、同じ時期に大型鏡が流入するのであり、その意義を以下では考えることにしたい(図2)。

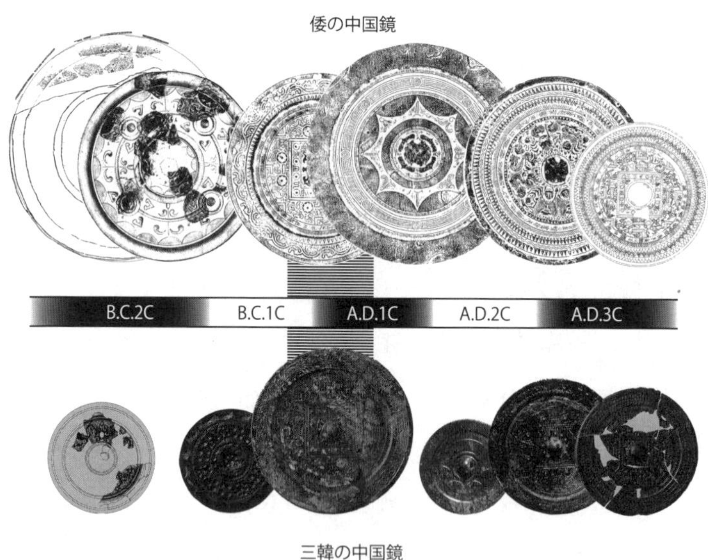

図 2. 倭韓に流入し\た各期の最大の中国鏡 (縮尺統一)

② 中国鏡にみる中国王朝の評価

前漢前半の大型鏡は、須玖岡本D地点甕棺、三雲南小路1号甕棺にみえている。前漢後半の鏡は、倭韓ともに数量に恵まれるが、中型鏡が存在した日本列島でも古相の鏡に匹敵する大型鏡はない。前漢鏡の大型鏡が、古い前漢前半の鏡であることには注意したい。

前漢前半の鏡が倭韓に流入する時期については、二つの理解がある。一つは、鏡の製作年代に近い時期に朝鮮半島や日本列島に流入しており、倭韓で長期保有を経たと考えるものである。いま一つは、これら古い鏡が異体字銘帯鏡など前漢後半の鏡に伴って流入したと考えるものである。紀元前2世紀末に衛氏朝鮮が滅亡し楽浪四郡を設置するまで、漢王朝と倭韓の直接交渉を想定することは難しい(2)。紀元前2世紀の前漢前半の鏡という、鏡の年代を以て日韓両地域に流入時期をあてる考えは少ない[岡村2008·2013]。

なお、これら前漢前半の諸大型鏡については、紀元前2世紀末に漢が周辺を領域化するプロセスの中で、南越や滇という周辺の政治勢力に大型鏡を配布する事例と類似する。倭韓の前漢前半の大型鏡もこれらに類した特異な鏡として存在し、楽浪郡との接触を契機として各地に流入したと考えるのが妥当であろう。楽浪郡と倭韓の交渉開始期に、特殊な鏡がもたらされたものと理解しておきたい(3)。

一方、後漢前半の方格規矩四神鏡に20cmを超える大型鏡が倭韓の両地域に存在することも、中国鏡の周縁世界への流通を考える上では重要である。方格規矩鏡が集積した日本列島の井原鑓溝鏡群や平原1号墓鏡群は、1世紀から2世紀初頭にかけて日本列島へ流入した鏡である。その流入には後漢書の記載にある遣使とも対応がつく。これを参照すれば、同時期に金海地域へ流入した2面の大型方格規矩鏡も、後漢王朝との政治交渉を反映した流入が想定できよう。1世紀後半のこの時期を境として、金海地域が朝鮮半島南部の交易の「関門」的性格を発露し始めることも[井上2014]、良洞里周辺で方格規矩四神鏡が出土することとも符合しており、大型鏡が流入する背景も整合的に理解することが可能である。

なお、三国西晋鏡の大型鏡は、日本列島へ流入した三角縁神獣鏡に限定される。三国西晋鏡に青龍·景初·正始という3世紀第二四半期の紀年銘鏡が存在し、その紀年銘は倭王であり邪馬台国の女王である卑弥呼が魏に遣使した時期にほぼ重なる。大型鏡の流入が、中国王朝への遣使と関連付けられる点は前代と共通している。

さて、星雲文鏡や異体字銘帯鏡など前漢後半の鏡を画期とした、中国鏡の流入の始まりは、鏡の年代と漢王朝の対外政策を相関させて、紀元前1世紀前半の郡県再編による大楽浪郡の成立に重ねる見解が多い[高久2000, 岡村2008]。紀元前1世紀には、漢王朝の対外政策が支配·領有を意識した積極策から、宥和·連携を基調とした消極策へと転換点した。前漢後半の鏡が倭韓地域に大量に流入する背景には、漢王朝の対外政策の変化も相関しており、遣使する夷狄を厚遇する時代背景を反映したものである。大型鏡を含めた前漢鏡の流入は、楽浪郡の再編を契機として交渉をもった倭韓を、漢が積極的に評価したことのあらわれである。しかし、その後の前漢末の鏡に大型鏡の流入がなく、後漢前半の鏡で大型鏡が倭韓に流入することは繰り返し述べたところでもある。大型鏡の動向から、漢と倭韓の交渉は、前漢後半が高揚期であり、前漢末の低調期を経て後漢前半には再び高揚期を迎えるという変遷が描き出せる。両漢交替期には、王莽期の対匈奴政策や対高句麗政策に顕著な周辺諸民族を冷遇する措置が取られ、大型鏡の不在は中国王朝の対外政策の変化にも対応する。後漢前半の復調は、夷狄の帰順を王朝の徳を顕彰するものと評価し、積極的に評価したことに重なる[岡村2008·2013, 上野2014]。後漢後半の鏡に大型鏡を欠くことは、内憂外患をかかえた2世紀の後漢王朝が、直接干渉しない遠方の夷狄の対応にまで手が回らず、消極的な政策にとどまった実態を反映していよう。倭への三国西晋鏡の大型鏡が流入する背景にも、魏王朝の評価があらわれている。魏書東夷伝の序文や、同伝倭人条の情報量の多さにも、魏王朝の東夷あるいはより東方の倭への高い評価があらわれている。

中国世界でも大型鏡が政治性を帯びて流通し、倭韓の大型鏡にも鏡の送り手である中国王朝の意図が反映されていた。大型鏡の倭韓への流通は、中国王朝がより強く(積極的に)政治性を意識して倭韓と接した際に生じた現象ということがいえよう。わずかな接点ではあるが、倭韓の類似点は、中国王朝の東夷評価が高まりを見せた時期に同調してみえた現象なのである。

③ 楽浪郡の機能

中国鏡の流入を、対楽浪郡交渉と同義でとらえる傾向は強い。しかし、大型鏡の動きは、楽浪郡を窓口とした交渉に、対楽浪郡交渉と対王朝交渉との2面性があることを示している。政治交渉を反映した大型鏡の他に、倭韓には相当数の中小型鏡が流入したのである。これらすべてが王朝との政治交渉を反映して入手したものとは考え難く、楽浪郡県との交渉を以て入手した可能性が高い。

楽浪郡との交渉は、前漢後半の鏡が流入する時期を画期とすることを指摘した。一方、三国西晋鏡の流入の途絶は楽浪郡の廃絶と連動して捉えられる。なお、三国西晋鏡の流入下限を、楽浪郡が滅亡した建興元年(A.D.313)におく見解は多い[福永2005, 岸本2010等]。遣使の直接的な目的地であり、中国文物をもたらす拠点の去就を以て、中国文物の流入の断絶が意識されている。

しかし、史書に記載する楽浪郡の滅亡は、漢人社会の消滅を意味するわけではない。冬寿の如き人物が活動し、かつ4世紀の紀年銘をもつ墳墓の築造が継続するなど、漢人社会の存続は想定できるのであり[岡村2011]、中国王朝が直接支配を放棄したこととして理解しておきたい。参考となるのは、後漢後半の北方領域の事例である。後漢後半の北方領域では、鮮卑との争乱の舞台となり郡県は荒廃し、統御ができなくなりつつあったが、墳墓の築造からは在地漢人が地域社会を運営する様子がみえ、その周辺の鮮卑墓への後漢鏡副葬から、中国文物が中国世界の外へと動いた様子がみえる[上野2013b]。地域社会自体が衰微し、王朝との関係を失った楽浪郡が、東夷勢力の求心力を失ったことは首肯できる。しかし、政治変動を以て中国文物の流入が劇的に変化したことについては、今少し慎重でありたい。倭韓の対王朝交渉は途絶したとしても、対楽浪郡交渉は継続した可能性は考えておきたい(4)。

さて、倭韓の相違点に注目してみよう。倭韓の中国鏡は形態と数量が異なるが、その違いは何に起因するのであろうか。中国大陸と朝鮮半島と日本列島との関係は、東アジア世界における地理環境を反映して、中国大陸から朝鮮半島へ、朝鮮半島から日本列島へという経路が一般的である。古来より、生業·物資·技術·制度など文化の諸要素はこの経路を伝い日本列島へと到来した。しかし、中国鏡には、こうした地理環境と対応しない様相がみえるのである。楽浪郡を起点とした中国鏡の倭韓への流通に、朝鮮半島南部を中継した、楽浪から三韓へ、三韓から倭へという交易を想定することは難しい。倭で関心の高い中国鏡が、三韓を通過して倭へ多量に流通したとは考えにくい。倭韓の対楽浪郡交渉が個別に展開した結果と考えるのが妥当であろう(図3)。経路の重なりや使節の帯同は否定しないが、倭韓の対中国交渉はそれぞれ別次元で推進されたのであり、その結果として両地域が保有する中国鏡に違いが生じたのである。

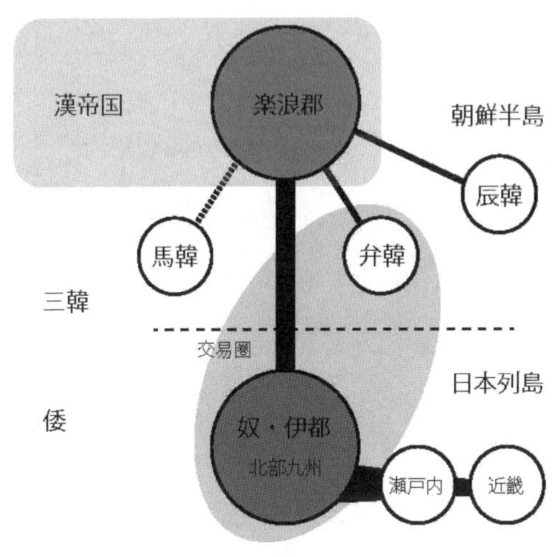

図 3. 中国鏡の流入からみた楽浪と倭・韓の相互関係

楽浪と倭の直接関係を示すものには、日本列島出土の楽浪土器等がある。弥生時代中期後半から後期の中国交渉で中心的役割を果たした長崎県原ノ辻遺跡や福岡県三雲遺跡群では、楽浪土器や案など漢人の所在を示す資料が出土している。また、古墳時代初頭から前半の中国交渉で拠点をなした福岡県西新町遺跡では、楽浪土器にかわって馬韓系土器が登場する。対中国交渉をおこなった諸遺跡が朝鮮半島西海岸ルートに接続する様子は、魏志倭人伝に記す帯方郡から対馬国(対馬)·一支国(壱岐)に至る経路が、沿岸海路を以て記されていることと共通する。中国鏡の流通、出土遺物にみる交易経路からみて、楽浪と倭を直結する交渉が存在したことを傍証するものである。

④ 倭韓の相互関係

三国西晋鏡は、日本列島から朝鮮半島南部へ流入した可能性を指摘した。大成洞古墳群では14号墳から内行花文鏡を加工した破鏡が出土し、良洞里古墳群では弥生倭鏡(小型仿製鏡)が出土している。これらは弥生時代の倭系文物であり、確実に日本列島から朝鮮半島南部に流入した存在である。慶南地域の三国西晋鏡は同笵鏡が存在し、倭系文物と共伴しており、全南沿岸地域の三国西晋鏡も倭系武装具と共伴する。これらの遺跡より出土する資料は韓系文物と倭系文物で構成しており、中国文物を欠く状況では、鏡の中国文物としての性格を強調するよりも、倭系文物として理解したほうが整合的である。朝鮮半島南部で出土する中国鏡がすべて、中国世界から流入したものとは限らず、倭系文物として流通したことも評価しておきたい。

最後に、倭韓の相互交渉について触れておく。3世紀には、倭の対外交渉は、北部九州を窓口とする形で進行した。福岡県西新町遺跡を基軸にした博多湾貿易と形容される交易である[久住2007]。ところが、4世紀前半を境として、西新町遺跡は衰微してゆく。それは、日本列島内での新たな動きと関係する。博多湾貿易の衰退は、沖ノ島祭祀への倭王権の直接関与とも表裏の関係にあり、倭の対外交渉が北部九州を介した形態から、倭王権が直接主導する形態へと転換したことを示すものである。中国王朝は4世紀初頭を境に衰微し、東方の拠点である楽浪郡も、先に述べたように4世紀初頭には滅亡した。倭王権でも、前期後半段階に新興の大和北部勢力(佐紀勢力)へと主導権が移る。古墳の副葬品にも、外来系器物が鏡など中国系の器物から鉄製甲冑や筒形銅器など朝鮮半島系の器物への転換がみえ、政権変動と対外交渉主体の変化を反映している。大成洞古墳群にみる倭系文物の多くは、この前期後半段階の器物である。倭王権の対外交渉は、4世紀を境に、中国世界の晋王朝から、朝鮮半島南部の金官加耶勢力へと交渉対象が転換した。慶南地域の三国西晋鏡を倭系文物とみる視点も、こうした動きに整合的である。4世紀前半には、中国世界と日本列島などの事情を反映しつつ、楽浪と倭と韓の交渉は大きく変化したのである。

おわりに

これまでの中国鏡をめぐる諸認識に基づいて、倭韓両地域での中国鏡の動きを検討してきた。中国世界から倭韓への流通と、倭韓それぞれの内部での器物の流通のあり方を対照し、倭韓での中国鏡の相違点と類似点を改めて明らかにした。中国文物を送り出す中国世界の論理とその変遷や、楽浪と三韓、楽浪と倭との交渉が別次元で進行したこと等を指摘した。また、中国鏡は、倭系文物として倭韓を繋ぐ存在でもあることをも指摘した。中国鏡を通してみえる、漢魏晋と倭と韓の相互関係をそれぞれの視点で評価した次第である。こうした視点を通じて、数少ない朝鮮半島南部の鏡についても、より積極的な視点で評価を進めることができると考えている。しかし、鏡が朝鮮半島南部で稀少な器物であり、原三国時代や三国時代の他の研究成果との対照は充分に果たせていない。今後の課題とするとともに、諸賢に忌憚ない叱正をお願いしたい。

【註】

(1) —厳密にいえば、後漢後半にも方格規矩鏡や内行花文鏡の生産は継続する。しかし、精緻な図像主要な型式—方格規矩鏡では四神を完備した方格規矩四神鏡、内行花文鏡では雲雷文内行花文鏡など—は、後漢前半期に限られる。こうしたことを受けて精緻な主要形式の盛行時期を以てここでは簡便に述べている。以下では、この概略的区分に従って検討を進める。

(2) —中国世界と朝鮮半島北部、朝鮮半島南部との相互交渉を否定するものではない。戦国燕系の鉄器が楽浪郡設置以前に流通していることは多くの論者が指摘するとおりである。あくまでも、中国文物の流通から、中国大陸の政治権力と倭韓との直接交渉、政治交渉を読み解くことは困難であると指摘したい。

(3) —全北益山平章里出土鏡は、朝鮮半島西南部で出土した漢鏡の弧例であり、その流入背景を想定することは難しい。全北完州葛洞遺跡などが示すように、楽浪郡との交渉が展開する以前に、鋳造鉄器が朝鮮半島西南部に流通している状況を考えれば、全北益山平章里出土鏡がこれらとともに当地へ流入したことは容易に想定できる。全羅道地域は慶尚道地域と異なり、楽浪郡設置以後も漢鏡が流入·出土することがなく、それは整合的な理解といえよう。

(4) —近年、大成洞88号墳と91号墳で、金銅製龍文透彫帯金具など、西晋もしくは三燕の文物が出土している。その流入時期についても、こうした観点を踏まえた検討が必要になると考える。

参考文献

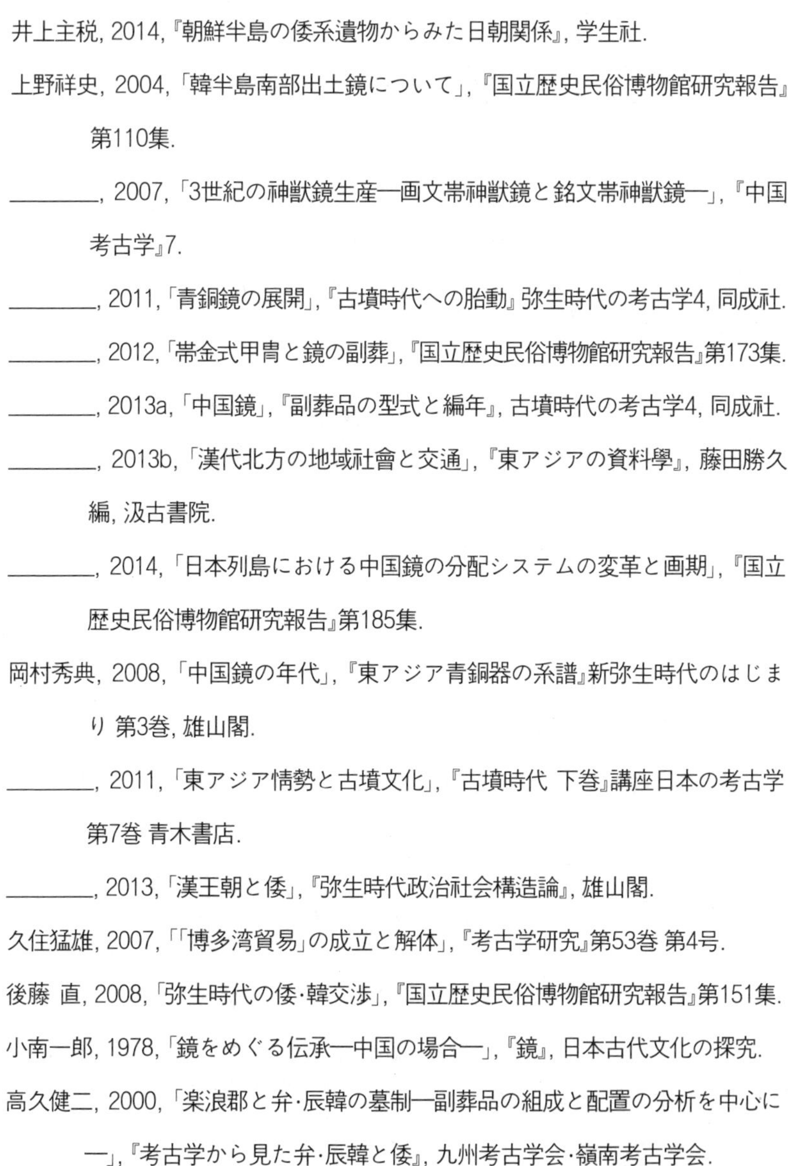

■ 日本語文

井上主税, 2014,『朝鮮半島の倭系遺物からみた日朝関係』, 学生社.

上野祥史, 2004,「韓半島南部出土鏡について」,『国立歴史民俗博物館研究報告』第110集.

________, 2007,「3世紀の神獣鏡生産—画文帯神獣鏡と銘文帯神獣鏡—」,『中国考古学』7.

________, 2011,「青銅鏡の展開」,『古墳時代への胎動』弥生時代の考古学4, 同成社.

________, 2012,「帯金式甲冑と鏡の副葬」,『国立歴史民俗博物館研究報告』第173集.

________, 2013a,「中国鏡」,『副葬品の型式と編年』, 古墳時代の考古学4, 同成社.

________, 2013b,「漢代北方の地域社會と交通」,『東アジアの資料學』, 藤田勝久編, 汲古書院.

________, 2014,「日本列島における中国鏡の分配システムの変革と画期」,『国立歴史民俗博物館研究報告』第185集.

岡村秀典, 2008,「中国鏡の年代」,『東アジア青銅器の系譜』新弥生時代のはじまり 第3巻, 雄山閣.

________, 2011,「東アジア情勢と古墳文化」,『古墳時代 下巻』講座日本の考古学 第7巻 青木書店.

________, 2013,「漢王朝と倭」,『弥生時代政治社会構造論』, 雄山閣.

久住猛雄, 2007,「「博多湾貿易」の成立と解体」,『考古学研究』第53巻 第4号.

後藤 直, 2008,「弥生時代の倭·韓交渉」,『国立歴史民俗博物館研究報告』第151集.

小南一郎, 1978,「鏡をめぐる伝承—中国の場合—」,『鏡』, 日本古代文化の探究.

高久健二, 2000,「楽浪郡と弁·辰韓の墓制—副葬品の組成と配置の分析を中心に—」,『考古学から見た弁·辰韓と倭』, 九州考古学会·嶺南考古学会.

________, 2002,「楽浪郡と三韓」,『韓半島考古学論叢』.

________, 2013,「楽浪郡と三韓·倭の交渉」,『弥生時代政治社会構造論』, 雄山閣.

高倉洋彰, 2002,「弁韓·辰韓の銅鏡」,『韓半島考古学論叢』.

武末純一, 2009,「三韓と倭の交流」,『国立歴史民俗博物館研究報告』第151集.

田尻義了, 2012,『弥生時代の青銅器生産体制』, 九州大学出版会.

辻田淳一郎, 2007,『鏡と初期ヤマト政権』, すいれん舍.

森下章司, 2006,「喇嘛洞出土の銅鏡をめぐって」,『東アジア考古学論叢―日中共同研究論文集―』, 奈良文化財研究所編.

________, 2007,「銅鏡生産の変容と交流」,『考古学研究』第54巻 第2号.

■ 韓国語文

李陽洙, 2009,「韓半島出土銅鏡研究の現況」,『神の鏡 銅鏡』, 福泉洞博物館.

■ 中国語文

中国社会科学院考古研究所·河北省文物管理処, 1980,『満城漢墓発掘報告』, 文物出版社.

甘粛省博物館, 1972,「武威雷台漢墓」,『考古学報』, 1974年2期.

広州市文物管理委員会·中国社会科学院考古研究所·広東省博物館, 1991,『西漢南越王墓』, 文物出版社.

河北省文物局文物工作隊, 1964,「河北定県北庄漢墓発掘報告」,『考古学報』, 1964年2期.

河南省文物考古研究所編, 2010,『曹操墓真相』, 科学出版社.

吉林省文物考古研究所·集安市博物館, 2004,『集安高句麗王陵―1990~2003年集安高句麗王陵調查報告―』, 文物出版社.

黎瑶渤, 1973,「遼寧北票県西官営子北燕馮素弗墓」,『文物』, 1973年3期.

遼寧省文物考古研究所·朝陽市博物館·北票市文物管理所, 2004,「遼寧北票喇嘛洞墓地1998年発掘報告」,『考古学報』, 2004年2期.
羅宗真, 1957,「江蘇宜興晋墓発掘報告」,『考古学報』, 1957年4期.
南京市文物保管委員会, 1965,「南京人台山東晋王之夫婦墓発掘報告」,『文物』, 1965年6期.
青島市文物局·平度市博物館, 2005,「山東青島市平度界山漢墓的発掘」,『考古』, 2005年6期.
雲南省博物館編, 1959,『雲南晋寧石寨山古墓群発掘報告』, 文物出版社.

■図出典

図 1・2・3：筆者作成

図 2資料原典

(日本列島出土銅鏡)

島田貞彦, 1930,『筑前須久史前遺跡の研究』, 京都帝国大学校学部考古学研究報告第11冊, 臨川書店.
高槻市教育委員会編, 2000,『学安満宮山古墳－發掘調査·復元整備事業報告書－』, 高槻文化財調査報告書.
前原市教育委員会編, 2000,『平原遺跡』, 前原市文化財調査報告書第70集.
柳田康雄他, 1985,『三雲遺蹟 南小路地区編』, 福岡県文化財調査報告書第69集, 福岡県教育委員会.

(朝鮮半島出土銅鏡)

福泉洞博物館編, 2009,『神の鏡 銅鏡』.

낙랑군楽浪郡과 왜倭와 한韓

上野 祥史*
번역 : 篠原 啓方**

目 次

들어가며

중국세계와의 접촉은 주변세계에게 새로운 국면을 가져왔다. 그것을 가시적으로 보여주는 중국문물의 하나가 중국경中國鏡이다. 동아시아세계에 널리 유통된 중국경에는 두 가지 성격이 있다. 하나는 중국세계로부터 왜倭, 한韓이라는 동이東夷 세계로 유입된 기물器物로서의 성격이며 또 하나는 왜倭, 한韓(동이세계) 내부에서 유통된 기물器物로서의 성격이다. 그런데 중국경에 대한 왜倭, 한韓사회의 양상은 대조적이었다. 중국경은, 중국세계에서 멀리 떨어진 일본열도에 더 많고 근접한 한반도 남부에는 적다. 유통량에는 차이가 있어도 중국경은 왜와 한이 각각 중국세계와의 접촉을 통

* 日本國立歷史民俗博物館
** 關西大學

해 입수한 기물이기 때문에 왜倭, 한韓의 중국세계와의 대외교섭을 비교해 볼 수 있다. 지금까지 한漢·위魏·진晉과 왜倭, 한韓 교섭은, 일본열도와 한반도라는 각 지역 내 유통을 중심으로 연구되어 왔다. 그러나 왜倭, 한韓 뿐만 아니라 중국왕조의 시기(정황) 또한 상호교섭을 좌우하는 중요한 요소이다. 왜倭, 한韓의 시각에서 한漢·위魏·진晉을 바라볼 뿐만 아니라 한漢·위魏·진晉의 시각에서 왜倭, 한韓을 바라볼 필요가 있는 것이다.

본고에서는 중국경의 지역 내 유통을 정리하고 왜倭, 한韓 비교를 통해 동아시아의 유통을 살펴봄으로써 한漢·위魏·진晉과 왜倭, 한韓의 교섭을 부각시켜보고자 한다. 시기에 대해서는, 중국경은 낙랑군을 중개하여 왜와 한으로 유입되었기 때문에 중국왕조가 낙랑군을 통제했던 기원전 1세기부터 4세기 초까지를 대상으로 한다.

1. 중국세계의 중국경

① 거울의 생산

우선 중국세계에서의 중국경 생산상황에 대해 정리해보자. 한대 400년 동안, 새로운 도안의 거울이 꾸준히 창출되었다. 당대 유행했던 사상을 반영하여 새로운 중국경이 창출된 것이다. 한대의 거울의 변천에 대해서는, 7가지 시기로 구분되는 양식편년이 제시된 바 있다(岡村 1984·1993). 전한 전기~중기는 전국戰國 시대 거울의 계보를 이은 용문龍紋을 주제로 한 반이문경蟠螭紋鏡과 그 유례들이 주를 이루었으며 전한 중기에는 초엽문경草葉文鏡이 존재하였다. 전한 후기에는 문자표현을 주제로 한 이체자명대경異體字銘帶鏡이 주를 이루었으며 성운문경星雲文鏡, 운기금수문경雲氣禽獸文鏡이 존재하였다. 전한 말부터 후한 전반에는 동물문動物文을 세선細線으로 표현한 방격규구사신경方格規矩四神鏡, 평조平彫로 도상을 표현한 내행화문경內行花文鏡

이 주를 이루었는데(1), 부조浮彫로 도상을 표현한 반용경盤龍鏡, 부조식수대경浮彫式獸帶鏡 등도 일부 존재하였다. 후한 후반이 되면 부조浮彫로 표현된 신수경神獸鏡과 화상경畫象鏡, 그리고 평조平彫로 표현된 수수경獸首鏡, 기봉경夔鳳鏡이 주요 거울이었다. 시기마다 특징적인 주제 또는 도상이 표현된 거울이 출현했던 것이다.

그런데 3세기 이후 더 이상 새로운 거울이 나타나지 않는다. 삼국시대부터 수당시대에 이르기까지 주로 한경漢鏡을 모방한 생산이 계속된 것이다. 또 3세기와 5·6세기의 양상이 다른데, 삼국~서진西晉 시기의 모방은 한경을 참고하면서 도상을 모사한 주형鑄型을 성형成形하는 형태이다. 치졸하면서도 그 시대적 특징들이 보이기 때문에 창작모방경이라 부르고 있다. 남북조 시기는 한경으로부터 본을 떠내어 한경과 완전히 똑같은 모조품(재주경再鑄鏡)을 제작하고자 하였다. 재주기법을 기본으로 일부 외구外區를 개변하여 대형화시킨 이 거울은 재주모방경再鑄模倣鏡이라 불린다(上野 2007). 같은 모방경이지만 시기에 따라 그 형태는 다른 것이었다. 창작모방경의 경우, 형태적 특징에 대한 판별이 가능하나 재주모방경의 경우 개변이 가해지지 않으면 한경인지 남북조경인지를 판별하기 어렵다. 본고에서는 언급하지 않겠으나 한반도 남부에서 출토된 재주모방경으로 무령왕릉 출토 거울이 있다.

창작모방경과 재주모방경은 모두 동범경同范鏡이 많은 것이 특징이며 다양한 한경이 모방, 제작되었다. 또 모방의 대상이 임의로 선택되었는데, 이는 거울의 생산이 일계적一系的으로 이루어진 것이 아니라 일회성의 생산이 계속되었음을 말해준다. 이는 분열과 쟁란이 끊이지 않는 당시 중국세계를 반영한 '조제남조粗製濫造'라 할 만한 상황이었다. 3세기가 되면 중국에서 창작모방경이 생산되었는데 화남華南과 화북華北에서는 양상이 다르다. 예컨대 신수경神獸鏡의 경우, 화북華北에서는 화문대신수경畫文帶神獸鏡, 화남華南

에서는 명문대신수경銘文帶神獸鏡이 각각 생산되었다(上野 2007).

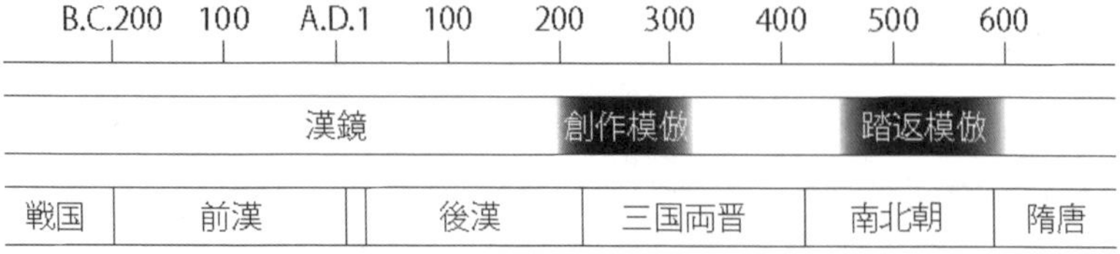

B.C.200	100	A.D.1	100	200	300	400	500	600

漢鏡	創作模倣	踏返模倣

戦国	前漢	後漢	三国両晋	南北朝	隋唐

도 1. 중국경의 생산

② 중국세계 내에서의 거울의 가치

왜倭, 한韓세계에 유입된 중국경은 중국세계에서도 가치가 있는 기물이었다. 한경漢鏡은 특정한 계층의 소유물이 아니었으며 사회에서 널리 보급되어 있었다. 다만 특수한 형태의 거울은 특정한 사회계층만이 가질 수 있었다. 제후왕묘諸侯王墓, 열후묘列侯墓에서 출토된 거울은 18cm를 넘는 대형경이 눈길을 끈다. 전한 무제武帝의 서형庶兄이자 원정元鼎 4년(B.C.113)에 사망한 중산정왕中山靖王 유승劉勝의 무덤에는 20.7cm의 거울이 부장되어 있었으며 왕비묘王妃墓에는 25.4cm의 거울이 부장되어 있었다(中國社會科學院考古研究所 외, 1981). 거의 동시기 평도후平度侯의 무덤으로 추정되는 산동평도계산한묘山東平度界山漢墓에서는 20cm를 넘는 거울이 20면 가까이 부장되어 있었으며 이 대형경들은 옥벽玉璧·옥의玉衣처럼 사용되고 있었다(青島市文物局 외, 2005). 후한 광무제光武帝의 아들이자 영원永元 2년(A.D.90)에 사망한 중산간왕中山簡王 유언劉焉의 무덤에는 28cm의 철경과 36cm의 동경이 부장되어 있었다(河北省文物工作隊, 1964). 송대宋代『태평어람』에 인용된『위무상잡물소魏武上雜物疏』에는 조조曹操가 후한 헌제獻帝에게 일척이촌一尺二寸의 거울을, 귀비貴妃에게 구촌九寸의 거울을 바쳤다는 기사가 있다(小南, 1978). 20cm에 달하는 대형경은 왕후만이 보유할 수 있었던 것은 아니나, 출토자료와 문헌자료를 통해 대형경이 정치적인 가치를 지닌 기물로써 사용되었음을 알 수 있다. 또한, 한 제국 주변에서도, 원수 원년元狩 元年(B.C.122)에 사망한 남월왕南越王 조매묘趙眛墓에는 40cm나 되는 거대한 채화경彩畫鏡을 비롯하여 특수한 상감경象嵌鏡 등 20cm를 넘는 거울들이 부장되어 있었다(廣州市文物管理委員會外編, 1991). 무제 때 무덤인 운남雲南 전왕묘滇王墓인 운남진녕석채산雲南晋寧石寨山 1호묘에서는 30cm를 넘는 채화경彩畫鏡이 부장되어 있었다(雲南省博物館編, 1959). 이 대형경들은 한 왕조와의 정치교섭을 통해 유입되었음을 보여준다. 중국세계 안팎에서 대형경이 정치성을 띠며 유통되었던 것이다.

후한 이후 중국세계에서는 철경이 보급되었다. 전술한 중산간왕中山簡王 유언묘劉焉墓에서는 19cm~28cm의 철경이 5면 부장되어 있었다. 후한 후기에는 대형묘와 중형묘에 철경이 부장되는 사례가 증가하여 그중에는 금은상감金銀象嵌으로 장식된 것도 있다. 동제비연마銅製飛燕馬(분마奔馬)가 출토된 것으로 유명한 감숙무위뢰대한묘甘肅武威雷臺漢墓에서는 장군장은인將軍章銀印이 출토되었는데 21.0cm의 상감象嵌 철경이 부장되어 있었다(甘肅省博物館, 1974). 삼국-양진兩晋묘에서도 철경이 부장되는 사례가 많으며 철경을 동경보다 상위上位에 두는 관계가 지속되었다. 조조의 무덤으로 보이는 하남안양서고혈河南安陽西高穴 2호묘나 하남락양조휴묘河南洛陽曹休墓, 강소의 흥주처가족묘江蘇宜興周處家族墓, 강소남경왕흥지가족묘江蘇南京王興之家族墓 등도 위와 같은 사례이다(하남성문물고고연구소, 2010, 羅宗眞, 1957, 南京市文物保管委員會, 1965 등).

삼국-양진시대에는 한대와 같은 20cm를 넘는 대형경은 드물지만, 동경과 철경이 병존하면서 거울의 지름(면경面徑)과 보유 사회계층의 대응관계가 확인된다. 삼국시대에는 거울에 보유자와 관련된 명문을 새기는 사례가 보이는데, 이를 통해 도위都尉, 장군將軍의 속리屬吏(중하급 군리軍吏) 등이 13cm 전후의 소형경을 보유층이었음을 알 수 있다. 한편 동진東晋 명문귀

족의 일원이었던 왕흥지王興之의 가족묘에서는 13cm 전후의 거울과 더불어 18cm의 대형경이 부장되어 있었다. 사회계층과 보유 거울의 지름을 통해 상대적 우열관계를 엿볼 수 있는 것이다(上野, 2013a).

철경과 동경을 통해 본 서열관계는 후한시대부터 삼국-양진시대까지 지속되었으며 삼연三燕과 고구려 등 주변세계에도 전해졌다. 료녕북표라마동遼寧北票喇嘛洞 유적, 풍소불묘馮素弗墓, 길림집안마전구吉林集安麻錢溝 2100호묘 등에서 확인되는 철경과 창작모방경의 부장사례는 이와 같은 삼국-양진시대 거울의 양상이 반영되어 있다(黎瑤渤, 1973, 遼寧省文物考古研究所 외, 2004, 吉林省文物考古研究所 외, 2004).

2. 전한경과 왜, 한

① 삼한의 전한경

한반도에서는 전북 익산 평장리平章里에서 반이문경蟠螭紋鏡이 처음 출토된 후 경남 창원 다호리茶戶里 1호묘의 성운문경星雲文鏡, 경주 조양동朝陽洞 38호묘의 이체자명대경異體字銘帶鏡, 대구 평리동坪里洞 이체자명대경異體字銘帶鏡과 운기금수문경雲氣禽獸文鏡 등이 있다. 이체자명대경은 다른 거울보다 수량이 적다. 전한 후반의 성운문경과 이체자명대경이 유통되는 이 시기는, 중국경이 한반도 남부로 유입되는 시기 중에서 하나의 획기를 이룬다.

전한경은 경상도, 특히 경주와 대구, 경산, 영천 등 경북지역에 집중적으로 분포되어 있는데 경면 지름이 10cm 전후의 소형경만 있는 점이 특징이다. 그리고 경산 임당동유적, 경주 조양동유적에서는 초엽문경草葉文鏡, 이체자명대경異體字銘帶鏡을 다시 가공한 제품도 있다. 지름 13mm인 소형 원판으로 가공한 것은 인장 모양의 제품으로 사용하기 위한 것이었는데 원형이라는 형태를 선택한 이유는 작은 거울을 의식했기 때문이 아닌가 생각된다. 이에 대해서는 입수된 한경을 분배할 때 수량이 제한된 외래품을 분할·재가공한 결과라는 지적(高久, 2000)도 있는데, 크기에 따른 격차가 의식되었을 가능성 또한 상정해 볼 수 있다.

다호리 1호묘에서는 붓·서도書刀를 비롯한 중국문물이 출토되었으며 낙랑군과의 교섭을 주도한 한반도 남부 유력자가 중국경을 보유했음을 보여준다. 그리고 경북 출토 전한경은 복수의 거울을 일괄 부장하는 것이 특징이며 특정한 존재에게 보유가 집중되는 경향이 있다. 경북지역에서는 전한경을 모방한 소형경(야요이시대 왜경倭鏡 포함)에서도 유사한 경향이 확인된다. 이와 같은 특정한 존재만이 보유할 수 있는 상황으로 볼 때, 삼한지역(변진한弁辰韓)의 전한경은 희소한 외래품으로서 특정한 존재가 독점하는 경향이 강한 기물이었다고 할 수 있다. 전한경이 한반도 남부로 유입되는 시기는 다른 중국문물의 한반도 남부 유입 시기와 겹치며 중국세계와의 교섭을 통해 다양한 중국문물이 유입되는 흐름 중 하나였다(高久, 2000). 수량이 한정되기 때문에 전한경은 보유 자체가 상징성을 띠게 되었으며 변진한지역에서 중국경은 "구분원리"의 지표로서 기능했던 것이다.

한편 전한 전반의 거울인 평장리 반리문경蟠螭紋鏡은 경면 지름 20cm를 넘는 대형경으로 전라도에서 출토되었다. 형태와 분포 등으로 볼 때 전한 후반의 거울과는 다른 존재로서 경상도 출토 거울과 다른 유입배경이 상정된다. 같은 한반도에서도 유입배경을 달리하는 경우가 있음을 고려해볼 필요가 있다.

② 왜의 전한경

일본열도에서는 福岡縣 須玖岡本 D지점 옹관甕棺에 부장된 전한 전반의 초엽문경草葉文鏡을 시작으로 이체자명대경異體字銘帶鏡은 福岡縣 三雲南小路 1호 옹관甕棺, 立岩 유적, 東小田峯 유적, 그리고 佐賀縣 二塚山 유적 등 북부구주에 널리 분포되어 있으며 響灘沿岸의 山口縣 稗田地藏堂 유적까지 이르고 있다. 전한경의 보유상황은 거의 북부구주에 한정되어 있었다. 성운문경星雲文鏡과 이체자명대경異體字銘帶鏡 등 전한 후반의 거울이 유통되는 시기에 대량의 중국경이 유입되는 상황은 한반도 남부와 유사하다.

須玖岡本 D지점 옹관과 三雲南小路 1호 옹관에서는 초엽문경草葉文鏡과 채화경彩畫鏡 등 전한 전반의 거울이 출토되었는데 모두 경면 지름 20cm에 달하는 대형경이라는 점이 주목된다. 성운문경星雲文鏡과 이체자명대경異體字銘帶鏡 등 전한 후반의 거울에는 경면 지름 16cm 전후의 중형경과 10cm 전후의 소형경으로 구분할 수 있다. 풍부한 양과 경면 지름의 대소 등으로 볼 때, 이 시기에는 이미 거울의 서열이 존재했음을 알 수 있다. 대형경을 포함하여 20면이나 되는 다량의 중국경을 보유한 須玖岡本 D지점, 三雲南小路 1호 옹관 중형경과 소형경을 여러 면 보유하는 立岩 10호 옹관, 중형경을 1면 보유하는 立岩 10호 옹관이나 稗田地藏堂 유적, 소형경을 1면 보유하는 吉武樋渡 62호묘나 佐賀縣 柏崎田島 6호 옹관 등으로 구분할 수 있다. 전한경의 서열에는 철제무기의 보유와 옥류玉類 장신구 등 다른 기물을 보유할 때 격차(서열)와의 대응관계도 확인된다. 전한경은 계층의 서열을 보여주는 지표의 하나로서 기능했던 것이다. 전한경의 서열은 엄격한 것이 아니었으며 다수가 소형경을 1면 보유하는 가운데 대량을 보유하거나 중형경을 보유하는 특수한 존재가 있었다는 정도로 추측해 본다.

전한경의 보유는 대외교섭을 주도했던 福岡평야와 糸島평야 세력을 중심으로 한 네트워크에 대한 참여와 표리관계를 이루는 것으로, 전한경은 유대원리의 지표이기도 하였다. 한편으로 형태와 수량에 따른 서열은 전한경이 구분원리의 지표로서도 기능했음을 의미한다. 북부구주 사회의 전한경은 유대원리와 구분원리를 내포하는 존재였다.

전한 말기의 거울이 유입되는 시기에는 거울의 서열이 보이지 않고 운기

금수문경雲氣禽獸文鏡과 고딕체 이체자명대경異體字銘帶鏡의 경우 거울을 파쇄하는 행위가 새로 나타난다. 파쇄행위의 배경에는 의례행위의 일환으로서의 파쇄와, 수량이 한정적인 외래품을 분할하기 위한 파쇄가 상정된다. 전한 후반의 거울이 유입되는 단계에서 수량이 한정된 유리제 벽을 분할, 재가공한 사례가 확인된 바 있어, 파쇄행위 자체는 전한말의 거울을 대상으로 새로 출현한 현상이 아니다. 이러한 새로운 거울은 북부구주 밖으로도 전파되어 近畿지방(奈良縣 淸水風 유적)과 동해 연안(鳥取縣 靑谷上寺地 유적), 東海지방(愛知縣 高藏 유적)까지 이르렀다. 이 지역에서도 전한경이 유대의 지표로서 기능했음을 확인할 수 있다.

3. 후한경과 왜倭, 한韓

① 삼한지역의 후한경

한반도 남부 출토 후한경으로는 전 김해출토품과 김해 내덕리 출토 방격규구사신경方格規矩四神鏡, 양동리 162호분에서 출토된 퇴화형식인 내행화문경內行花文鏡, 세선식수대경細線式獸帶鏡 등이 있다. 그 외에는 전라북도에서 전 익산益山 출토품(반용경盤龍鏡) 1면이 있는 정도이다. 전남 고흥 안동安洞 고분처럼 3세기 이후 유적에서 출토되는 후한경도 있는데 그 유입 시기에 대해서는 1·2세기인지 그 이후인지를 단정하기 어렵다. 한반도 남부의 후한경은 전한경에 비해 양이 적어 극히 한정적인 존재였다. 또 현재 후한경의 출토는 경상도에서도 경남지역에만 확인되며 경북지역에서 출토된 사례는 없다. 경북에 집중적으로 분포되어 경남보다 훨씬 많았던 전한경과는 양상이 다르다.

양동리良洞里 162호분 출토경은 도상표현이 간략한 세선식수대경細線式獸帶鏡과 내행화문경內行花文鏡으로 후한 후반(2세기)의 거울이다. 세선식수대경細線式獸帶鏡은 9.1cm, 내행화문경內行花文鏡은 11.6cm로 모두 10cm 전후의 소형경이다. 양동리 162호분은 대형목곽묘로서 김해지역의 중심적 존재였다. 2세기 중반경을 획기로 새로운 주요 묘제 중 하나인 대형묘에 중국경을 부장한 상황이 확인된다. 또 2세기 후반 이후는 양동리 322호묘와 울산하대蔚山下垈 23호묘 출토 동정銅鼎 등 경상도 지역에 대한 중국문물의 유입이 다시 성행하는 시기이기도 하다. 후한 후반의 거울은 그 흐름 속에서 김해지역으로 유입된 것이다(高久,2000·2002).

이들의 특징은 경면 지름 10cm 전후의 소형경이라는 점과 맹주적인 대형묘가 중국경을 보유한다는 점이다. 소형이라는 특징은 경상도지역의 전한경과 같다. 이 시기 경상도지역에는 후한경과 더불어 소형 방제경仿製鏡이 존재하였다. 양동리 162호묘에서는 6면, 427호묘에서는 2면이 부장되어 있다. 경주 사라리舍羅里 130호묘에서는 4면이 부장되어 있다. 모두 10cm 이하로 특정한 보유자에게 집적集積되는 점은 후한경과 소형방제경이 모두 같다. 소형방제경은 한반도 특유의 제품도 일부 확인되나 한일 양지역의 수량, 생산유적의 상황 등으로 보아 대부분이 야요이시대 왜경이다(高倉,2002, 田尻,2011). 후한경과 왜경이라는 외래(한漢·왜倭) 제품에서도 특정한 존재가 귀중재貴重財로서 독점·보유했던 경상도지역의 양상이 확인된다. 후한 후반의 거울도 한반도 남부에서는 당시 사회를 구분하는 지표로서 기능했던 것이다. 거울의 형태와 보유 형태라는 점에서 볼 때 후한 후반의 거울과 전한경은 같은 양상을 확인할 수 있다.

② 왜의 후한경

일본열도에서는 佐賀縣 櫻馬場 옹관과 福岡縣 平原 1호묘출토의 방격규구사신경方格規矩四神鏡, 내행화문경內行花文鏡 등 후한 전반의 거울과 大分縣 名草臺 유적 출토 화상경畫象鏡, 신수경神獸鏡 등의 후한 후반의 거울이 있다. 방격규구사신경方格規矩四神鏡과 내행화문경內行花文鏡에는 20cm를 넘는 대형경도 포함되어 있다. 3세기 이후의 고분에서 출토된 후한경도 있는데 그 유입 시기를 판별하기 어려우므로 여기서도 후한과 같은 시기인 야요이시대 후기 후한경에만 언급하기로 한다.

일본열도의 후한경은 파편 또는 파경破鏡으로서 존재하는 것이 대부분으로 완형의 거울은 佐賀縣 櫻馬場 옹관 출토 방격규구경方格規矩鏡 등 극히 일부이다. 전한말부터 후한 전반의 방격규구사신경方格規矩四神鏡이나 내행화문경內行花文鏡은 井原鑓溝鏡群과 平原 1호묘 등 다량으로 직접된 사례가 있기는 하나 전한 후반의 거울처럼 형태와 수량으로 표현된 서열은 보이지 않는다. 井原鑓溝鏡群이 1세기 초, 平原 1호묘출토 경군鏡群이 1세기대의 거울로 구성되는 것으로 볼 때 각각 후한서가 전하는 중평中平 2년(A.D.57)과 영초永初 원년元年(A.D.107)의 견사에 대응한 중국경의 유입을 상정할 수 있다.

유입된 후한경의 대부분은 경편 및 연마·천공穿孔 처리된 파경이다. 북부구주를 중심으로, 그 분포양상은 瀨戶內와 近畿지방 등 서일본 지역까지 이른다. 후한경은 다량보유되는 특정한 존재를 예외로 한다면, 보유형태의 큰 차이는 확인되지 않는다. 분포의 밀도는 북부구주와 그 이동以東 지역은 다르나 거울의 보유라는 동질성은 일본열도 서부지역에서 광범하게 확인된다. 그러나 후한경의 출토상황은 각각 다르다. 福岡縣, 佐賀縣 등 북부구주의 야요이사회 중심지역에서는 무덤에 부장되었으며 그 주변지역인 大分縣, 熊本縣, 그리고 瀨戶內海 연안보다 동쪽에서는 취락에서 출토된 사례가 많다(辻田 2007). 거울을 수용하는 지역은 확대되는 한편 그것을 취급하는 방법에는 차이가 있었던 것이다. 후한경은 북부구주를 기점으로 인접지역을 중계하여 近畿지방이나 北陸지방, 東海지방에 이르는 네트워크를 이동한 것이며 이는 야요이시대 후기 지역 간 교류를 반영한 것이다. 후한경의 유통은 일본열도 각지에서 같은 형태의 거울을 공유한다는 "유대지표"로서 기능한 것이라고 할 수 있다. 거울을 수용하는 지역이 확대되는 양상은 왜경에서도 확인된다. 야요이시대 왜경은 후한경의 보급과 맞물려 북부구주를 중심으로 近畿·北陸지방까지 보급되었다. 왜경은 야요이시대 후기 북부구주에서 석제주형石製鑄型을 이용한 생산이 시작되어 북부구주를 중심으로 한반도 남부와 近畿지방까지 유통되었다. 한편 동방세계에서도 토제주형土製鑄型을 이용한 북부구주와 다른 왜경이 뒤늦게 등장하였다(田尻 2011).

그런데 兵庫縣 西條 52호분과 德島縣 萩原 1호묘, 京都府 園部黑田 고분 등 야요이시대 말기에는 후한경을 파쇄·부장하는 사례가 확인된다. 동부 瀨戶內海 지역과 近畿지방을 중심으로 분묘에 거울을 부장하는 행위가 시작되어 전술한 상황에도 변화가 나타나기 시작되었다.

한편 후한경과 더불어 일본열도에 유입된 중국문물로 소환두철도素環頭鐵刀를 들 수 있다. 북부구주에서는 佐賀縣 三津永田 104호 옹관과 같이 후한경과 소환두도素環頭刀이 공존하는 사례가 있지만, 동방세계에서는 철도와 거울의 유통은 겹치지 않는다. 철도가 山陰지방에서 北陸지방에 이르는 동해 연안지역을 중심으로 분포하는 반면 瀨戶內海 연안에서는 드문데, 후한경과 왜경의 경우 瀨戶內海에서부터 近畿지방을 중심으로 분포되어 있는데 반해 동해 연안지역에서는 드문 편이다. 壹岐原ノ辻유적과 糸島평야의 三雲 유적군과 같은 몇몇 유적을 중심으로 이루어진 原ノ辻·三雲세력의 무역을 통해 입수된 중국문물도(久住, 2007), 북부구주를 기점으로 한 일본열도 내에서의 유통은 일률적이지 않았다.

4. 왜倭, 한韓과 삼국-서진경

① 삼국사회의 삼국-서진경

한반도 남부에서는 3세기 이후에도 중국경이 출토량이 적다. 삼국-서진경은 경남김해 양동리 441호분 출토 방격규구경方格規矩鏡, 대성동 23호분 출토 방격규구사신경方格規矩四神鏡, 충남 서산 기지리 출토 세선식수대경細線式獸帶鏡 등이 있다. 대성동 23호분 출토 경은 일반적으로 한경漢鏡으로 보고 있으나 뉴좌 12유乳는 한경에서 유례를 찾아볼 수 없고 오히려 창작모방경創作模倣鏡인 방격규구경方格規矩鏡에 많다는 점에서 필자는 삼국-서진경으로 보고 있다(上野, 2004). 5세기의 사례를 포함시키면 경주 황남대총 남분 출토 방격규구경方格規矩鏡, 전남 고흥 야막野幕 고분 출토 쌍두용문경雙頭龍文鏡을 들 수 있다. 전 경주 교동校洞 출토 쌍두용문경雙頭龍文鏡도 삼국-서진경의 하나이다. 삼국-서진경은 모두 화북華北의 창작모방경創作模倣鏡이며 화남華南의 창작모방경創作模倣鏡은 찾아볼 수 없다.

삼국-서진경도 경상도에 집중적으로 분포되어 있으며 문헌사료에서 중국세계와 더 밀접한 정치 교섭을 상정케 하는 충청도 및 경기도 지역으로의 중국경 유입은 앞 시기와 마찬가지로 저조하다. 삼국-서진경은 출토유구의 연대에 따라 분포 지역이 다르다. 3·4세기에는 경남, 5세기에는 경북과 전남 연안지역이다.

5세기 출토경은 황남대총에서는 남분에서 방격규구경方格規矩鏡, 북분에서는 철경鐵鏡이 출토되었다. 전라도에서는 근년 고분에 왜계 대금식帶金式 갑주甲冑와 함께 거울을 부장하는 사례가 늘고 있다. 야막고분에서는 쌍두용문경雙頭龍文鏡이 출토되었으며 전남 신안 배널리 고분에서는 철경이 출토되었다. 화북華北 창작모방경創作模倣鏡(삼국-서진경)과 철경을 보유하는 상황은 위진대의 거울 보유와 유사하고 전술한 바와 같이 요녕성遼寧省 북표北票 라마동삼연묘喇嘛洞三燕墓와 풍소불묘馮素弗墓, 고구려 왕묘 중 하나인 길림吉林 집안集安 마전구麻錢溝 2100호묘 등도 유사하다. 한반도 남부의 삼국-서진경에는, 위진魏晋에서 삼연三燕·고구려高句麗를 매개로 한 동북아시아 공통의 양상이 확인된다(森下, 2006, 李陽洙, 2009). 황남대총 출토 거울에 대해서는 공반된 마구馬具, 관冠, 대금구帶金具 등의 장신구가 고구려와 관계가 있음을 고려해 볼 때, 삼연三燕·고구려高句麗를 매개로 유입되었을 가능성이 상정된다.

한편 4세기 출토경의 경우 대성동 23호분에서는 파형동기巴形銅器, 벽옥제관옥碧玉製管玉, 철창鐵槍, 규두철촉圭頭鐵鏃 등 왜계문물이 많이 공반되어 있으며 양동리 441호분 출토경의 동범경同笵鏡이 북부구주 福岡縣 東眞方 1호분에서 출토된 바 있다. 또 5세기 출토경의 경우 전남 연안지역에서는 삼국-서진경과 철경이 대금식帶金式 갑주甲冑와 공반되어 있는데 이는 일본열도의 대금식帶金式 갑주甲冑와 공반되는 경향과 일치한다. 경남 및 전남 연안지역의 삼국-서진경은 유례나 공반유물 양상으로 볼 때 왜계문물로서의 성격이 짙다. 방격규구경方格規矩鏡과 쌍두용문경雙頭龍文鏡도 일본열도 내부에서의 북부구주 출토상황과 유사한 양상을 보이고 있어 한반도 남부의 삼국-서진경이 일본열도로부터 유입되었을 가능성이 상정된다.

한반도 남부출토 삼국-서진경의 특징은 경남에서 왕묘王墓 또는 부곽副槨을 갖춘 대형목곽묘에서 보유(출토)되는 점이다. 거울이 입수경위와는 상관없이, 특정한 존재가 당해 사회에서 희소한 외래품을 독점하고 있었다는 점에는 틀림없으며 삼국-서진경 또한 특수한 존재를 돋보이게 하는 구분지표로서 기능했던 것이다.

② 왜의 삼국-서진경

일본열도에서는 "경초景初" "정시正始" 등 위魏나라 기년명이 있는 삼각연신수경三角緣神獸鏡을 비롯하여 화문대구심식신수경畵文帶求心式神獸鏡, 청용년명靑龍年銘 방격규구경方格規矩鏡, 내행화문경內行花文鏡, 쌍두용문경雙頭龍文鏡 등 다양한 창작모방경創作模倣鏡이 유입되었다. 삼각연신수경三角緣神獸鏡은 岡山縣 權現山 51호분, 兵庫縣 西求女塚 고분, 京都府椿井大塚山 고분, 奈良縣 黑塚 고분 등 고분시대 초의 전방후원(방)분前方後圓(方)墳에서 상당수가 출토되었다. 화문대구심식신수경畵文帶求心式神獸鏡은 奈良縣 黑塚 고분, 兵庫縣 白水瓢塚 고분, 방격규구경方格規矩鏡은 椿井大塚山 고분과 福岡縣 津古生掛 고분 등 셀 수 없이 많다. 일본열도에 유입된 삼국-서진경은 특수한 삼각연신수경三角緣神獸鏡을 제외하면 모두 하남낙양河南洛陽, 섬서서안陝西西安, 북경北京 등 화북지역華北地域 위진묘 출토경에서 유례가 확인되는 화북華北의 창작모방경創作模倣鏡이다. 화남華南의 창작모방경創作模倣鏡은 오吳나라 기년紀年 "적오赤烏"명銘 명문대신수경銘文帶神獸鏡 등 몇몇 사례만이 있다.

일본열도에서는 삼국-서진경이 유입된 후 중국경을 취급하는 방법이 크게 변하였다. 완형完形 거울의 부장이 일본열도에 널리 보급된 것이다. 야요이시대 말경에는 후한경이 파쇄, 부장되는 풍습이 서일본 전역에 보이는데 삼국-서진경이 파쇄, 부장되거나 파경된 사례는 극히 드물다. 전방후원분前方後圓墳의 보급됨에 따라 삼국-서진경의 부장도 보급되었다.

이들은 近畿지방을 중심으로 분포되어 있으며 분포의 중심이 북부구주로부터 近畿지방으로 바뀐 것이다. 그리고 岡山縣 湯迫車塚과 福岡縣 石塚山 고분 등 近畿지방 외에도 삼각연신수경三角緣神獸鏡을 집적하는 존재가 있으며 그 분포 양상은 배포에 대한 정치적 의도가 반영되어 있다. 이는 후한경이 유통했던 야요이시대 후기와 같은 중계교역을 매개로 한 유통, 즉 야요이시대 중국경의 지리환경에 따른 자연스러운 분포 양상과는 다른 것이다. 중앙·주변의 관계는 삼국-서진경의 분포에서 더 명확해진다. 삼각연신수경三角縁神獸鏡이 경면 지름 22cm 전후의 대형경인데 반해 방격규구경方格規矩鏡은 17cm 정도의 중형경이며 경식鏡式의 차이가 형태 차이에도 반영되어 있다. 방격규구경方格規矩鏡과 같은 중소형의 위진경은 삼각연신수경三角縁神獸鏡의 희박한 지역에 분포해 있으며 그 하나가 丹後와 出雲 등 동해 연안지역이다(森下, 2007). 삼국-서진경의 유입을 계기로 형태·수량에 따른 새로운 서열이 형성된 것이며 중국경이 유대와 구분의 지표로서 기능했음을 보여준다(辻田, 2007).

삼국-서진경의 획기는 일본열도 내 물자유통의 큰 획기이기도 하다. 야요이시대 후기에는 壹岐의 原ノ辻 유적, 糸島 三雲 유적군을 중심으로 한 대외교섭이 진행되었는데 고분시대 초(庄内式期) 이후 새로 博多灣岸을 중심으로 한 대외교섭으로 전환된다. 대외교섭 거점의 변화는 일본열도 내 유통 네트워크 재편과도 연결되어 있으며 "대교류 시대"라 불리는 새로운 시대가 막을 열었다(久住, 2007). 대외교섭의 상징이자 입수가 한정적인 중국경은 대외교섭과 맞물린 네트워크를 유지, 관리하는 데 중요한 기물로서 기능하였던 것이다.

5. 한·위·진과 왜倭, 한韓

① 중국경에 보이는 왜倭, 한韓의 유사점과 차이점

앞에서는 왜倭, 한韓 지역에서 전한경과 후한경, 삼국-서진경의 출토사례와 그 의미를 정리해 보았다. 이를 보면 왜倭와 한韓에서는 유사점과 차이점이 있음을 알 수 있었다.

가장 두드러진 차이는 전술한 바와 같이 중국경의 출토량이다. 그리고 왜倭, 한韓에서 거울의 형태가 다른 것도 차이점이다. 대형경을 제외하면 한반도 출토 중국경은 소형경만 있으며 일본열도의 중국경은 중형경과 소형경이 있다. 그리고 당해 지역 사회에서 중국경의 보유형태도 다르다. 한반도 남부에서는 특정한 존재가 중국경을 독점한데 반해, 일본열도에서는 중국경을 다량 보유하는 특수한 존재가 있는가 하면 널리 공유되기도 하였다. 이는 한의 경우 일과성이 강한 유입이었지만 왜에 대한 유입은 계속적이었던 점에 기인하는 것으로, 한반도 남부에서는 일관되게 중격경이 구분지표로서 기능했으며 일본열도에서는 유대원리와 구분원리를 내포시킨 자료로서 기능했던 것이다.

이처럼 양자의 차이점은 분명하나 유사점도 있다. 그것은 경면 지름이 20㎝ 전후인 대형경이 왜倭, 한韓 모두에게 있다는 점이다. 왜에서는 전한 전반의 거울과 후한 전반의 거울, 삼국–서진경 중에 대형경이 있으며 삼한은 양은 적지만 후한 전반의 거울 중에 대형경이 있다. 왜倭, 한韓에서는 같은 시기에 대형경이 유입되었던 것인데, 그 의의에 대해서는 후술하고자 한다.

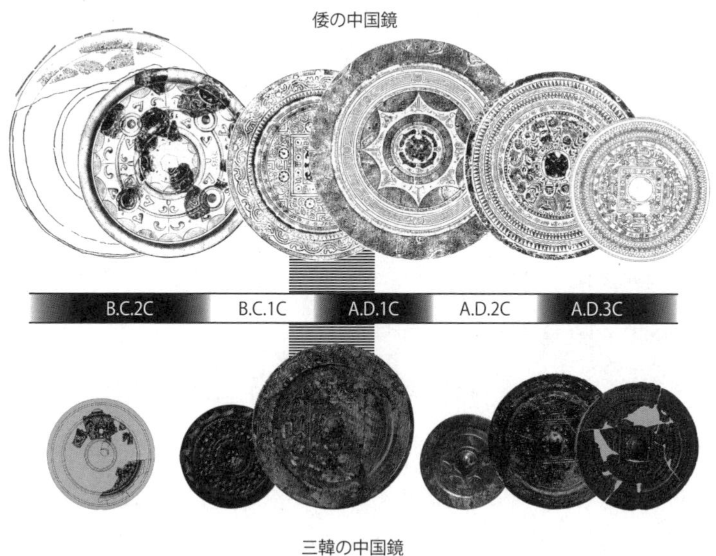

도 2. 왜한에 유입된 각기의 최대 중국경 (축척통일)

② 중국경을 통해 본 중국왕조의 평가

전한 전반의 대형경은 須玖岡本 D지점 옹관, 三雲南小路 1호 옹관에서 확인된다. 전한 후반의 거울은 왜倭, 한韓 모두 양이 많은 편이나 중형경이 출토되는 일본열도에서도 古相의 거울에 필적되는 대형경이 없다. 전한경의 대형경이 전한 전반이라는 이른 시기의 거울이라는 점에 유의해 볼 필요가 있다.

전한 전반의 거울이 왜倭, 한韓에 유입되는 시기에 대해서는 두 가지가 상정된다. 하나는 거울의 제작연대에 가까운 시기에 한반도와 일본열도에 유입된 후 왜倭, 한韓에서 장기간 보유되고 있었을 가능성이다. 또 하나는 이와 같은 오래된 거울이 이체자명대경異體字銘帶鏡 등 전한 후반의 거울과 함께 유입되었을 가능성이다. 기원전 2세기 말에 위만조선이 멸망하고 낙랑 등 한사군을 설치하기 전까지는 한왕조와 왜倭, 한韓의 직접교섭을 상정하기 어렵다. 거울은 기원전 2세기에 해당되는 전한 전반의 것이지만 이때 한일 두 지역에 유입되었다고 생각하는 견해는 많지 않다(岡村, 2008).

전한 전반의 대형경들은 기원전 2세기 말에 한왕조가 주변을 영역화하는 과정에서 남월南越, 전滇과 같은 주변 정체세력에게 대형경을 배포하는 사례와도 상통한다. 왜倭, 한韓에서 출토되는 전한 전반의 대형경도 이와 같은 성격을 지니면서 낙랑군과의 접촉을 계기로 각지에 유입되었다고 보는 것이 타당하다. 낙랑군과 왜倭, 한韓의 교섭이 시작된 시기에 특수한 거울이 들어온 것으로 이해해 보고자 한다.

후한 전반의 방격규구사신경方格規矩四神鏡에서 20cm를 넘는 대형경이 왜倭, 한韓에서 출토되는 것도 주변세계에 대한 중국경의 유통을 생각할 때 중요하다. 방격규구경方格規矩鏡이 집적된 일본열도의 井原鑓溝鏡群, 平原 1호묘 경군鏡群은 1세기~2세기 초에 일본열도로 유입된 거울이다. 이 거울의 유입시기는 후한서에 보이는 견사시기와도 겹친다. 이 같은 사실을 참고하면 같은 시기에 김해지역에 유입된 2면의 대형방격규구경大型方格規矩鏡도 후한왕조와의 정치적 교섭을 반영한 것으로 생각할 수 있다.

한편 삼국–서진경의 대형경은 일본열도로 유입된 삼각연신수경三角緣神獸鏡뿐이다. 삼국–서진경 중 청룡靑龍·경초景初·정시正始라는 3세기 2분기의 기년명경紀年銘鏡이 확인되며 이 기년은 왜왕倭王이자 야마대국邪馬臺國의 여왕인 비미호卑彌呼가 위에 견사한 시기와 거의 일치한다. 대형경의 유입이 중국왕조에 대한 견사와 관련시킬 수 있다는 점에서는 전대前代와 공통된다.

성운문경星雲文鏡와 이체자명대경異體字銘帶鏡 등 전한 후반의 거울을 획기로 중국경 유입의 개시에 대해서는, 거울의 연대와 한왕조의 대외정책을 관련시켜 기원전 1세기 전반의 군현 재편으로 인한 "대낙랑군大樂浪郡"의 성립에 연결시키는 견해가 많다(高久, 2000, 岡村, 2008). 기원전 1세기, 한왕조의 대외정책은 지배支配·령유領有를 염두에 둔 적극책으로부터 유화宥和·연휴連携를 기조로 한 소극책으로 전환되었다. 전한 후반의 거울이 왜倭, 한韓 지역에 대량으로 유입된 배경에는 한왕조의 대외정책 변화도 관련이 있으며 사신을 보낸 이적夷狄을 후대厚待하는 시대배경을 반영한 것이다. 대형경을 포함한 전한경이 왜, 한에 유입된 것은, 낙랑군 재편을 계기로 교섭한 왜倭, 한韓을 한漢이 적극적으로 평가했다는 방증이다. 그러나 그 후 전한 말의 거울에는 대형경이 없고 후한 전반의 대형경이 왜倭, 한韓에 유입됐다는 것은 앞에서도 지적한 바 있다. 대형경의 유입상황으로 볼 때 한漢과 왜倭, 한韓의 교섭은 전한 후반이 고양기高揚期로 전한 말의 저조기를 거쳐 후한 전반에 다시 고양기를 맞이한다는 변천을 그릴 수 있다. 양한兩漢 교체기는 왕망王莽의 대흉노정책이나 대고구려정책에 현저한 것처럼 주변 민족들을 냉대했는데 이 시기 유입된 대형경이 없는 것은 중국왕조의 대외정책 변화와도 상통한다. 후한 전반의 관계 회복 양상은 이적夷狄의 귀순이 왕조의 덕을 현창하는 것으로서 적극적으로 평가했던 일과 궤를 같이 한다(上

野, 2014). 후한 후반의 거울에서 대형경이 없는 것은 내우외환에 시달린 2세기의 후한왕조가 직접 간섭하지 못하는 원방의 이적에게 대처하지 못하고 소극적인 정책에 머무른 정황을 반영하는 것이라고 하겠다. 왜에 삼국-서진경 대형경이 유입하는 배경에도 위왕조의 왜에 대한 평가가 반영되어 있다. 『위서』 동이전 서문과 왜인조의 정보량을 보아도 위왕조가 동이 또는 더 동쪽에 있는 왜를 높이 평가하고 있었음을 알 수 있다.

중국세계에서도 대형경이 정치성을 띠면서 유통되어 있었고 왜倭, 한韓의 대형경에도 거울을 보낸 중국왕조의 의도가 반영되어 있었다. 대형경이 왜倭, 한韓에서 유통된 것은 중국왕조가 더 강한(적극적인) 정치성을 띠면서 왜倭, 한韓과 접촉했을 때 생긴 현상이라고 할 수 있다. 사소한 접점이기는 해도 왜倭, 한韓의 유사점은 중국왕조가 동이東夷를 높이 평가했던 시기에 맞물려서 나타난 현상인 것이다.

③ 낙랑군의 기능

중국경의 유입을 대낙랑군 교섭과 같은 의미로 이해하려는 경향이 강하다. 그러나 대형경의 유입 동향을 보면, 낙랑군을 창구로 한 교섭에는 대낙랑군 교섭과 대왕조 교섭이라는 두 가지 측면이 있다. 정치적 교섭을 반영한 대형경 외에도 왜倭, 한韓에는 중형, 소형경이 상당수 유입되었다. 이 거울들이 모두 왕조와의 정치적 교섭을 반영하여 입수된 것이라고 하기는 힘들며, 낙랑군현과의 교섭을 통해 입수되었을 가능성이 높다.

낙랑군과의 교섭이 전한 후반의 거울이 유입되는 시기가 획기라는 점은 앞서 지적하였다. 그리고 삼국-서진경의 유입이 두절되는 것은 낙랑군의 폐절과 관련시켜 이해할 수 있다. 한편 삼국-서진경의 유입 하한에 대해서는, 낙랑군이 멸망한 건흥建興 원년(A.D.313)으로 보는 견해가 많다(福永, 2005, 岸本, 2010 등). 사신들의 직접적인 목적지이자 중국문물을 가져다주는 거점의 존폐를 기준으로 중국문물 유입 여부를 생각하고 있는 것이다. 그러나 사서에 나오는 낙랑군의 멸망은 한인漢人 사회의 소멸을 의미하는 것은 아니었다. 동수冬壽와 같은 인물의 활동이나 4세기 기년명이 있는 무덤의 축조가 이루어지는 등 한인漢人사회가 계속 존재했을 가능성을 상정할 수 있으며(岡村 2011) 중국왕조가 직접적인 지배를 포기했던 것으로 이해하고자 한다. 이를 생각할 때 참고가 되는 것이 후한 후반 북방 영역의 사례이다. 이 시기 북방의 군현은 선비鮮卑와의 쟁란으로 인해 황폐되어 통제가 거의 불가능했으나 분묘의 축조 양상에서 재지 한인漢人들이 지역사회를 운영하는 모습을 볼 수 있으며 주변 선비 무덤에 후한경이 부장된 것으로 볼 때 중국문물이 중국세계 밖으로 유입하는 양상을 짐작해 볼 수 있다(上野 2013b). 지역사회 자체가 쇠퇴하여 왕조와의 관계가 단절된 낙랑군이 동이세력에 대한 구심력을 상실했다는 점은 수긍된다. 그러나 정치 변동으로 인해 중국문물 유입이 극적으로 변화했다고 이해하는 것에 대해서는 좀 더 신중하게 생각해 볼 필요가 있다. 왜倭, 한韓의 대왕조 교섭은 단절되었다 하더라도 대낙랑군 교섭은 계속되었을 가능성을 상정해 두고자 한다(2).

다음은 왜倭, 한韓의 차이점에 주목해 보자. 왜倭, 한韓의 중국경은 형태와 수량이 다른데 그 차이는 무엇에 기인하는 것일까. 중국대륙과 한반도, 일본열도와의 관계는 동아시아세계의 지리환경을 반영하여 중국대륙→한반도, 한반도→일본열도라는 경로가 일반적이다. 고래로 생업生業·물자物資·기술技術·제도制度 등 여러 문화요소들은 이 경로를 통해 일본열도로 도래되었다. 그러나 중국경에는 이와 같은 지리환경만으로는 설명하기 어려운 양상이 보인다. 낙랑군을 기점으로 한 중국경의 왜倭, 한韓으로의 유통을 볼 때, 한반도 남부를 중계한 낙랑→삼한三韓, 삼한三韓→왜倭라는 교역은 상정하기 어렵다. 왜倭에서 높은 관심을 보이는 중국경이 삼한을 통과하여 왜로 다량으로 유입되었다는 것은 생각하기 어려운 것이다. 왜倭, 한韓과 낙랑군의 교섭이 개별적으로 전개된 결과로 보는 것이 타당할 것이다. 경로의 중복, 사절의 대동帶同 등을 부정하는 것을 아니나 왜倭, 한韓의 대중국교섭은 각각 다른 차원에서 이루어진 것으로 보이며, 그 결과로서 두 지역에서 보유하는 중국경에 차이가 난 것이다.

낙랑과 왜의 직접적인 관계를 보이는 것은 일본열도 출토 낙랑토기 등이 있다. 야요이시대 중기 후반~후기의 중국교섭에서 중심적 역할을 한 長崎縣 原ノ辻 유적과 福岡縣 三雲 유적군에서는 낙랑토기와 안案 등 한인漢人의 존재를 보여주는 자료가 출토되었다. 또 고분시대 초~전반의 중국교섭에서 거점이었던 福岡縣 西新町 유적에서는 낙랑토기를 대신하여 마한계 토기가 등장한다. 대중국교섭을 맡았던 여러 유적들이 한반도 서해안 루트로 연결되는 모습은 위지魏志 왜인전에 대방군~대마국(대마도)·일지국一支

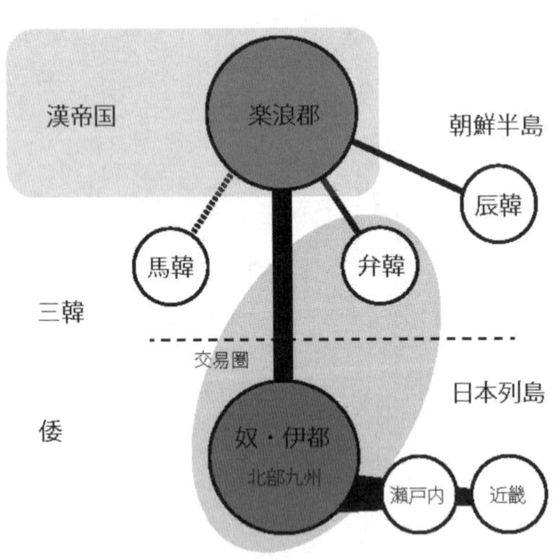

図 3. 中国鏡の流入からみた楽浪と倭・韓の相互関係

國(壹岐)에 이르는 경로가 연안해로로써 기술된 것과 공통된다. 중국경의 유통, 출토유물에 보이는 교역경로로 보아 낙랑과 왜를 직결하는 교섭이 존재했음을 방증하는 것이다.

④ 왜倭, 한韓의 상호관계

삼국-서진경은 일본열도에서부터 한반도 남부로 유입되었을 가능성을 지적하였다. 대성동 고분군에서는 14호분에서 내행화문경內行花文鏡을 가공한 파경이, 양동리 고분군에서는 야요이 왜경(소형방제경)이 출토되었다. 이들은 야요이시대 왜계문물로서 일본열도부터 한반도 남부로 유입된 유물임이 확실하다. 경남지역의 삼국-서진경(동범경 포함)에는 왜계문물과 공반관계를 이루었으며 전남 연안지역의 삼국-서진경 또한 왜계 무구류와 공반된다. 이 유적들에서 출토되는 자료는 한韓계 문물과 왜계문물로 구성되어 있으며 중국문물이 결여된 상황에서는 거울의 중국문물로서의 성격을 강조하기보다는 왜계문물로서 이해하는 것이 합리적이다. 한반도 남부에서 출토되는 중국경이 반드시 중국세계로부터 유입된 것은 아니며 왜계문물로서 유통되었음을 평가해 보고자 한다.

마지막으로 왜倭, 한韓의 상호교섭에 대해 언급해 보고자 한다. 3세기에는 왜의 대외교섭이 북부구주를 창구로 하여 진행되었다. 福岡縣 西新町 유적을 기축으로 한 "博多灣 무역"이라 표현되는 교역이다(久住, 2007). 그런데 4세기 전반 이후 西新町 유적은 쇠퇴되어간다. 그것은 일본열도 내에서의 새로운 동향과 관련이 있다. 博多灣 무역의 쇠퇴는 沖ノ島 제사에 대한 왜왕권의 관여와 표리관계를 이루는 것으로 왜의 대외교섭이 북부구주를 중개로 한 형태로부터 왜왕권이 직접 주도하는 형태로 전환되었음을 보여준다. 중국왕조는 4세기 초 이후 쇠퇴되어 갔는데, 동방의 거점인 낙랑군도 전술한 바와 같이 4세기 초에는 멸망하였다. 왜왕권도 전기 후반 주도권이 신흥 大和 북부세력(佐紀세력)으로 교체되었다. 고분 부장품을 보더라도 외래계 기물이 거울 등 중국계 기물로부터 철제 단갑短甲, 통형동기筒形銅器 등 한반도계 기물로 전환되는 양상이 보이며 이는 정권 변동과 대외교섭 주체의 변화를 반영한 것이다. 대성동고분군에서 보이는 왜계문물 중 대부분이 이 전기 후반 단계 기물들이다. 왜왕권의 대외교섭 대상은 4세기를 계기로 중국세계의 진왕조로부터 한반도 남부의 금관가야 세력으로 전환되었다. 경남의 삼국-서진경을 왜계문물로 보는 시각도 이러한 움직임으로 볼 때 정합하다. 4세기 전반에는 중국세계와 일본열도 등의 정황을 반영하면서 낙랑과 왜, 한의 교섭이 큰 변화를 이루었던 것이다.

나가며

지금까지 중국경에 대한 연구성과를 바탕으로 왜倭, 한韓 두 지역의 중국경의 양상을 검토하였다. 중국세계로부터 왜倭, 한韓으로, 그리고 왜倭, 한韓 각 내부에서의 유통 양상을 대조시킴으로써 왜倭, 한韓 두 지역의 중국경의 차이점과 유사점을 밝혔다. 중국문물을 보내는 중국세계의 논리와 그 변천, 낙랑과 삼한, 낙랑과 왜의 교섭이 각각 다른 차원에서 진행되었던 점 등을 지적하였다. 또 중국경은 왜계문물로서 왜倭, 한韓을 연결해주는 존재임을 지적하였다. 중국경을 통해 한漢·위魏·진晋과 왜倭, 한韓의 상호관계를 각각의 시각으로 평가해보고자 한 것이다. 이와 같은 시각을 통해 양이 적은 한반도 남부 출토 거울에 대해서도 좀 더 적극적인 시각으로써 평가할 수 있지 않을까 한다. 그러나 한반도 남부 출토 거울은 극히 드물어 원삼국시대나 삼국시대의 다른 연구성과와의 비교 연구 등 미흡한 점은 향후 과제로 남겨두고자 한다. 연구자들의 기탄없는 질정을 바란다.

【註】

(1)—엄밀히 말하면 후한 후반에도 방격규구경方格規矩鏡과 내행화문경內行花文鏡은 계속 생산되었다. 그러나 정치한 도상과 주요 형식—방격규구경方格規矩鏡은 사신四神을 모두 갖춘 방격규구사신경方格規矩四神鏡, 내행화문경內行花文鏡은 운뇌문내행화문경雲雷文內行花文鏡 등—은 후한 전반기에만 보인다. 이러한 점을 감안하여 정치한 본고에서는 주요 형식의 성행시기를 기준으로 간략하게 언급하였으며 이 개략적인 구분에 따라 검토할 것이다.

(2)—근년 대성동 88호분과 91호분에서 금동제용문투조대금구金銅製龍文透彫帶金具 등 서진西晋 또는 삼연三燕 문물이 출토된 바 있다. 그 유입시기에 대해서도 위와 같은 관점을 염두에 두면서 검토해 볼 필요가 있을 것이다.

「낙랑군樂浪郡과 왜倭와 한韓」에 대한 토론문

권 오 영(서울대학교)

발표자는 중국에서 삼국-서진단계에는 한경을 참고하면서 도상을 모방한 창작모방경이, 남북조시기에는 한경을 그대로 본뜬 재주모방경이 유행한다고 하면서 그 배경으로서 중국사회의 혼란을 그 원인으로 들고 계신 듯하다. 혹시 그 원인으로서 거울이 지닌 의미의 변화가 보다 본질적인 원인은 아니었을까 생각되는데 이에 대한 견해를 듣고 싶다.

「낙랑군樂浪郡과 왜倭와 한韓」에 대한 토론문

이 양 수(국립김해박물관)

1. 발표자는 "낙랑 등 한사군을 설치하기 전까지는 한왕조와 왜, 한의 직접교섭을 상정하기 어렵다."라고 기술하고 있다. 즉 삼한과 왜의 전한경 유입을 한사군의 설치(기원전 108년) 이후로 보고 있는데, 앞서 익산 평장리에서 출토된 대형의 반리문경에 대해서는 이후의 것들과는 '다른 유입배경을 상정할 수 있다'라고 지적하고 있다. 전국시대 진시황대의 기년명을 가지는 동과가 평양 석암리에서 출토되는 점, 도씨검 등이 삼한에서도 출토되는 점 등을 고려한다면 굳이 기원전 108년 한사군 설치를 중원계 문물의 상한 연대로 고정해야 할 필요성은 없을 것이라 생각하는데, 이에 대한 의견을 부탁드린다.

2. 발표자는 한반도 남부에서 출토된 서진경이 왜를 통해 한반도 남부에 유입된 것으로 보는 시각을 견지하고 있다. 대표적으로 김해 대성동 14호분 출토 내행화문경을 가공한 파경을 사례로 들고 있다. 김해 대성동 14호분 출토 동경은 문양이 면으로 이루어진 일반적인 내행화문경과 달리 선각으로 이루어진 점이 특징이다. 이러한 사례는 중국 내에서 湖北省 鄂城 출토품이 알려져 있어 강남에서 제작한 것이 유입된 것으로 보는 것이 타당하지 않을까 생각하고 있다. 혹여 토론자가 모르는 다른 출토 사례가 있는지 궁금하다.

그리고 가야에서 서진경은 발표자의 의견과 같이 김해 양동리 441호묘와 대성동 23호묘 출토 박국경을 들 수 있다. 이외에 서진대의 문물로서 최근 조사된 김해 대성동 91호분 출토 銅洗, 銅椀, 대성동 88호분 출토 帶鉤 등이 있다.

이런 서진대 문물을 볼 때, 단순히 동경만 분리되어 왜에서 유입되었다기보다는 동경을 포함한 서진대 문물이 일괄로 한반도 남부 가야에 유입된 것으로 보는 것이 타당하다고 생각한다. 토론자 역시 이러한 서진대 문물이 서진과의 직접적인 교류이기보다는 북방과의 교류의 산물이라 생각하지만, 하나하나가 분리되어 다른 지역에서 유입되었다는 의견에 대해서는 의구심이 생긴다. 이에 대한 추가 의견을 부탁드린다.

목관묘 유적으로 본 구야국 사회의 일면

윤형준*

目 次

Ⅰ. 서언

구야국狗邪國은 한반도 남부 지역에 한때 존재하였던 변한弁韓 12국 중 하나이다. 3세기 말에 편찬된 『삼국지三國志』「위서 동이전魏書 東夷傳」에는 '변진구야국弁辰狗邪國' 혹은 '구야한국狗邪韓國'으로 소개된 바 있다.

『삼국유사三國遺事』「가락국기駕洛國記」에는 구야국의 시조 수로왕首露王의 탄생과 건국 연대를 서기 42년으로 기록하고 있다. 이 건립 기사를 그대로 받아들일 수 있는가에 대해서는 논란이 있지만, 이를 밝히는 것은 오롯이 문헌사의 몫이다. 다만 당시 구야국이 위치한 김해 지역에 소국 이상의 정치체로 성장할 수 있을 만큼의 물질문화의 기반을 갖추고 있는 조직이 있

* 국립문화재연구소 고고연구실

었는가를 다루는 것은 고고학의 연구 주제이다.

그간의 발굴조사에서 마한, 진한, 변한의 삼한 사회는 공통의 매장방식을 공유한 것으로 확인되었다. 구조에서 세부적인 차이가 있지만, 청동기시대의 지석묘와 단절하는 문화적 배경을 가진 목관묘가 그것이다. 옹과 장경호의 세트, 세형동검문화로도 불리는 각종 청동유물, 철제품의 생산과 유통이 반영된 부장유물은 목관이라는 매장주체부 형태와 함께 한 사회의 물질문화를 대표하는 것이다. 필자는 이를 목관묘 문화로 정의하고자 한다.

본고에서는 구야국의 옛 땅인 김해 지역 목관묘유적의 출토양상을 고찰하여 삼한사회가 공유한 장송의례葬送儀禮에서 인지할 수 있는 사회적 측면을 도출하고자 한다. 이를 통해 죽은 이의 생전의 사회적 지위와 그가 속한 사회조직의 일면을 파악할 수 있을 것이다. 나아가 당시 구야국이 사회 조직의 규모와 복합성 면에서 어떠한 수준에 이르렀는가를 논할 것이다.

II. 한 사회의 목관묘문화의 전개양상

본장에서는 한 사회의 목관묘 문화가 수용되고 전개되는 양상을 살펴보겠다.

목관묘의 부장품은 용도에 따라 크게 용기, 무기, 의기, 생산도구 등으로 구분 가능하다. 표1은 유물의 조성과 조합의 발생순서를 기준으로 시간에 따른 목관묘 문화의 단계를 설정한 것이다.

이상과 같이, 삼한의 목관묘 문화는 3기 5단계로 나뉜다. 분기의 가장 큰 기준은 기층의 물질문화를 대변한다고 할 수 있는 용기, 즉 토기문화이다. 원형점토대토기에서 삼각형점토대토기, 와질토기로의 변화에 따라 각각 1

기, 2기, 3기로 구분한다. 1기와 2기는 각각 두 단계로 세분할 수 있는데, 전자를 각 분기의 도입 또는 정착기라고 한다면, 후자를 발전 또는 완성 단계로 볼 수 있다.

표 1. 부장유물 조성 변화와 목관묘문화의 단계

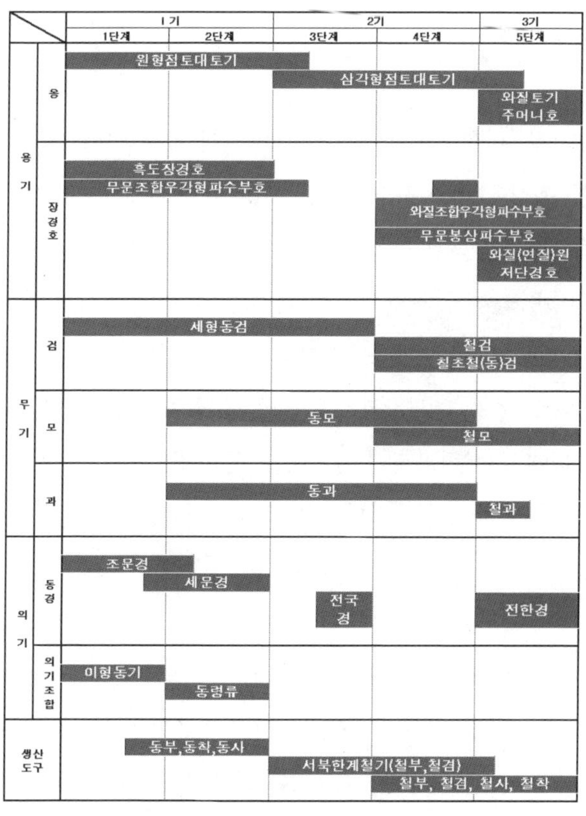

이상을 전제로 목관묘문화의 전개과정을 살펴보면 다음과 같다.

■ 1기 1단계 : 목관묘문화의 수용(세형동검문화의 도입)

원형점토대토기圓形粘土帶土器와 함께 다수의 세형동검細形銅劍, 다뉴조문경多鈕粗文鏡, 이형동기異形銅器 등을 부장한 단독묘의 양상이다. 특히 요녕遼寧

지역 비파형동검문화琵琶型銅劍文化에 속하는 심양沈陽 정가와자鄭家窪子 유적 출토품과 동일한 양식의 청동유물 조합이 부장되어 한반도 세형동검문화의 원류를 이곳에서 구하는 근거가 되고 있다.[1] 또한 김천 문당동유적에서는 변형 비파형동검이 목관묘에서 출토한 바 있다.[2] 대부분의 이른 시기 목관묘는 대전 괴정동, 예산 동서리, 아산 남성리 유적 등 마한의 고지故地인 호서지역에 집중된다.

■ 1기 2단계 : 마한 중심의 목관묘문화 전개(세형동검문화의 완성)

부장유물 조성에서 조문경이 점차 사라지고, 나팔喇叭형·검파劍把형·방패防牌형·원개圓蓋형 동기 등의 이형동기 대신 다뉴세문경多鈕細文鏡과 팔주령八珠鈴, 쌍두령雙頭鈴 등의 동령銅鈴류가 조합된다. 이와 함께 동모銅鉾와 동과銅戈 다수가 부장되어 세형동검문화의 완성을 이룬다. 부여 구봉리 유적, 충주 호암동 유적 등 호서지역은 물론 함평 초포리, 화순 대곡리 유적 등 호남지역에까지 분포권이 확대된다. 전傳 전남 영암 출토 거푸집과 같은 형식의 청동유물이 출토되는 것으로 보아 토착사회에서의 청동생산이 이뤄진 시기이다.

■ 2기 3단계 : 진한지역으로의 확대(철기문화의 수용)

부장유물에서 동부銅斧, 동착銅鑿, 동사銅鉈의 조합 대신 연계燕系 철부鐵斧, 철착鐵鑿, 철사鐵鉈, 철겸鐵鎌이 채용되는 단계이다. 주조시의 잔흔, 제품의 형태·크기의 비획일성의 요소가 요녕지역 생산품과 차이가 있어, 연의 철제기술의 영향을 받은 서북한 지역에서 유입된 것으로 보고 있다.[3] 당진 소

1) 이건무, 1992, 「韓國 青銅儀器의 研究-異形銅器를 中心으로-」, 『한국고고학보』28.
2) (재)경상북도문화재연구원, 2008, 『김천 문당동유적』.
3) 村上恭通, 2002, 「黃海をめぐる鐵技術·文化の展開」, 『東アジアと日本の考古學』Ⅲ.

소리, 장수 남양리, 완주 갈동과 신풍 유적 등 호서, 호남 지역은 물론, 경산 임당 유적 등 진한지역에도 이들 유물이 출토된다. 남양리4호묘나 갈동1호묘에서 원형점토대토기가 출토되었지만, 기본적으로는 삼각형점토대토기三角形粘土帶土器가 출현과 철기 수용은 궤를 같이하는 것으로 볼 수 있다. 한편, 이 시기가 되면 우월한 입지의 단독묘가 아닌 공동묘지로 조영방식을 전환하는 큰 변화가 있다.

■ 2기 4단계 : 진변한 목관묘문화의 전개(철기문화의 발전, 성장)

삼각형점토대토기문화가 완성되며, 토착사회에서 본격적으로 철검, 철모, 철제 도구류가 활발히 생산되어 부장품으로 채용된다. 대구 팔달동 유적 등 영남지역 중심으로 목관묘문화가 옮겨졌다고 해도 과언이 아니다. 다만 변한 지역은 사천 늑도 유적 등 낙랑樂浪과 왜倭 등과 해상교역을 담당하여 세력을 확대했음에도 이 단계의 목관묘 유적이 크게 보이지 않는다.

■ 3기 5단계 : 목관묘문화의 완성(고식 와질토기문화의 발전, 성장)

목관묘에 와질토기瓦質土器가 채용되고, 삼각형점토대토기가 소멸해간다. 동경에서도 세문경이 아닌 전한경前漢鏡이나 방제경倣製鏡을 부장하며, 동검 또는 철검 1,2점을 위신재로 부장하기도 한다. 이외 위신재로 부채와 칠기 등도 부장한다. 입지의 우월성은 두드러지지 않으나, 부장유물의 질과 양의 차이가 무덤에 따라 현격하다. 2세기 중엽경에 목곽묘로 대체되면서 점차 목관묘가 소멸한다.

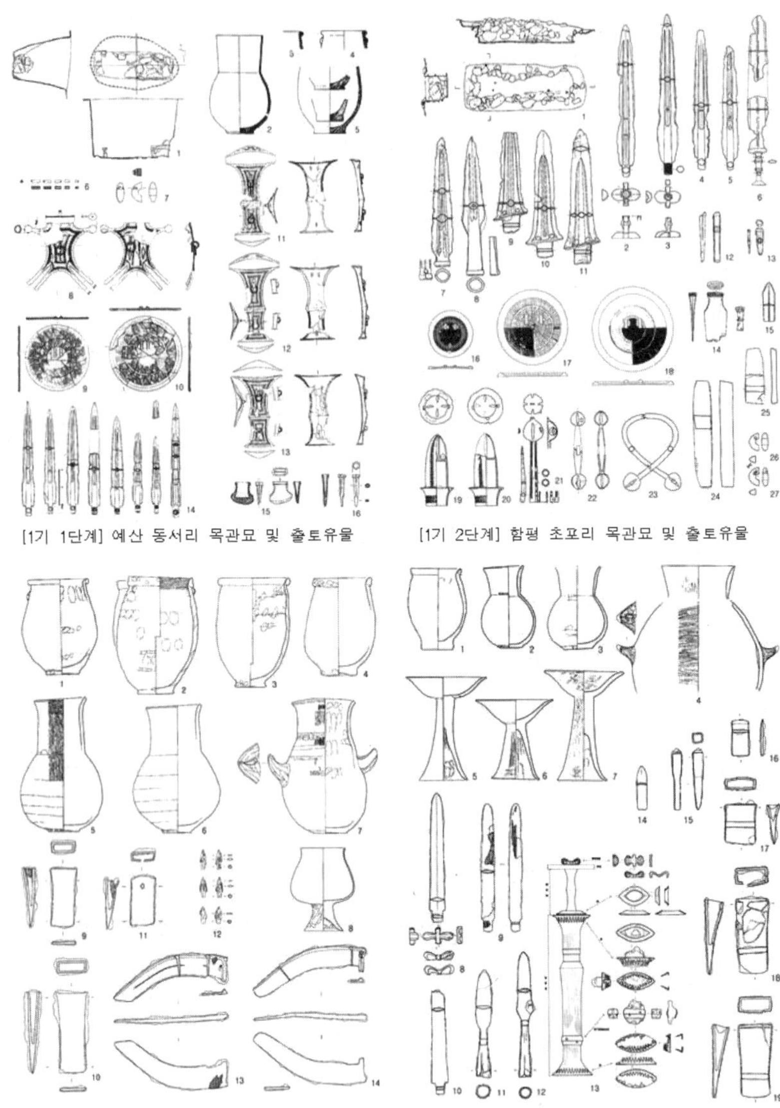

[1기 1단계] 예산 동서리 목관묘 및 출토유물

[1기 2단계] 함평 초포리 목관묘 및 출토유물

[2기 3단계] 완주 갈동 1호묘 및 출토유물

[2기 4단계] 대구 팔달동 49,57,71,99호묘및 출토유물

그림 1. 목관묘문화 1, 2기 주요 유적 및 출토유물

＊3기는 Ⅲ장의 출토사례 도면으로 대체

Ⅲ. 구야국의 목관묘 유적

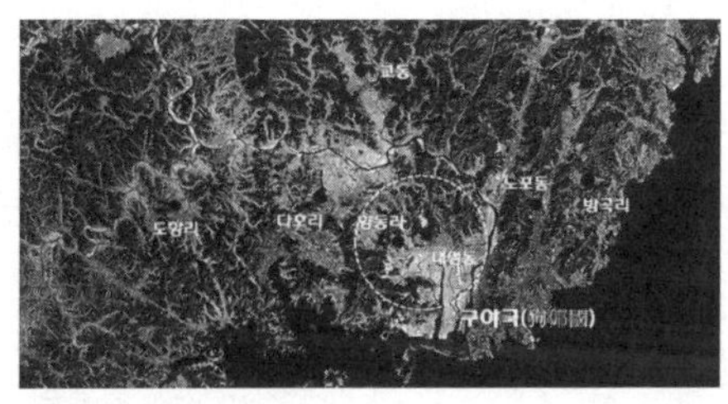

그림 2. 변한지역의 목관묘 유적

구야국이 속한 변한 지역에서 알려진 주요 목관묘 유적은 낙동강을 따라 형성된 평야지대에 위치한다(그림2).

이 유적들은 대부분 3기 5단계인 고식와질토기 단계가 중심 연대이다. 즉, 적어도 무덤에서만큼은 1,2기에 변한지역에서 두드러지는 유적은 현재로써는 없다.

물론 사천 늑도 유적에서와 같이 낙랑이나 왜와 활발히 교류한 변한지역의 역동성을 간과할 수는 없다.

필자는 삼각형점토대토기단계(본고의 2기)를 마한과 진한에 원류를 둔 이주세력이 토착사회에 융화되며 한韓으서의 정체성을 확립한 시기, 즉, 변한 사회의 특질을 형성한 시기로 본다. 이를 바탕으로 와질토기문화단계(3기)에 구야국을 세운 것이다.

한편, 본고에서는 구야국의 지역적 범위를 김해지역에 한정한다. 구야국의 중심이 김해임에 틀림없다면, 인근의 창원 다호리 유적, 밀양 교동 유적 등 김해 대성동 고분군의 목관묘 유적과 비견될만한 세력을 함께 포괄하여 성립되지 않았을 것이기 때문이다.

김해지역에서 확인된 대표적인 목관묘 유적은 크게 대성동고분군 구역과 양동리고분군 구역으로 나누어 살펴볼 수 있는데, 출토양상은 아래와 같다.

1. 대성동고분군 구역

금관가야 지배집단의 묘역이다. 서쪽에 하천과 평야가 펼쳐져 있고 구릉의 저지대에 목관묘가, 정상부로 올라갈수록 목곽묘와 주부곽식主副槨式목곽묘가 축조된 양상으로, 1~5세기에 걸쳐 지속적으로 조영하였다.

구지로고분군, 가야의 숲 유적 출토 목관묘를 포함하여 대성동고분군 구역을 설정할 수 있다(그림3).

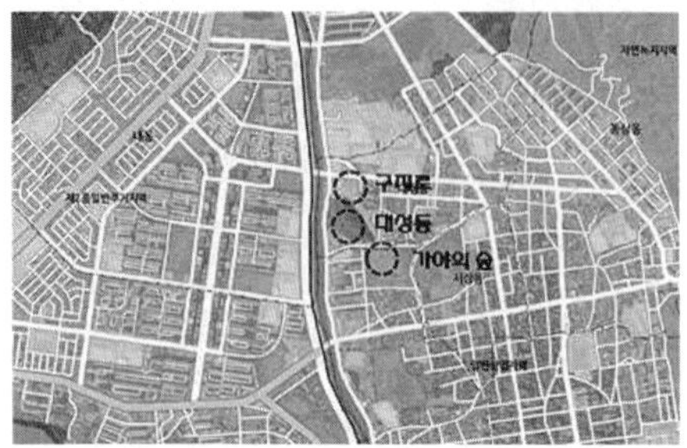

그림 3. 대성동고분군 일대 유적 분포도

대성동 유적에서 39기, 구지로 유적에서 14기, 가야의 숲 유적에서 3기의 목관묘가 발견되었다. 입지에서 크게 두드러지는 차이는 없다.

(1) 김해 대성동金海 大成洞 유적(표2, 그림4)

토기는 보강토(충전토)나 목관 상부에 주로 부장된다. 이에 비해 철기는 주로 묘광 바닥에서 확인된다. 대부분의 출토유물은 일부 유구를 제외하고 빈약한 편이다. 중심연대는 기원후 1세기 후반~2세기 전반이다.

표 2. 대성동 유적 출토 목관묘 제원표

유구	규모(묘광)	유물
v-1호	245*95*40	단경호
v-2호	250*88*47	
v-3호	245*120*80	조합우각형파수부호, 단경호
v-4호	310*125*85	단경호
v-6호	325*93*40	방추차
v-8호	253*104*78	환옥
v-10호	266*95*65	양뉴부옹
v-11호	270*115*63	주머니호 등 토기 5, 철촉, 철검, 물미, 철부, 철겸, 철사
v-12호	280*100*110	단경호
v-13호	250*85*50	
v-14호	231*93*19	조합우각형파수부호, 철촉편
v-15호	275*100*75	

유구	규모(묘광)	유물
v-16호	275*80*75	
v-17호	235*99*42	철모
v-18호	255*101*44	장동옹, 조합우각형파수부호
v-19호	243*90*23	철검, 철모
v-22호	(210)*77*16	
60호	258*118*89	주머니호, 조합우각형파수부호 2, 철촉 11, 철모 2, 철검 1, 철부 2, 철겸 1, 철착 3, 철도자 1, 철사 1, 철침 1, 집게 1, 낚싯바늘 1, 지석 1
63호	274*97*40	소옹 2, 철겸 1
64호	215*87*54	
66호	230*90*114	철부 1
67호	236*110*40	소옹, 단경호, 호형대구

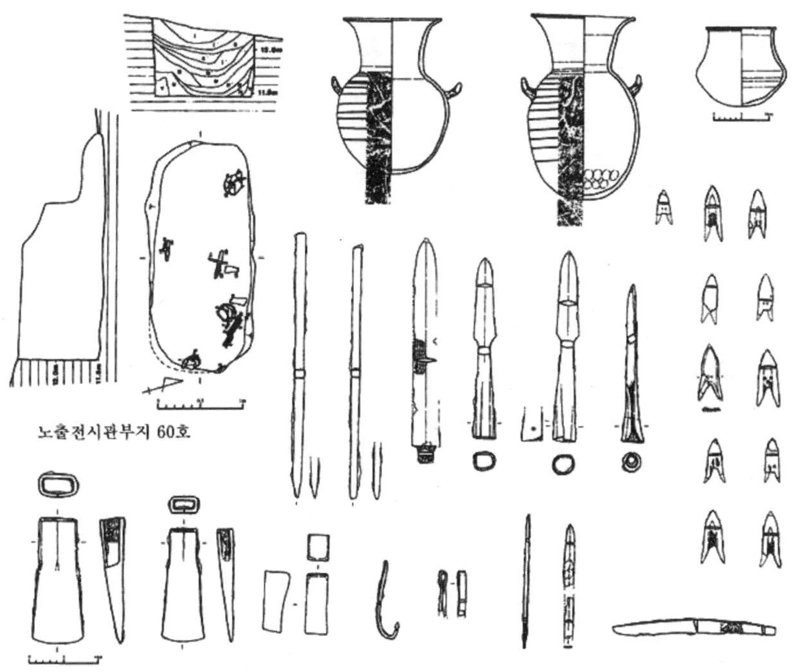

그림 4. 대성동 유적 노출전시관부지 60호묘 및 출토유물

(2) 김해 구지로金海 龜旨路 유적(표3, 그림5)

통나무관과 판재식 관의 두 유형이 모두 출토하였다. 토기는 와질토기와 연질토기이며, 목개 상부와 보강토(충전토)에 부장하였다. 철기는 단조철부, 철겸, 철도자(철촉, 철모, 철검, 철대 등이 있다. 이 중 철대는 인골에 씌워져 있었으며, 철촉은 무경역자식無莖逆刺式으로 10호묘에서 일괄 출토되었다. 전기와질토기의 늦은 단계의 토기와 무경역자식 철촉으로 미루어 기원후 2세기 전엽으로 보인다.

표 3. 구지로 유적 출토 목관묘 제원표

유구	규모(묘광)	유물
7호	245*110*68	토기 2, 철도자 1, 유리옥, 방추차 2
10호	270*110*58	철겸 1, 철촉 20, 수정옥 3
11호	270*97*52	토기 3, 철겸 1, 유리옥 1
12호	273*120*49	토기 5, 철부 1, 철겸 1, 철도자 1, 유리옥 및 관옥, 철대 1, 청동팔찌 2
16호	260*115*63	
17호	175*65*12	유리옥
23호	273*110*92	토기 3, 철부 3, 철겸 1, 철모 1, 철도자 1, 철검 1
25호	285*138*52	토기 3, 철부 1, 수정옥 1
31호	281*110*70	
39호	265*91*45	철모 1
40호	288*99*67	수정옥 1
45호	258*110*63	칠기 1
47호	157*110*72	토기 1
48호	204*71*30	철부 1

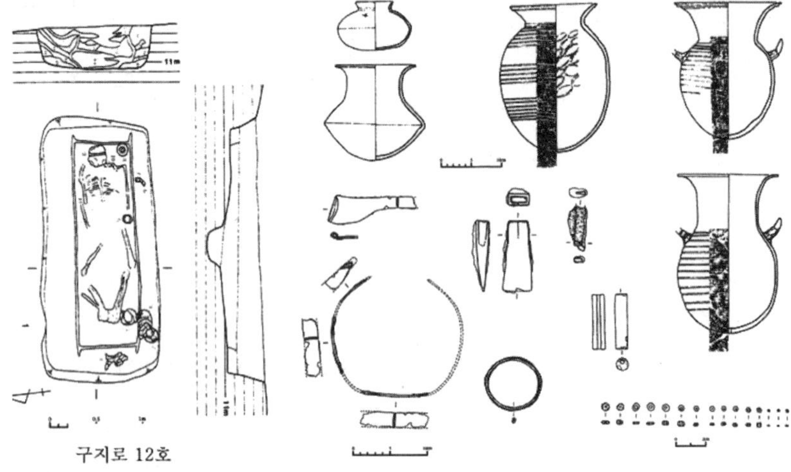

그림 5. 구지로 유적 12호묘 및 출토 유물

(3) 김해 가야의 숲 유적(표4, 그림6)

봉황동 431번지 일원에 해당하며, '수로왕릉'과 '대성동고분군' 사이에 위치한다. 통나무관을 사용하였으며, 3호의 경우 요갱을 시설하고 목관 내부와 보강토 내에 각각 유물을 매납하였다. 목관 내 유물은 칠기부채漆扇 2점,

칠초철검漆鞘鐵劍 1점, 동경 1점, 칠기 편 등이 있으며, 보강토에는 주머니호 2점, 양이부호兩耳附壺 1점, 조합식우각형파수부호 2점, 동과, 철환, 철모, 철부, 따비, 두형칠기豆形漆器 등의 칠기를 매납하였다. 연대는 토기 형식을 기준으로 기원후 1세기 전반경이다.

표 4. 가야의 숲 출토 목관묘 제원표

유구	규모(묘광)	유물
1호	224*61*47	**[보강토]** 철검, 철모각 1점, 철부, 판상철부각 1점
2호	227*75*42	토기편 1점
3호	260*140*82	**[보강토]** 토기 5점, 동과 1점, 철모 3점, 철부, 철제따비, 철환, 두형칠기 등 다수 **[목관내]** 칠기부채 2점, 칠초철검 1점, 동경 1점, 미상칠기편 1점 등

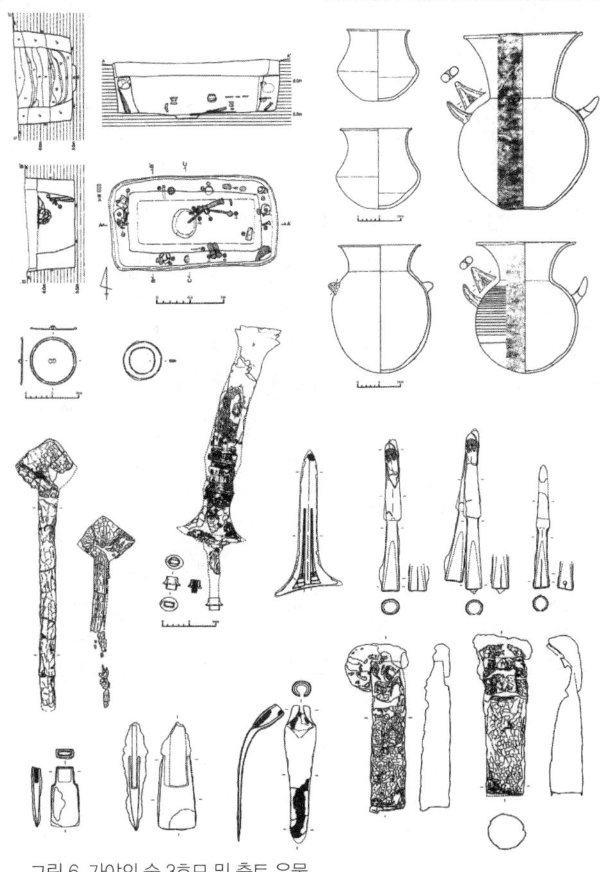

그림 6. 가야의 숲 3호묘 및 출토 유물

2. 양동리고분군 구역

(1) 김해 양동리金海 良洞里 유적(표5, 그림7·8)

김해평야 서쪽에 해당하며, 서쪽과 북쪽에 산이, 남쪽에 하천이 흐른다. 목관묘와 목곽묘, 수혈식석곽묘, 석실묘까지 출토하여 삼한~삼국시대에 지속적으로 무덤을 조영하였음을 알 수 있다. 목관묘는 국립문화재연구소에서 11기, 동의대학교박물관에서 8기, 국립김해박물관과 김해 대성동고분박물관 합동조사단이 22기를 조사한 바 있다. 구릉 정선과 낮은 사면부에 위치한 목관묘 간에 출토유물의 양과 질 면에서 차이가 나타나며,[4] 양동리 55호와 427호에서는 낙랑과의 교역의 결과로 보이는 내행화문방제경內行花文倣製鏡이 출토하기도 하였다. 장축이 등고선에 나란한 것과 직교하는

표 5. 양동리 유적 출토 목관묘 제원표

유구	규모(묘광)	유물
17호	267*119*117	주머니호 등 토기 4점, 철부, 철겸, 청동팔찌, 옥
52호	317*170*145	삼각형점토대옹 등 토기 6, 철부, 철겸, 옥
55호	293*123*112	주머니호, 단경호 2, 철부, 철겸, 도자, 철검 2, 철모 1, 철촉 7, 검파 및 검파두식, 동경, 환형동기 2, 팔자형동기편 2, 경식
70호	215*80*33	점토대토기옹 등 토기 3
99호	260*110*90	주머니호 등 토기 3, 철부, 철겸, 따비, 철모 2, 철촉, 철겸, 청동환, 경식
151호	221*101*90	주머니호 등 5, 철부, 철겸, 경식
427호	230*90*90	철촉, 철부, 철겸, 따비, 동경 2, 동경편 1, 동검 1, 경식

4) 심재용, 2012, 「良洞里古墳群의 墓制 變遷과 意味」, 『양동리, 가야를 보다.』, 국립김해박물관.

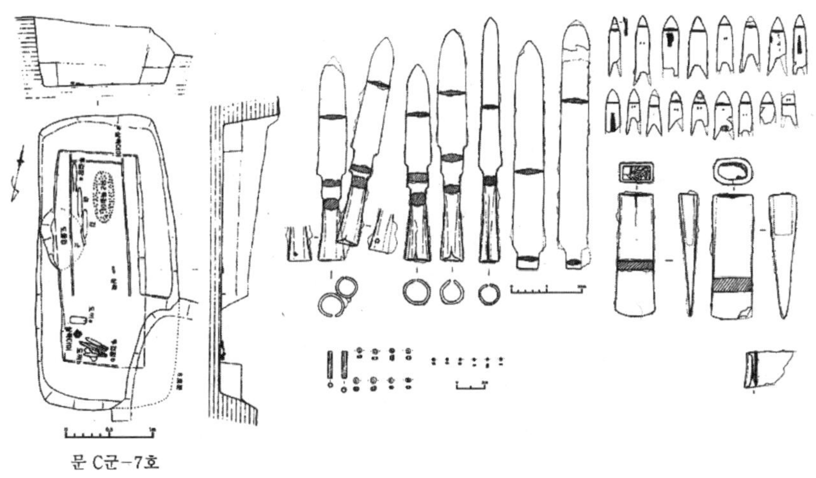

그림 7. 양동리 유적 문화재연구소 조사구산 C군-7호묘 및 출토유물

것이 혼재하며, 모두 판재식관을 시설하였다. 토기는 대부분 전기와질토기의 늦은 단계에 속하며, 보강토 상부와 목관 상부에 부장된다. 청동기는 한경을 본뜬 방제경, 변형세형동검, 검파와 검파두식, 청동환이 있으며, 목관 중앙부에 부장하였다. 방제경과 변형세형동검은 일본 규슈와의 교류관계를 보여 준다. 철기는 목관 가장자리나 보강토 상부에서 출토하며, 이단관식철모, 무경식철촉, 철검, 철겸, 철부, 도자 등이 있다. 삼각형점토대토기단계(본고 2기)의 목관묘도 일부 있으나, 중심연대는 기원후 2세기 전반경이다.

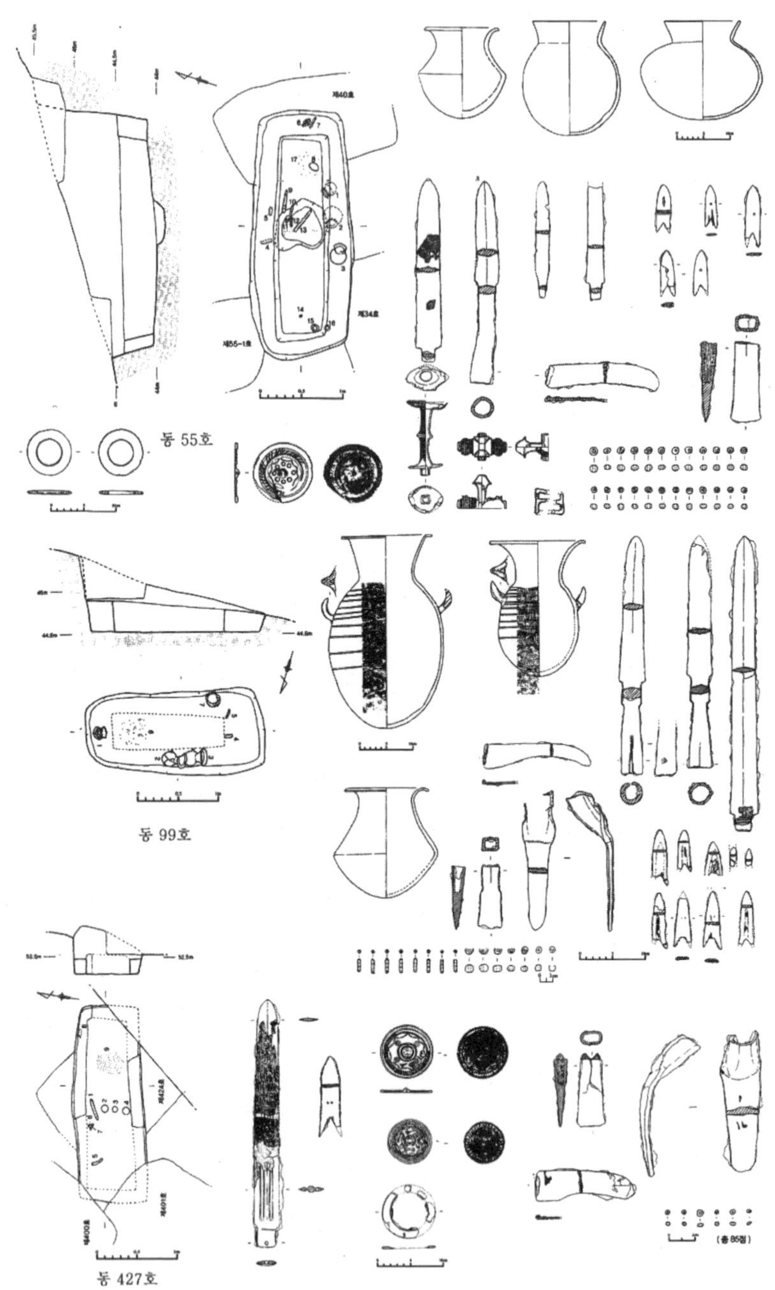

그림 8. 양동리 유적 동의대 조사구간 55호묘, 99호묘 427호묘 및 출토유물

Ⅳ. 목관묘의 조영양상과 피장자의 사회적 지위

이제 구야국의 목관묘 유적을 분석하여 장송의례의 차이를 도출하고, 이를 재차 분석하여 피장자 간의 사회적 지위의 차등을 역逆으로 확인해 보자.

1. '목관묘' 조영의 차등 요소

우선 목관묘 출토 양상 중 피장자의 사회적 지위를 유추할 수 있는 요소는 무엇이며, 이를 어떤 식으로 도출하여 해석할지 가설의 전제를 밝히고자 한다.

고고학에서 무덤 간의 위계와 등급을 나누는 요소는 크게 「무덤의 입지, 크기(규모), 부장유물의 차이」가 있다.

이 중 「입지」는 목관묘들이 군집을 이루어 조영되기 때문에 상대적인 우열이 두드러지지 않는다.[5] 「무덤의 크기」 또한 평면 너비나 깊이가 넓어지고 깊어질수록 무덤 축조의 공력이 더 투입되었을 것이나, 출토유구의 삭평이나 훼손 등 잔존상태에 영향을 받는 요소이므로 이를 실제 적용하기는 어렵다.

반면 **「부장유물의 차이」**는 변한 지역 목관묘 유적에 있어서 사회조직의 구조를 엿볼 수 있는 절대적인 지표이다. 구체적으로는 ①부장유물의 질,

5) 양동리 유적의 경우 고분이 조성된 구릉 정상부와 산사면에 각각 등급이 높고 낮은 무덤들이 위치한다는 연구 성과가 있다(심재용, 2012, 주5)의 앞의 글). 그러나 대체적인 경향성 면에서 그러하다는 것으로, 대성동 가야의숲3호묘처럼 최상위 등급 묘가 저지대에 위치하는 경우도 있다. 무엇보다 초기철기시대(본고의 1기) 단독묘에서 보이는 입지상의 우월성처럼 확연히 드러나는 요소는 아니다.

②부장되는 양, ③부장한 지점의 분석을 통해 계층사회의 일면을 엿볼 수 있다.

이 중 피장자의 사회적 지위와 가장 직결되는 요소는 ①**부장품의 질적 차이**다. 즉, 위신재의 부장 유무 등 부장품 간의 등급 차이는 목관묘 간의 등급으로 치환置換되며, 이는 피장자가 속한 사회의 계층화 정도와 연관한다.

표6은 부장유물 간의 등급 서열을 확인하고 목관묘 조영의 차등을 밝히기 위해 구야국 성립기(본고의 3기 5단계: 와질토기문화단계)의 목관묘 부장유물의 종류를 나타낸 것이다.

표 6. 구야국성립기 목관묘 부장유물의 종류

1류			2류	3류	4류
위신재			철제우기	생산도구	일상품
동경	칠초(동)철검 동모 동과	칠기 부채	철검 철모 철과	철부 철착 철사 철겸	토제용기 (와질토기) 장신구 (착장품)

위의 분류(안)은 다소 주관적이며 지나치게 도식화한 면이 있음을 자인한다.[6] 다만 기왕에 분묘의 등급을 논하기 위해서는 특정 기준으로 부장유물을 나누는 작업은 필수이며, 최대한 객관적 기준을 내세우는 것이 그나마 목관묘의 등급과 이를 조영한 변한의 계층사회의 실체에 접근할 수 있는 최선이라고 생각한다.

②**부장유물의 양**의 경우, 많은 물품을 부장한 유구가 더 등급이 높다고 가정한다. 그러나 부장품의 양은 추후 도출하게 될 부장품의 등급 서열에 영향을 받는 요소이다. 즉, 상위 등급의 부장품 1~2점을 매납한 목관묘가

6) 동검, 동모 등의 청동무기류를 철제무기와 분리하여 별도로 위신재로 둔 점, 칠기류 대부분이 용기로서 기능하여 일상품(4류)인 토제용기와 쓰임새가 별반 다르지 않음에도 위신재에 분류한 점 등이 그러하다.

하위 등급 물품의 부장이 많은 유구에 비해 등급이 높을 수 있다.

마지막으로 ③**부장유물의 출토 지점**은 장제葬祭 시의 매납과 연관한다. 즉, 유물이 보강토에만 발견된 경우, 관내 부장이나 관외 부장의 과정을 생략한 것으로 볼 수도 있다. 이를 피장자의 사회적 지위를 고려한 차등으로 적극적으로 해석한다면, 동일 등급의 부장품이 출토된 경우라도 위의 세 지점에서 모두 출토한 경우가 가상 높은 등급으로 볼 수 있겠다.

2. 목관묘의 부장유형과 피장자의 사회적 지위

이상을 전제로 구야국의 목관묘 중 주요 유구(대성동 34기, 양동리 9기)에서의 출토양상을 부장품 종류 별로 정리하면 다음 표7과 같다.

그 결과에서 우선 주목할 것은 유구에서 출토한 부장유물의 종류별 총량이다. 총 43개소의 검토 유구에서 1류부터 4류까지 각각 14개, 39개, 55개, 106개의 유물이 종류별로 부장되었다(도표1). 이를 물품의 가치를 매기는 기본 척도인 희소성으로 적극 해석하면, 1류에서부터 4류의 순으로 부장품 가치의 등급도 이와 연동하여 매겨질 가능성

표 7. 변한 지역 주요 목관묘의 부장품 출토양상

유적	유구번호	부장품 종류				출토량 1)
		1류	2류	3류	4류	
가야의 숲	1호		2	2		4
	3호	7	3	3	4	<17>
구지로	7호			1	4	5
	10호		1	1	2	4
	11호			1	3	4
	12호	1		3	8	<12>
	17호				1	1
	23호		2	5	3	<10>
	25호			1	4	5
	39호		1			1
	40호				1	1
	47호				1	1
	48호			1		1
대성동	27호				3	3
	53호				1	1
	주1-13호		1		4	5
	v1호				1	1
	v3호				2	2
	v4호				1	1
	v6호				1	1
	v7호		2		1	3
	v8호				1	1
	v10호				1	1
	v11호		3	3	5	<11>
	v12호				1	1
	v14호			1	1	2
	v17호		1			1
	v18호				2	2
	v19호		2			2
	노출60호		5	9	3	<17>
	노출63호			1	2	3
	노출65호				2	2
	노출66호			1		1
	노출67호				3	3
양동리	문2호			4	4	8
	문C-7호		7	3	2	<12>
	동17호			2	7	9
	동52호			2	5	7
	동55호	2	4	3	6	<15>
	동70호				3	3
	동99호		4	3	5	<12>
	동151호			2	7	9
	동427호	4	1	3	1	9
		14	39	55	106	214

이 있다.

또 부장유물의 종류별 매납 목관묘 수를 살펴보면, 1류 부장품을 매납한 목관묘는 총 4기이며, 2류 유물을 부장한 목관묘는 16기, 3류 유물을 부장한 목관묘가 22기, 4류 유물을 부장한 목관묘는 39기이다(도표2). 이 역시 부장품의 매납이 피장자 또는 그를 추모하는 공헌자의 능력과 연관한다는 면에서, 1류 부장유물의 매납이 한정적으로 이뤄졌으며, 특별한 가치를 지니고 있다는 지표가 될 수 있다.

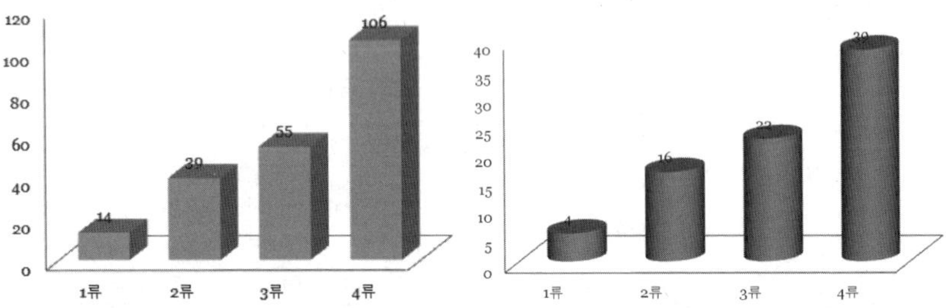

도표 1. 부장유물 종류별 출토량　　　도표 2. 부장유물 종류별 목관묘 출토 수

표 8. 유물등급 별 출토 목관묘 현황

유물등급	1등급	2등급	3등급	4등급
	가야의숲 3호	가야의숲 1호	구지로 7호	구지로 17호
	구지로 12호	구지로 10호	구지로 11호	구지로 40호
	양동리 동55호	구지로 23호	구지로 25호	구지로 47호
	양동리 동427호	구지로 39호	구지로 48호	대성동 27호
		대성동 주1-13호	대성동 v14호	대성동 53호
		대성동 v7호	대성동노출 63호	대성동 v1호
		대성동 v11호	대성동노출 66호	대성동 v3호
		대성동 v17호	양동리 문2호	대성동 v4호
		대성동 v19호	양동리 동17호	대성동 v6호
		대성동 노출60호	양동리 동52호	대성동 v8호
		양동리 문C7호	양동리 동151호	대성동 v10호
		양동리 동99호		대성동 v12호
				대성동 v18호
				대성동 노출65호
				대성동 노출67호
				양동리 동70호

즉, 1류에서 4류까지의 부장유물 종류는 그대로 1등급에서 4등급까지 부장품 간의 서열로 치환할 수 있다. 이렇게 부장유물의 등급 서열을 인정한다면, 목관묘에서 어떤 등급의 유물부터 부장하였는가가 중요한 수치가 된다. 이를 기준으로 목관묘를 분류하면 표8과 같다.

한편, 부장유물의 총량을 구역별로 살펴본 것이 도표3이다.

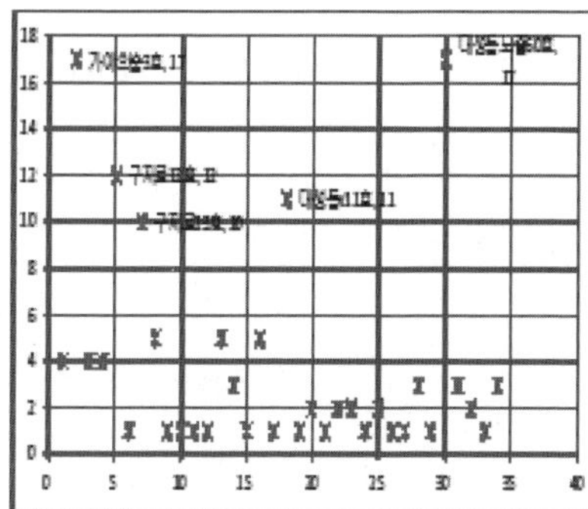

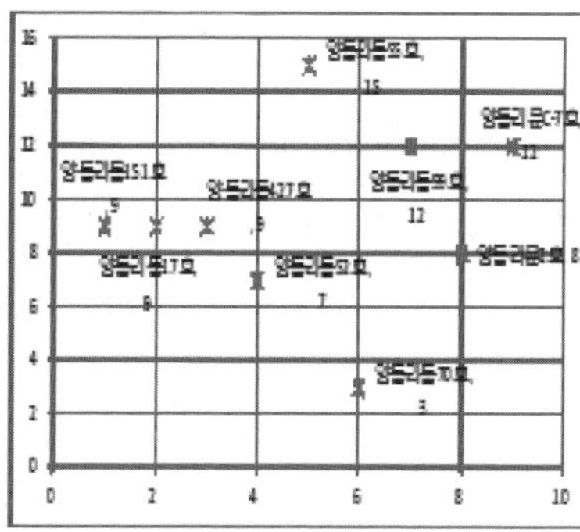

도표 3. 구역별 부장유물 총량(左: 대성동고분군 / 右: 양동리고분군)

대성동고분군 구역의 목관묘는 대부분 5점 이하의 부장유물이 매납되는데, 5기의 목관묘만이 10점 이상의 유물이 부장되어 두드러지는 양상이다. 이 중 2기는 1등급 유물을 부장한 무덤이며, 나머지 3기도 2등급 유물부터 부장하고 있다.

양동리고분군 구역의 목관묘는 동의대 70호묘를 제외하고 대성동고분군 구역보다 유물의 출토량이 대체로 많은 편이다. 그러나 이는 양동리 고분군의 목관묘들을 입지의 우열에 따라 위계를 나눌 수 있다는 연구 성과를 염두에 둔다면,[7] 본고의 검토 유구가 구릉 정상부에 집중하고 있기 때문일 가능성이 높다. 향후 국립김해박물관과 대성동고분박물관에서 공동조사한

7) 심재용, 2012, 주5)의 앞의 글.

산사면 위치 유구를 검토한다면 대성동고분군과 같은 결과가 나올 가능성이 있다. 아무튼 양동리고분군에서도 1등급 유물을 매납한 동의대 55호묘가 가장 많은 유물이 출토되며, 4등급 유물만이 있는 동의대 70호묘가 가장 적은 유물이 출토되었다. 즉, 두 구역 모두 유물 등급 서열이 높을수록 매납한 유물량이 많은 양상이다.

마지막으로 부장품의 출토위치는 관내 부장과 관외 부장, 보강토 내 부장의 세 지점으로 나눌 수 있는데, 이는 매장시의 제사시점과도 연동한다. 즉, 관내 출토품은 피장자를 치장治裝한 장신구를 제외하면 시신의 입관入棺시에 부장하는 것이다. 관외 출토품은 묘광을 판 뒤 하관下棺 전후에 매납한다. 보강토 내 부장은 관과 묘광 사이의 공간을 어느 정도 메운 뒤 봉토하기 전이나 실시 중에 매납하는 것이다. 이외에 봉토를 완성한 뒤, 상부에서 제사지내며 놓인 물품도 있을 수 있으나, 이는 발굴조사에서 습득하기란 현실적으로 불가능하기 때문에 가능성만 열어두고자 한다. 부장위치는 목관묘 부장유물의 등급과도 일정한 경향성을 보인다.

즉, 1등급 유물은 일부 관외 부장한 칠기 등을 제외하고, 대체로 관내 부장이 된다. 2등급과 3등급 유물은 관외 부장의 비중이 현격히 늘어난다. 4등급 유물의 경우 피장자를 치장하는 장신구를 제외하고, 보강토나 관외부장이 일반적이다.

각 지점에 모두 유물이 출토한 경우는 자연스레 높은 등급의 부장품 부장이 이뤄질 가능성이 높으며, 장송의례의 절차가 빠짐없이 행하여 졌다는 점에서 망자의 사회적 지위가 높을 개연성이 있다.

마지막으로 지금까지의 논의를 정리하여 목관묘 피장자들의 사회적지위를 유추해 보자. 우선 부장유물의 등급을 기준으로 정리한 후 출토량으로 보정한 구야국 성립기 목관묘의 부장양상은 다음의 여섯 유형으로 나뉜다.

이상과 같이 목관묘 조영양상에서 확인한 부장유형의 차이는 피장자의 사회적 지위와 어떻게 연관할까. 분명한 것은 개개의 등급을 사회조직이나 구성원의 계서階序에 그대로 적용할 수는 없다는 것이다. 그러나 유형별 목관묘의 부장유물을 더욱 면밀히 고찰하면, 이에 대해 일부 논할 수 있을 것이다.

부장품은 죽기 전 피장자의 의도가 반영될 수도 있고, 장송의례를 담당하는 공헌자의 의도에 따라 선정되기도 하는데, 어떻게든 망자의 생전 사회적 지위를 반영하기 마련이다. 즉, 각 등급 목관묘에 부장되지 않는 상위 등급의 물품은 피장자의 신분에 의해 제한되는 것이며, 반대로 각 등급 목관묘에 부장할 수 있는 가장 상위 등급의 물품의 성격은 피장자의 사회 내 역할을 반영할 수 있다.

1유형 목관묘는 위신재로서의 성격이 매우 강한 유물들을 다량 부장하는 것이 특징이다. 특히, 한경 또는 방제경과 칠초동(철)검의 부장은 초기철기시대의 세형동검문화에서 보이는 세문경과 세형동검의 세트 부장이 이어진 것이다. 이는 정치와 종교의 양면에 걸쳐 영향력을 행사했다는 증

표 9. 부장유물의 출토양상으로 본 목관묘 유형

출토유형	출토양상	해당 목관묘	무덤수
1유형	1등급 유물 부장, 총량 탁월	가야의숲 3호, 양동리 동55호, 양동리 동427호	3기
2유형	1등급 유물 부장, 하위등급 생략	구지로 12호	1기
3유형	2등급 유물부터 부장, 총량 탁월	구지로 23호, 대성동 v11호, 대성동노출 60호, 양동리 문C7호, 양동리 동 99호	5기
4유형	2등급 유물부터 부장	가야의숲 1호, 구지로 10호, 구지로 39호 대성동주 1-13호, 대성동 v7호, 대성동 v17호, 대성동 v18호	7기
5유형	3등급 유물부터 부장	구지로 7호, 구지로 11호, 구지로 25호, 구지로 48호, 대성동 v14호, 대성동노출 63호, 대성동노출 66호, 양동리 문2호, 양동리 동17호, 양동리 동52호, 양동리 동151호	11기
6유형	4등급 유물부터 부장	구지로 17호, 구지로 40호, 구지로 47호, 대성동 27호, 대성동 53호, 대성동 v1호, 대성동 v3호, 대성동 v4호, 대성동 v6호, 대성동 v8호, 대성동 v10호, 대성동 v12호, 대성동 v19호, 대성동노출 65호, 대성동노출 67호, 양동리 동70호	16기

거로 볼 수도 있으며, 특히 거울의 경우 수입품일 가능성이 매우 크다는 점에서 대외 교역을 주도할 정도로 사회 내 지위가 매우 우월했음을 보여주는 증거로 한 사회의 최고 등급 계층일 것이다. 구체적으로 낙랑과 왜와의 중계무역을 주도했던 것으로 추정된다.

2유형 목관묘는 구지로 12호묘가 해당하는데, 동경과 동검은 출토되지 않았으나 머리에 철대鐵帶가 씌여진 것이 특징이다. 이 철대는 관冠이었을 가능성이 있으며, 유기질제의 무엇인가로 장식했을 수 있다. 또한 출토량도 타 유구들에 비해 우월하기 때문에 앞의 1유형 목관묘 피장자와 동일한 정도의 지위를 누린 것으로 볼 수 있다.

3유형 목관묘는 1유형 목관묘의 피장자처럼 한경 등의 대외교역품이나 보검寶劍, 칠기같이 희귀재를 보유할 수는 없었다. 이는 소유를 제약함으로써 사회적 지위의 차이를 드러내고자 한 것으로 보인다. 피장자는 철제무기류를 소유했거나, 공헌받은 것으로 보아 전사 집단과 관련한 사회적 위치에 있었을 것이다.

4유형 목관묘는 3유형 목관묘와 유사한 양상이나 부장유물의 총량에서 뒤진다는 특징이 있다. 이는 경제력의 차이를 반영하는 것이기도 하며, 전사 집단 가운데 중간 또는 고위 관리자층과 하위 무사 층의 차이를 드러내는 것인지도 모른다.

5유형 목관묘는 무기류의 부장이 이뤄지지 않고 생산도구와 관련한 유물을 부장하고 있어 공인과 같이 생산에 종사하거나 상인과 같이 유통에 전념한 층의 무덤일 수 있다.

6유형 목관묘는 일상용품만을 부장한 출토유물의 빈약이 특징이다. 당시에는 무묘자無墓者가 대부분이었을 것으로, 무덤을 조영한다는 것만으로 어느 정도의 사회적 지위를 누리고 있었을 것으로 보는 해석이 온당하다. 다만, 한 사회의 사회조직 면에서 어떠한 역할을 담당했을지는 알 수 없으며, 다른 유형 목관묘 피장자 층에 비해 경제력에서 열세였음을 알 수 있다.

Ⅴ. 구야국의 사회 조직의 일면

구야국 사회는 어떠한 사회구조(Social Structure)를 이루고 있었을까. 어떠한 사회이든 사회구조는 특정한 기준에 의해 분류한 사회조직(Social Organization)들의 관계망으로 이루어져 있다.

전장까지 살펴 본 목관묘 문화의 차등적 요소들과 유추해 본 망자의 사회적 지위들은 구야국 성립기의 사회조직의 일면을 알려준다.

한韓사회는 1기 1단계에 요령지역의 정치적 혼란기에 넘어온 유민들에 의해 기반을 형성하였던 것으로 보이는데,[8] 위만의 쿠데타에 의한 고조선 준왕 일파의 한 사회로의 이주, 고조선의 멸망과 한(漢)의 낙랑군 설치 등과 함께 마한 지역을 중심으로 사회의 기틀을 마련하였다.

이후 한은 진한과 변한으로 구분되듯이 영남지역 북부와 남부의 두 지역으로 영역이 확대되었는데, 이는 경제적인 이유가 커 보인다. 이 두 지역은 마한의 정치적인 영향력 밖에 있었으며, 점차 각자의 중심권역을 형성했을 것이다. 구야국 사회도 이러한 흐름 속에서 정치체인 소국으로 발전했으며, 그 기틀을 전기와질토기문화 단계에 완성한 것이다.

1,2 유형 목관묘를 조영한 최고계층에서 알 수 있듯이 구체적으로는 낙랑과 왜와의 중계무역이라는 경제력의 신장을 바탕으로 사회를 성장시

8) 기원전 5세기 대 연의 세력 확장이나 기원전 3세기의 연 장수 진개의 고조선 침공에 따른 유민 이주와 같은 역사적 사건과 결부시킨 해석 등이 있다. 어느 쪽도 요령지역의 유민 이주와 연관하고 있다.

켰다. 구야국 사회는 3, 4 유형 목관묘 피장자 층인 전사 집단을 별도로 운영하고 있었으며, 5유형 목관묘 피장자 층과 같이 공인 또는 상인 등의 생산자 집단도 두고 있었다.

다만, 2기 이후의 목관묘 유적의 공동묘지 성격에서 보듯, 1기와 같이 차별성을 부각하지 않고 축조되는 분묘 조영은 각 계층 간의 격차가 매우 크지는 않았을 것을 시사한다. 앞서 밝힌 바와 같이 변한이 대외 교역이라는 경제활동에 의해 성장해 나갔음을 감안하면 사회적 지위 또한 경제력에 기초하여 형성되었을 것이다. 따라서 이후 목곽묘로 전환되기까지 구야국 사회를 비롯한 사회조직이 느슨한 서열 관계를 보이고 있었을 것으로 생각된다.

이상 김해 지역 목관묘 자료를 분석하여 구야국 사회의 일면을 추론하였다. 고고학이 물질자료에 대한 추론과 실증을 통해 역사를 복원하는 학문이나, 자칫 거대담론만을 나열한 하여 억측한 것은 아닌가 한다.

차후 연구를 더하여 구야국이 위치한 변한사회와 마한·진한사회의 비교, 목관묘 문화에서 목곽묘 문화로의 전환이 가지는 사회구조의 문제 등의 과제를 노하고 싶다.

참고문헌

■ **보고서**

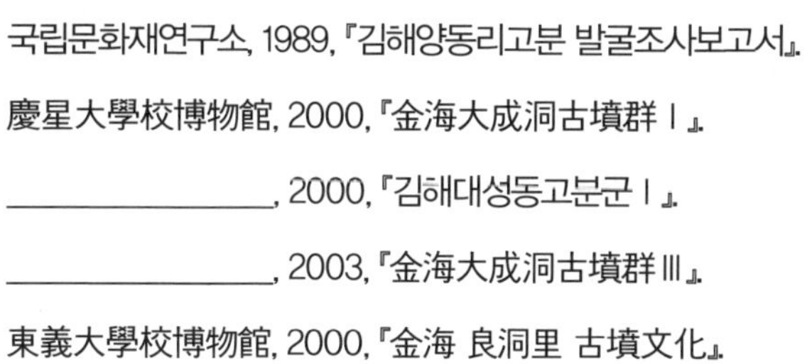

국립문화재연구소, 1989, 『김해양동리고분 발굴조사보고서』.

慶星大學校博物館, 2000, 『金海大成洞古墳群 Ⅰ』.

________________, 2000, 『김해대성동고분군 Ⅰ』.

________________, 2003, 『金海大成洞古墳群 Ⅲ』.

東義大學校博物館, 2000, 『金海 良洞里 古墳文化』.

■ **저서**

정인성 외, 2000, 『영남지역의 목관묘』, 학연문화사.

콜린 렌프루·폴 반, 이희준(譯), 2006, 『현대 고고학의 이해』, 사회평론.

■ **논문**

권지영, 2004, 『弁·辰韓社會의 發展樣相에 대한 硏究』, 부산대학교 고고학과 석사학위논문.

권학수, 2003, 「가야의 社會發展 動人과 發展段階」, 『가야 고고학의 새로운 조명』.

박진일, 2013, 『韓半島 粘土帶土器文化 硏究』, 부산대학교 고고학과 박사학위논문.

심재용, 2010, 「金海地域 木棺墓 墓域의 造成原理」, 『부산대학교 고고학과 창설 20주년 기념논문집』, 부산대학교 고고학과.

______, 2012, 「良洞里古墳群의 墓制 變遷과 意味」, 『양동리, 가야를 보다』, 국립김해박물관.

윤형준, 2009, 『목관묘문화의 전개와 삼한 전기사회』, 부산대학교 고고학과 석사학위논문.

이재현, 2003, 『弁·辰韓社會의 考古學的 硏究』, 부산대학교 사학과 박사학위논문.

홍보식, 2000, 「考古學으로 본 金官加耶」, 『考古學을 통해 본 加耶』, 한국고고학회.

「목관묘 유적으로 본 구야국 사회의 일면」에 대한 토론문

권 오 영 (서울대학교)

발표자는 김해지역 목관묘를 대상으로 위세품, 무기와 생산 도구 등의 부장 여부를 기준으로 삼아 피장자집단을 6등급으로 나누고 있다. 이러한 등급차가 무엇을 반영하는지, 원삼국단계에 이 정도로 세분된(여기에 목관묘에도 묻히지 못하는 층을 고려한다면 더 세분됨) 위계의 차이가 후행하는 목곽묘단계와 어떻게 비교될 것인지 등 많은 문제점을 던지고 있다.

간단한 질문을 드린다면 한 묘역(유적) 내에서의 차이 못지않게 유적간 차이가 보다 중요한 차이는 아닐까 생각하는데 이에 대한 견해를 듣고 싶다.

「목관묘 유적으로 본 구야국 사회의 일면」에 대한 토론문

이 양 수 (국립김해박물관)

발표자는 구야국 성립기의 주요 목관묘 유적을 현재 행정구역상 김해시 내로 한정하고 있다. 때문에 인근의 창원 다호리 유적과 같은 주요한 목관묘 유적에 대한 검토가 빠지게 되었다.

또한 기원전에는 지배자의 무덤이라 할 수 있는 1등급 목관묘가 구야국에서는 확인되지 않으며, 삼국사기에 기록된 가야 건국연대에 해당하는 기원후 1세기 전반이 되어야 1등급 목관묘가 등장하는 것으로 파악된다.

결국 이러한 문제점은 삼한시대 전기의 김해에는 구야국이라는 세력 자체가 없는 것처럼 보일 수 있다.

이와 관련하여 발표자가 상정하는 성립기 구야국의 범위는 어디까지인지에 대해서 자세한 설명을 부탁드린다.

변진사회 군주상의 재검토
-『삼국지』 한전 기사를 중심으로 -

篠原 啓方*

目次

지금까지 경상도 지역에서 이루어진 발굴조사를 통해 진한辰韓·변진弁辰의 존재 양상이 많이 밝혀졌다. 앞으로도 증가될 고고자료에 비해 문헌사료만으로 변진사회, 나아가 구야국의 역사를 부각시키는 데는 한계가 있다. 고고자료와 문헌사료가 조화를 이루면서 당시 역사상과 그 의의를 밝히는 작업이 중요하다.

『삼국지』 한전은 당시 변진사회를 밝히는 데 가장 중요한 문헌사료라고 할 수 있다. 다만 문헌사료를 다룰 때 주의를 요하는 것은 고고연구의 새로운 성과나 인류학의 국가발전론 등 이론적·관념적 해석으로 끌리는 식으로 문헌사료를 확대해석해서는 안 된다는 점이다. 특히 변진사회를 보지 않고 전문으로만 저술된 중국정사中國正史, 후세에 저술자들의 정당성을 가

* 關西大學

미한 한국고대 사서 등에 접근할 경우, 사서의 성립연대, 기사의 전체 맥락, 찬자의 인식 등 사료의 성격과 그 한계를 항상 염두에 두면서 체계적으로 분석해야 할 것이다.

본고에서는 이러한 점에 유의하면서 변진사회의 군주와 관련된 기록을 검토해 보고자 한다.

1. 진왕辰王과 변진弁辰의 신지의 관계

진왕은 『삼국지』 한전에서 몇 사례 언급되지 않은 인물임에도 불구하고 삼한사회 전체의 통치자처럼 묘사되어 있어(주로 『후한서』 한전) 가장 중요한 등장인물이라고 할 수 있다. 진왕과 변진의 관계는 관제官制와 관련된 기사에서 볼 수 있다.

> ① 辰王治月[1]支國 ②臣智或加優呼臣雲遣支報安邪踧支濆臣離兒不例拘邪秦支廉之號 ③其官有魏率善·邑君·歸義侯·中郎將·都尉·伯長(번호는 필자)

선행연구에 의하면 이 기사는 ①~③으로 각각 구분, 검토되어 왔다. 우선 ①은 '진왕이 월지국을 다스린다'는 뜻이며 ③은 위나라에서 준 여러 관호를 가지고 있다는 기사로서 ③ 첫머리의 "기其"가 구체적으로 무엇을 가리키는가, 귀의후라는 관호를 내린 주체가 어떤 세력(한漢, 공손씨公孫氏, 위魏)인가에 대해서는 견해가 갈라진다.

②는 연구자들의 해석이 가장 엇갈리는 기사로서 특히 ③의 주체와도 연결되는 부분이다. 이하 ②를 중심으로 전체 내용을 해석해 보고자 한다.

---

1) 한국학계에서는 '目支國'이라 표기하는 것이 일반적이나 본고의 분석대상인 『삼국지』 한전에는 "月支國"으로 표기되어 있는 관계로 '월지국'으로 통일하도록 하겠다.

우선 첫머리에 나오는 신지臣智는 『삼국지』 한전의

各有長帥, 大者自名爲臣智, 其次爲邑借

各有渠帥, 大者名臣智, 其次有險側, 次有樊濊, 次有殺奚, 次有邑借

라는 기사에서 보이듯이 삼한사회에서 대국의 우두머리(장長, 수帥)를 가리키는 말이다. 다음으로 "臣雲遣支報安邪踧支濆臣離兒不例拘邪秦支廉之號"에 대해서는, 나카 미치요(那珂 通世)와 이병도의 해석 이래로 밑줄 부분을 각각 마한 신운신국臣雲新國, 변진 안야국安邪國, 마한 신분고국臣濆沽國[2](분신濆臣은 신분臣濆의 잘못), 변진 구야국狗邪國으로 보고 '신운신국의 견지보遣支報, 안야국의 축지踧支, 신분고국의 리아불예離兒不例, 구야국의 진지렴秦支廉'이라는 4개 나라의 "호號"를 설명하는 구절로 해석하는 것이 일반적이다.[3]

다음은 "가우호加優呼"이다. 이 중 "가加"는 뒤의 4개 나라의 "호號"를 '내려준다(가加하다)'는 동사로 보는 것이 일반적이다.[4] 문제는 "우호優呼"인데, 우선 이를 명사로 보고 '우호를 내린다'고 해석하는 견해가 있는데[5] 이에 대해서는 의문이 남는다. 이 우호는 뒤에 나오는 '신운신국의 견지보遣支報, 안야국의 축지踧支, 신분고국의 리아불예離兒不例, 구야국의 진지렴秦支廉 등의 호號'를 가리키는데, 이를 '신운신국… 등의 호를 우호를 내린다'와 같이

2) 沽는 沾, 活로도 표기되는데 글자의 타당성은 본고의 목적이 아니기 때문에 편의상 '沽'로 표기하겠다.

3) 那珂通世, 1895, 「朝鮮古史考」, 『史學雜誌』6-6; 이병도, 1936, 「삼한 문제의 신고찰(3)—辰國及三韓考—」, 『진단학보』4; 白鳥庫吉, 1970, 「漢の四郡疆域考」, 『白鳥庫吉全集』3.

4) 노중국, 1990, 「목지국에 대한 일고찰」, 『백제논총』2; 武田幸男, 1996, 「三韓社會における辰王と臣智(下)」, 『朝鮮文化研究〈東京大·文·朝鮮文化研究施設〉』3.

5) 윤선태, 2001, 「마한의 진왕과 신분고국-령서예 지역의 역사적 추이와 관련하여」, 『백제연구』34.

해석하면 문장이 어색해진다. "우優"자에는 '넉넉하다' '두텁다' 등 후대厚待의 뜻이 있다는 점에 유의할 필요가 있으며[6] 또 "호呼"는 주로 명사보다 동사로 많이 쓰이므로 "우호優呼하다"고 해석하는 것이 타당하다.[7] 다만 "가우호加優呼"는 이 문장 전체의 동사로서 기능하는 것으로 봄이 마땅하기 때문에 예컨대

> 더 높이 부르는 경우가 있는데, 臣雲遣支報, 安邪踧支, 濆臣離兒不例, 拘邪秦支廉의 호칭이 그것이다.[8]

라는 해석 또한 어색한 느낌이 든다. 그리고 이 4가지 고유명사는 "호號"로 표현되는 것으로 보아 단순한 '호칭'이라기보다는 특정한 정치적 신분(또는 지위)을 의미하는 '칭호稱號' 또는 '존호尊號'로서 이해해야 할 것이다. 이상의 검토를 통해 위 문장은

> 臣雲의 遣支報, 安邪의 踧支, 臣濆의 離兒不例, 拘邪의 秦支廉 등의 칭호(존호)를 加(더)하여 優呼(존중히 부름)한다.

라고 해석함이 타당할 것으로 보인다.

마지막으로 이 문장의 주체와 객체, 즉 누가 누구에게 "가우호加優呼"했는가에 대해서이다. 주체를 생각할 때 우선 후보가 되는 것은 ②의 신지臣智이다. 그런데 신지를 주어로 볼 경우 '칭호(존호)를 더하여 존중히 부를' 대상, 즉 객체(목적어)가 될 명사를 문장에서 찾을 수가 없으므로 해석에 문

6) 박대재, 2006, 『고대한국 초기국가의 왕과 전쟁』, 경인문화사, 99쪽.

7) 田中俊明, 1998, 「加耶と倭」, 『古代史の争点4─權力と國家と戰爭』, 小學館, 279쪽, 박대재, 앞의 책.

8) 박대재, 앞의 책, 219쪽.

제가 생긴다. 한편 신지를 주어로 보면서

> 신지 가운데 어떤 자는 우대하는 호칭으로서 臣雲遣支報·安邪踧支·濆臣離兒不例·拘邪秦支廉의 칭호를 더하여 부른다.

라고 해석하는 견해가 있다.[9] 이는 일부 신지들이 자기 자신에게 높인 호칭을 덧붙여 사용한다는 뜻으로 보이는데, 주체와 객체를 동일인물로 볼 수 있다면 앞에서 지적한 문제점은 해결된다. 다만 문제가 되는 것은 "호呼"의 해석이다. "호呼"자를 '부르다'라고 번역하게 될 경우 부르는 대상이 애매해지는데, 사실 호는 기본적으로 상대방을 부르는(말을 거는) 동사이므로 자신을 일컫는다는 뜻으로 해석하는 데는 문제가 있다.[10]

이와 달리 신지를 주어로 보고 "가우호"의 대상을 진왕으로 보는 견해도 있다.[11] 즉 사료 ①과 ②가 연결되는 문장으로 보고 ②에서는 객체(목적어)인 진왕이 생략되었다고 해석하는 것인데, 문장구조로 볼 때 가능성이 없지는 않으나 약간 어색한 느낌이 든다.

그런데 ①과 ②를 서로 연결되는 기록으로 볼 경우, 오히려 ①의 진왕을 ②의 주어로 보고 '진왕이 신지에게'라고 해석하는 것이 훨씬 이해하기 쉽다. 이는 한전의

> 明帝密遣帶方太守劉昕·樂浪太守鮮于嗣, 越海定二郡, 諸韓國臣智加賜邑

9) 선석열, 2003, 「『삼국지』 변진전의 진왕의 해석 문제」, 『역사와 경계』47, 16쪽.

10) 자칭으로 해석할 경우는 "稱"자로 표현되어야 할 것이다.

11) 이도학, 1998, 「새로운 摸索을 위한 點檢, 目支國 硏究의 現段階」, 『마한사연구』, 충남대학교 출판부. 한편 이 견해를 주장하는 논문으로 이노우에(井上 幹夫), 1978, 「『魏志』東夷傳にみえる辰王について」, 『續律令國家と貴族社會』가 종종 인용되는데, 이노우에는 4국 왕족들이 진왕을 추대했다고 주장하지만 그들의 칭호를 진왕에게 가했다고는 하지 않은 것으로 보인다.

君印綬, 其次與邑長

라는 기사가 '대방태수인 유흔과 낙랑태수인 선우사가 여러 한국의 신지臣智들에게는'이라고 해석되는 것처럼[12] 문장구조도 자연스럽다. 즉 ①과 ②는 주어가 이어지는 문장으로서 해석하는 것이 타당하며 따라서 ①·②를 연결시킨 해석은

> 辰王은 月支國을 다스리며, 臣智에게(는) 혹은 臣雲의 遣支報, 安邪의 踧支, 臣濆의 離兒不例, 拘邪의 秦支廉 등의 칭호를 加(더)하여 優呼(존중히 부름)한다.

가 된다.

이처럼 문장구조와 단어의 뜻을 중심으로 볼 때 사료 ②와 ①이 동일한 주어로 연결되는 구절로 볼 수 있음을 지적하였다. 그렇다면 마지막으로 사료 ③의 해석, 특히 "기관其官(그 관은…)"의 "기其"가 무엇을 가리키는 대명사로서 사용되었는가가 검토되어야 한다. 앞에서 지적한 바와 같이 ①과 ②의 주어를 "진왕"으로 볼 수 있다면 ③의 주어도 역시 진왕으로 보는 것이 자연스럽다. 다만 ③의 내용이 기본적으로 위나라가 한韓사회 여러 "국國"과 "읍邑"의 군주 이하에 내린 관호에 대한 설명으로 이해할 수 있다는 점에서, 사료 ①·②와는 무관하다는 견해[13]도 경청할 만하다. 그런데 중요한 것은 이 기사가 일반적인 상황이든 아니든 간에 찬자가 "기其"자를 어떠한 의도로 사용했는가 하는 점이다. ①·②의 주어를 진왕으로 볼 수 있다

12) 武田幸男, 1996, 앞의 논문, 5쪽.

13) 권오영, 1996, 『삼한의 '국'에 대한 연구』, 서울대학교 박사학위논문, 윤용구, 1998, 「『삼국지』 한전 대외관계기사에 대한 일검토」, 『마한사연구』, 충남대학교 출판부. 선석열, 2003, 앞의 논문. 박대재, 앞의 책.

면 결국 ③의 주어 역시 마땅히 진왕으로 보아야 할 것이다. 따라서 그 해석은

> (진왕의) 관으로는 위나라의 솔선읍군·귀의후·(솔선)중랑장, 도위, (솔선)백장이 있다

가 될 것이다.

이상 진왕辰王과 변진의 관계, 특히 안야국과 구야국의 신지臣智와의 관계에 대한 기사를 검토해 본 결과 진왕이 그들을 존중히 대우했다는 점을 확인하였다. 그런데 존중히 대우했음을 가리키는 "우호優呼"란 과연 무엇을 가리키는지가 해결되어야 한다. 다음 장에서는 이에 대해 좀더 구체적으로 살펴보고자 한다.

2. 진4국에 대한 "優呼"의 의미

『삼국지』 한전은 마한·진한·변한이라는 이른바 삼한에 대한 내용을 의도적으로 수집, 체계적으로 정리한 내용이다. 그 첫 번째가 마한에 관한 기록이다. 마한이 첫 번째로 등장하는 이유에 대해서는, 낙랑, 대방 등 중국 군현에 지리적으로 가장 근접해 있다는 점, 삼한 중 가장 국가의 수가 많고 규모가 큰 점 , 고조선·진국의 역사와 연결시키는데 가장 적절한 세력이라는 점, 등을 들 수 있을 것이다.

앞장에서 지적한 바와 같이 진왕이 "加優呼"한 4국의 군주는 마한의 2국(臣雲의 遣支報, 濆臣의 離兒不例), 변진의 2국(安邪의 踧支, 拘邪의 秦支廉)이었다. 진왕 또는 마한을 설명하는 부분에서 변진의 군주호가 기재되어 있다는 점이 눈길을 끄는 것이다.

사실 변진의 군주(거수)에 대한 기록은 뒤에 나오는 진한·변진사회에 대

한 구체적인 서술에서도 확인된다.

各有渠帥, 大者名臣智, 其次有險側, 次有樊濊, 次有殺奚, 次有邑借

위 기사는 변진사회의 거수渠帥에게는 신지臣智, 험측險側, 번예樊濊, 살해殺奚, 읍차邑借 등 5가지 칭호가 있다는 기사이다. 이는 마한사회의 군주에 대한 설명, 즉 "各有長帥, 大者自名爲臣智, 其次爲邑借"라 하여 신지와 읍차에게만 언급한 내용과 기본적으로 동일하나 변진사회의 군주에 대한 설명이 더 상세하다. 이 차이에 대해 필자는 마한보다 변진사회의 계층분화가 더 진행되고 있었다기보다는 단순히 변진에서 수집된 정보가 더 상세했던 것으로 보는 것이 옳다는 입장이다.

위 두 기사는 신지臣智를 최고위로 보고 있는데 반해 "가우호加優呼"된 칭호(존호)는 원래 신지臣智인 자에게 더 "가加"하여 우호(존중히 부름, 후대함)하는 것이므로 진지보다 높은 위상을 지니게 된다. 그렇게 볼 때 이 "가우호加優呼"는 신지 이하의 체계와 별개인 특수한 내용(정보)이라고 할 수 있다.

"가우호加優呼"기사는 진왕과 관련된 맥락에서 설명되어 있다. 진왕은 마한의 월지국의 군주이며, "가우호加優呼"된 4국 중 2국 또한 마한제국 중 하나이다. 이처럼 마한사회를 설명하는 맥락에서 왜 변진사회, 그것도 군주의 특수한 정보가 삽입되었는가 하는 점에 유의할 필요가 있는 것이다. 그리고 그 실마리는 역시 진왕과의 관계, 특히 '호號를 가우호加優呼'한다는 마한·변진의 군주에 대한 공통된 행위와 관련시켜 검토해 볼 필요가 있다. 이들 4국의 호는 다음과 같다.

마한: 臣雲·遣支報, 濆臣(臣濆)·離兒不例

변진: 安邪·踧支, 拘邪·秦支廉

우선 이 "호號"들은 "지支" 등 유사한 음가를 부분적으로 공유하지만 기본적으로는 각각 다른 고유명사이다.[14] 그 차이를 생각할 때 상기되는 것은 같은(유사한) 언어체계를 바탕으로 한 재지(위 사료의 4국)색이 짙은 독자적 칭호(존호)라는 점이다. 즉 지역 고유의 호로 부른다는 행위가 단순한 신지로서가 아닌 "우優", 즉 후대厚待를 뜻한다고 해석해도 문제는 없을 것이다.

다만 여기서 문제가 되는 것은 그 후대란 과연 누구를 위한 것인가 하는 점이다. 위 4가지 호는 각각 '국명+칭호(존호)'로 구성되어 있으며,[15] 1차적으로는 해당국에 얽힌 호로 볼 수 있다. 그리고 전술한 바와 같이 마한·변진사회에서는 나라의 우두머리 중 큰 세력을 가진 자에 대해서는 "신지"가 일반적으로 사용되고 있었다. 그렇게 볼 때 "신지"는 삼한사회에서 보편적인 가치를 지닌 칭호인데 반해 4개 칭호(존호)는 신지를 으뜸으로 하는 체계와 달리 해당국에게 가치가 있는 것이라고 해석해야 할 것이다. 그렇다면 그 가치를 가장 중요시하는 것은 역시 해당국 자체라고 할 수 있다.

한편 이 4국은 이미 마한·변진사회 중 유력한 나라로 이해되고 있으며,[16] 필자 역시 이에 동의한다. 즉 마한사회에서의 신운신국臣雲新國과 신분활국臣濆沽國, 변진사회에서의 안야국安邪國, 구야국狗邪國의 위상은 높은 것이었으며 때문에 4국이 중요시하는 고유 칭호(존호) 또한 마한·변진사회에서 가치가 있는 것으로 인식되어 있었을 것이다.

이상의 검토를 종합해 보면, 마한·변진 제국에서 유력한 신운신국·안야

14) "支"자에 대해서는 '長者尊稱'의 뜻이라는 이병도의 해석(1936, 앞의 논문)을 따르는 것이 일반적이다.

15) 이병도(1936, 앞의 논문)는 더 세분화하지만 여기서는 언급하지 않겠다.

16) 박대재, 앞의 논문, 219쪽.

국·신분고국·구야국의 우두머리(장長, 수帥)에 대한 "가우호加優呼"의 의미 즉 후대란, 마한 및 변진 사회에서의 그들의 위상(지위)을 존중·보장하는 것이었다고 할 수 있다.

그렇다면 그들이 지니는 지역사회에서의 위상(지위) 존중, 보장은 왜 필요했던 것일까. 그것을 이해하는데 위 문장의 "가加"에 주목해 볼 필요가 있다. "가加"의 뜻은 '더하다'로서, 위 문장의 맥락으로 보면 기존의 지위에 대해 다른 지위를 더한다는 의미가 된다. 예컨대 신분·지위가 완전히 상승된다면 "진進"으로 표현되었을 것이다. 즉 기존 지위를 유지한 채 재지 사회 고유의 칭호(존호)를 "가加"한 것이다. 기존의 지위가 "신지"임은 두 말할 필요가 없다. 즉 4국의 우두머리는 진왕의 입장에서 볼 때 일률적으로 대국의 신지들 중 한 명에 불과하다. 그러나 4국의 우두머리는 마한, 변진 사회에서 우월한 세력이므로 다른 신지들과 같은 대우를 할 경우, 각 사회 내에서 차질이나 갈등을 불러일으킬 수도 있다. 진왕은 이러한 마한·변진 사회의 사정을 감안하여 이 칭호(존호)를 "가加"했던 것이다.

이상 "가우호加優呼"를 통해 볼 때 안야국과 구야국이 마한·변진사회에서 상당한 위상을 가지고 있었으며 그들이 진왕으로부터 자신들의 위상에 걸맞은 후대를 받았음을 지적하였다. 진왕은 결코 신지를 비롯한 마한, 변진의 우두머리들을 예속시키는 존재가 아니었으며, 마한·변진사회의 내부 사정을 잘 헤아려 조정할 수 있는 역할을 한 것이다.

다만 4국의 신지들이 진왕처럼 스스로 마한·변진사회 전체를 조정하는 역할을 했다고 보기는 힘들다. 즉 진왕의 존재를 통해 마한·변진사회는 하나의 세력(집합체)으로서 (중국에게) 인식, 사서에 기록된 것이며 『삼국지』 한전에서 진왕이 높이 평가되는 이유 또한 여기에 있다고 생각된다.

3. 진변진의 "왕王"에 대한 해석

『삼국지』에는 변진에 "왕"이 존재했다는 기록이 있다.

> 弁辰亦十二國…, 十二國亦有王, 其人形皆大. 衣服絜淸, 長髮. 亦作廣幅細布. 法俗特嚴峻

첫머리에 나오는 '변진 또한 12개 나라이다'의 '또한(역亦)'은 앞에 나오는

> (辰韓)始有六國, 稍分爲十二國

에 대해 진한과 같이 12개 나라가 있음을 가리키는 조사助辭이다. "十二國亦有王"의 "역亦" 또한 앞에 나오는 "其十二國屬辰王. 辰王常用馬韓人作之, 世世相繼. 辰王不得自立爲王"(한)과 마찬가지로 변진에도 왕이 있음을 가리키는 조사이다. 이는 진한의 진왕과 다른 왕이 변진에 있다는 것을 시사하는데, 그 왕이 어떠한 존재인지에 대해서는 크게 두 가지 견해가 있다. 하나는 12국 전체의 대표자(1명)라는 견해[17]이며 또 하나는 12국 각각의 수장을 가리킨다는 견해[18]이다.

이 문제를 생각할 때 참고가 되는 것이 진한의 "진왕"이다. "역亦"이라는 조사는 변진의 왕이 이 진왕의 사례와 같음을 시사하고 있다. 이 진왕에 대해

17) 那珂通世, 앞의 논문; 白鳥庫吉, 앞의 논문; 안재홍, 1947, 「삼한국과 그 법속고」, 『조선 항고사감』; 노중국, 2002, 「진·변한의 정치·사회구조와 그 운영」, 『진·변한사연구』, 경상북도·계명대 한국학연구원; 박대재, 앞의 책.

18) 김정학, 1990, 「加耶와 日本」, 『고대한일문화교류연구』, 한국정신문화연구원; 權五榮, 1996, 『三韓의 「國」에 대한 硏究』, 서울大學校 博士學位論文; 武田幸男, 앞의 논문; 문창로, 2000, 『삼한시대의 음락과 사회』, 신서원.

서도 ①월지국의 진왕이라는 견해,[19] ②辰王=辰韓王이라는 견해[20]가 있다.

여기서 유의해야 할 것은 한전에 나오는 "진辰"자이다. 마한·진한·변진(변한弁韓)이 삼한이라 불리는 이유는 "한韓"자를 공유하기 때문인데, "진辰"자 또한 마한의 "진辰"왕王, "진辰"한韓, 그리고 변弁"진辰" 등 삼한에 공통된 요소이다. 이에 대해서는 『삼국지』 찬자인 진수陳壽도 인식하고 있었을 것인데, 사실 한전에는 진왕이라는 표현이 몇 사례밖에 등장하지 않아 개념에 혼란을 가져온다는 것은 상정하기 힘들다. 그렇다면 진수는 한전의 진왕을 모두 월지국의 "진왕辰王"으로 인식, 서술했다고 보는 것이 옳다.

그런데 이와 같은 진수의 서술이 그의 잘못된 해석 때문에 일어난 것이라는 지적이 있다.[21] 그 주된 근거는 『한원』에 수록된 『위략』 일문逸文에 있다.

> 魏略曰, 辰韓人常用馬韓人作主代代相乘(『한원』 권30, 번이부 삼한)
> 辰王常用馬韓人作之, 世世相繼(『삼국지』 한전)

진수는 이 어환魚豢이 찬한 위략을 참조하여 『삼국지』를 저술했는데 위략 일문의 '진한 사람이 항상 마한 사람을 군주로 삼는다'는 기술이 『삼국지』에서 '진왕은 항상 마한 사람으로 삼는다'로 되어 있어 진수가 원래 문장을 자

---

19) 末松保和, 1995, 『新羅の政治と社會(上)』, 吉川弘文館; 박찬규, 1989, 「마한세력의 분포와 변천」, 『용암차문섭교수화갑기념 사학논총』, 신서원; 이현혜, 1984, 『삼한사회형성과정연구』, 일조각; 노중국, 1990, 앞의 논문; 김태식, 1993, 『가야연맹사』, 일조각; 武田幸男, 앞의 논문.

20) 천관우, 1989, 『고조선사·삼한사 연구』, 일조각; 김정배, 1968, 「삼한위치에 대한 종래설과 문화성격의 검토」, 『사학연구』20, 박대재, 2002, 「삼국지 한전의 진왕에 대한 재인식」, 『한국고대사연구』26, 문창로, 2004, 「삼국지 한전의 진왕에 대한 이해방향」, 『한국학논총』26.

21) 박대재, 앞의 책, 170쪽.

의적으로 바꾸었을 가능성이 있다는 것이다. 예컨대 위략의 '마한 사람인 군주'란 꼭 진왕을 가리키는 서술이 아니나 진수가 이를 '마한 사람인 군주=진왕'이라 해석하여 문장을 바꿨을 가능성 등이 있는 것이다.

사실 『한원』에 인용된 『위략』은 오탈자가 많아 결정적인 근거사료라고 하기 어렵다. 그런데 '진왕은 항상 마한 사람으로 삼는다'는 내용의 "진왕"이라는 표현이 잘못이었을 경우를 염두에 둘 때, 상기되는 것이 전술한 월지국의 진왕이 "우호優呼(=후대)"한 4국 중 진한에 속하는 나라가 하나도 없다는 점이다.[22] 진한의 왕이 마한(월지국)의 진왕이 맞는다면 진한이 후대의 대상에서 소외되는 처지에 놓였을까 하는 생각이 드는 것이다. 만약 이 같은 소외가 사실일 경우, 진한은 『삼국지』에 '진왕에게 속하다'고 표현될 만큼 마한과 긴밀한 관계를 가지지 않았을 가능성도 있다. 현 시점에서는 어느 해석이 타당한지를 판단하기 어려우나 향후 과제로서 검토해 볼 필요가 있다.

어쨌든 "其十二國屬辰王"에 대한 해석은 진왕 혹은 진한왕이라는 1명의 왕임이 분명하다. 이를 근거로 할 때 변진사회의 왕 역시 전체를 대표하는 1명만이 존재했다고 해석할 수도 있다. 전술한 바와 같이 변진의 왕에 대해서는 12국 각각의 수장을 가리킨다는 견해와 12국 전체의 대표자(1명)라는 견해가 있다. 전자의 경우 '중국에서 주어진 왕호가 아닌 2차적 왕으로서 각 수장을 가리킨 것'[23]이라고 간단하게 언급된 바 있는데, 이에 대해서는 후자에서 ①변진국의 수장(거수渠帥)에는 "신지臣智, 험측險側, 번예樊濊, 살해殺奚, 읍차邑借"라는 5가지가 있어 이들이 국의 규모에 따라 서열화된 것으로 보이는데 4~5000가家를 다스리는 대국大國과 6~700가에 불과한 소국小國을 모두 일률적으로 왕이라 기록했다고 보기 어렵다는 점, ②왕이

22) 三上次男, 1954, 「古代の南朝鮮－韓諸國の發達と辰王政權の成立」, 『古代史研究 1(邪馬臺國)』, 古代史談話會編, 朝倉出版.

23) 武田幸男, 앞의 논문.

라고 표기하는 이상은 군주의 발전단계에서 거수渠帥의 호칭인 "가加", "신지臣智"와는 명확히 구분되었을 것이라는 점 등의 반론이 제기되었다.[24] 요컨대 진수가 재지 군주상君主像을 "왕"이라고 표현하는 데는 '일정한 기준'이 있었다는 것인데, 이에 대해서는『삼국지』동이전의 용례를 검토해 볼 필요가 있다.

다음 사료는『삼국지』권30 오환선비동이전烏丸鮮卑東夷傳(일부 위략 포함) 중 동이東夷의 여러 종족種族들에 관한 표현을 제시한 것이다.

번호	기사	국가(집단)	전거
1	弁辰亦十二國, 又有諸小別邑, 各有渠帥, 大者名臣智, 其次有險側, 次有樊濊, 次有殺奚, 次有邑借	弁辰	『삼국지』 동이전
2	一曰馬韓, 二曰辰韓, 三曰弁韓…, 各有長帥, 大者自名爲臣智, 其次爲邑借…	韓	상동
3	三韓各有長師(帥), 其置官, 大者名巨(臣)智, 次曰邑借	韓	『魏略』
4	國邑雖有主帥, 邑落雜居, 不能善相制御	馬韓	『삼국지』 동이전
5	無大君王, 世世邑落, 各有長帥	東沃沮	상동
6	沃沮諸邑落渠帥, 皆自稱三老, 則故縣國之制也, 國小, 迫于大國之間, 遂臣屬句麗	東沃沮	상동
7	國有君王, 皆以六畜名官…	夫餘	상동
8	其國有王, 其官有相加·對盧·沛者·古雛加·主簿·優台丞·使者·皁衣先人…	高句麗	상동
9	辰王治月支國	馬韓	상동
10	十二國亦有王	弁辰	상동
11	到伊都國…, 世有王, 皆統屬女王國…, 南至邪馬壹國, 女王之所都	倭	상동
12	其南有狗奴國, 男子爲王, 其官有狗古智卑狗, 不屬女王	倭	상동
13	其國本亦以男子爲王, 住七八十年, 倭國亂, 相攻伐歷年, 乃共立一女子爲王, 名曰卑彌呼	倭	상동

24) 박대재, 앞의 책, 218쪽.

14	其十二國屬辰王, 辰王常用馬韓人作之, 世世相繼, 辰王不得自立爲王	辰韓	상동
15	朝鮮侯準僭號稱王	濊	상동
16	不耐侯等擧邑降…, 詣闕朝貢, 詔更拜不耐濊王	濊	상동

이들 중 15와 16은 중국에서 주어진 작爵의 변화(侯→王)로서 진수가 서술할 때 기준과는 무관하기 때문에 제외해도 좋을 것이다.

국이 읍락보다 규모와 체제 면에서 상위라는 점은 의심할 여지가 없으나 이 사료들을 볼 때 동이 여러 종족들의 장長이 "왕"으로 표현될 때는 그가 통치하는 곳이 예외 없이 "국國"(7, 8, 9, 10, 11, 12, 13, 14)이며 "수帥"로 표현될 때 통치 대상은 "국國"을 가리킬 가능성이 높은 경우(1, 2, 3, 4)와, 읍락인 경우(5, 6)가 있다.

11~13은 왜인전의 서술이다. '이도국伊都國에는 대대로 왕이 있는데 여왕국에 속해 있으며…, 야마대국邪馬壹國은 여왕이 도읍으로 삼은 곳이다'(11), '남쪽에는 구노국狗奴國이 있어 남자를 왕으로 삼는데 … 여왕에 속하지 않는다'(12), '그 나라(왜 전체를 가리킬 것으로 생각됨)는 원래 남자를 왕으로 삼았는데 7~80년이 지나 왜국이 어지러워져 … 그래서 1 명의 여자를 함께 세워서 왕으로 삼았다'(13)라고 하는 바와 같이 어떤 "국"의 왕이 다른 "국"의 왕에게 속하는 경우가 있었고 여러 "국"으로 구성된 집합체 안에서도 복수의 왕들이 존재하면서 그 왕들끼리 상하관계가 형성되어 있다고 한다.

이처럼 동이 제종족諸種族의 군주를 "왕"이라 표기할 때는 '일국一國의 군주君主'임이 전제인데, 국가발전단계나 성숙도와 같은 기준을 찾아보기는 힘들며 삼한사회에서 "수帥(특히 신지臣智)"와 "王"의 경계선을 명확하게 구분하는 것으로 보이지는 않는다. 또 국가체제에 관한 정보가 거의 없는『삼국지』한전을 서술할 때 전문傳聞으로 인한 정보를 바탕으로 이를 상세히 검토, 각각의 개념을 정의했다고 보기도 힘들다.

또 하나의 의문은 한전의 서술을 통해 왕의 수를 확인할 수 있는가 하는 점이다. 진한의 왕에 관한 서술은 '그 12개 나라는 진왕에 속해 있다'라 하여 진왕이라는 고유명사를 통해 1명임이 상정되는데, 변진의 왕은 '속하다'가 아니라 단순히 '있다(유왕有王)'라고 할 뿐, 왕도 일반명사이기 때문에 인원수나 인물을 한정시키기 어렵다. 이처럼 변진의 왕은 『삼국지』 한전의 기술만으로는 1명인지 12명인지를 판단하기 어렵다.

그렇다면 왜 한정시키지 않았는가(또는 못했는가) 하는 점이 궁금한데, 이에 대해서는 세 가지 가능성이 있다. 하나는 변진의 "왕"에 관한 정보가 없었을 가능성이다. 그런데 이에 대해서는 변진 12국에는 거수渠帥의 지위가 5가지로 나누어지는 점, 변진의 안야국安邪國, 구야국狗邪國이 특별한 칭호(존호)를 가지고 있는 점 등 삼한에서도 변진사회 군주에 관한 정보는 비교적 풍부한 편이므로 단순히 정보가 없었다고 할 수도 없다.

다음으로 여러 명의 왕이 존재하기 때문에 이를 한정시키지 않고 애매한 표현을 사용했을 가능성도 있다. 전술한 바와 같이 『삼국지』 왜인전에서는 왜 안에서 복수의 왕이 존재하는 것으로 인식, 서술되었다. 이를 생각할 때 상기되는 것이 진왕이 "우호優呼"했다고 하는 4국의 신지 중 안야安邪와 구야狗邪의 신지(축지踧支, 진지렴秦支廉)의 존재이다. 이들이 변진사회에서 특수한 칭호(존호)를 지닌 존재였음은 『삼국지』에서도 언급되어 있다. 따라서 찬자가 그들을 염두에 두고 "왕"이라 표기하였을 가능성은 있다.

마지막으로는 한정시킬 필요가 없었을 가능성, 즉 거수 모두가 왕이었을 가능성이다. 다만 '12국에는 각각 왕이 있다'고 해석할 경우 『삼국지』 동이전에서 복수의 수장이 있을 때 "각유各有(각각)"라고 표현하고 있는 점이 문제가 될 수 있다. 그러나 이와 달리 한전의 "國邑雖有主帥(국읍에는 주수가 있다 하더라도)"라는 문장의 경우, 원래는 "馬韓(諸)國邑, 雖(各)有主帥"와 같이 '여러(諸) 국읍', '각각(各) 주수가 있다'고 표기해야 정확하나 이를 생략한 사례도 있으므로 서술 면에서 모순되지는 않는다.

이상의 검토를 종합해 보면, 『삼국지』 한전의 서술과 찬자의 인식만으로 볼 때 단독왕설은 성립되기 힘들며 오히려 안야국과 구야국의 군주를 염두에 둔 복수의 왕, 또는 12국의 군주 모두를 상정한 서술이었을 가능성이 높다.

다만 이는 어디까지나 『삼국지』 한전 기사를 해석할 때의 결론으로서, 국가단계에서 단독왕이라고 할 말한 위상이 다른 자료(고고학 등)를 통해 인정된다면, 『삼국지』 한전의 정보를 부정 내지 재검토할 수도 있는 것이다.

나가며

『삼국지』 한전에서는 단편적이지만 변진사회가 한사회 내에서 상당한 위상을 가지고 있었던 것으로 묘사되어 있다. 특히 3세기대를 중심으로 볼 경우 그 위상은 진왕과의 관계 속에서 설명되는 경향이 있다. 진왕이 중국왕조(군현)와의 관계에서 권위를 발휘했다는 선학들의 지적에 비추어 볼 때, 적어도 진왕과 변진(특히 안야국과 구야국)의 관계가 유지되는 상황에서는 중국군현과의 교섭, 교역에서 이들의 성장배경을 찾는 것이 중요하다고 생각된다.

한편 한사회는 3개의 "한韓"사회가 각각 지역적·문화적 동질성을 공유하면서 구성된 것이었으나 문헌사료에 보이는 마한과 진한은 의외로 疏遠된 관계가 아니었을까 하는 느낌이 든다. 그리고 삼한사회는 마한, 진한, 변진 각 사회의 결합과는 별도로, 해양·내륙 루트에 각각 이해관계를 가지고 있는 세력들의 네트워크가 각 "한韓" 사회와 일정한 거리를 두면서 전개하고 있었던 것이 아닌가 생각해 본다.

참고문헌

『禮記』

『周禮』

『尙書』

『三國志』

『漢書』

『翰苑』

■ 논저

渡邉義浩, 2012, 『魏志倭人伝の謎を解く － 三国志から見る邪馬台国 (中公新書)』, 中央公論新社.

藤田亮策·梅原末治, 1946, 『朝鮮古文化総鑑』1, 養徳社.

김태식, 1993, 『가야연맹사』, 일조각.

문창로, 2000, 『삼한시대의 읍락과 사회』, 신서원.

박대재, 2006, 『고대한국 초기국가의 왕과 전쟁』.

李丙燾, 2000, 『韓国古代史研究』, 学生社.

이현혜, 1984, 『삼한사회형성과정연구』, 일조각.

천관우, 1989, 『고조선사·삼한사 연구』, 일조각.

末松保和, 1995, 『新羅の政治と社会(上)』, 吉川弘文館.

■ 논문

那珂通世, 1895, 「朝鮮古史考」, 『史学雑誌』6-6.

関野貞·谷井済一, 1914, 「『朝鮮古蹟調査略報告』, 朝鮮総督府.

池内宏, 1951, 「公孫氏の帯方郡設置と曹魏の楽浪帯方二郡」, 『満鮮史研究』上世篇, 祖国社.

白鳥庫吉, 1970, 「漢の四郡疆域考」, 『白鳥庫吉全集』3.

西本昌弘, 1989, 「帯方郡治の所在地と辰韓廉斯邑」, 『朝鮮学報』130.

_______, 1990, 「帯方郡から不弥国まで―中国·朝鮮使節の目でみた魏志倭人伝―」, 『朝鮮学報』134.

武田幸男, 1996, 「三韓社会における辰王と臣智(下)」, 『朝鮮文化研究〈東京大·文·朝鮮文化研究施設〉』3.

田中俊明, 1998, 「加耶と倭」, 『古代史の争点4―権力と国家と戦争』, 小学館.

_______, 2003, 「『漢書』に描かれた「倭」」, 『新視点 古代倭国の研究(別册歷史読本46)』, 新人物往来社.

東潮, 2004, 「弁辰と加耶の鉄」, 『国立歴史民俗博物館研究報告』110.

____, 2009, 「『三国志』東夷伝の文化環境『研究報告(三国志魏志東夷伝の国際環境)』」151.

____, 2012, 「帯方郡の所在地, 『西谷正編』, 『邪馬台国をめぐる国々』」, (季刊考古学·別册18)』.

權五榮, 1996, 『三韓의 「國」에 대한 硏究』, 서울大學校 博士學位論文.

김정배, 1968, 「삼한위치에 대한 종래설과 문화성격의 검토」, 『사학연구』20.

김정학, 1990, 「加耶와 日本」, 『고대한일문화교류연구』, 한국정신문화연구원.

노중국, 1990, 「목지국에 대한 일고찰」, 『백제논총』2.

_____, 2002, 「진·변한의 정치·사회구조와 그 운영」, 『진·변한사연구』, 경상북도·계명대 한국학연구원.

문창로, 2004, 「삼국지한전의 진왕에 대한 이해방향」, 『한국학논총』26.

박대재, 2002, 「삼국지 한전의 진왕에 대한 재인식」, 『한국고대사연구』26.

박찬규, 1989, 「마한세력의 분포와 변천」, 『용암차문섭교수화갑기념 사학논총』, 신서원.

안재홍, 1947, 「삼한국과 그 법속고」, 『조선항고사감』.

이병도, 1936, 「삼한 문제의 신고찰」, 『진단학보』4.

「변진사회 군주상의 재검토 －『삼국지』 한전기 사를 중심으로－」에 대한 토론문

이 영 식 (인제대학교)

이 발표에 대한 약정토론은 시간관계상 종합토론으로 미룬다.

3세기 구야국狗邪國의 대군현對郡縣 교섭과 진왕辰王

선석열*

目次

Ⅰ. 머리말

삼한시대 변한의 일국인 구야국狗邪國은 금관가야의 모체이다. 구야국에 대한 기록은 『삼국지三國志』 위서 동이전魏書 東夷傳(이하 『삼국지』 동이전이라 약칭) 가운데 한전韓傳에 나타나 있다. 한전의 기록에 의하면 3세기 초엽 요동의 호족 공손씨가 낙랑군樂浪郡 남부에 대방군帶方郡을 신설하고 삼한 및 왜와 교섭하였고, 공손씨公孫氏를 제압한 조위曹魏도 삼한 및 왜와 교섭을 전개하였다고 서술하고 있다. 그리고 마한의 목지국을 다스리는 진왕을 언급한 다음, '우호優呼'를 칭하는 삼한의 우월한 세력을 열거하고 있다. 뒤이어 조위曹魏가 솔선관率善官이라는 관호官號를 삼한의 여러 지배자에게 수여

* 부산대학교

한 사실을 서술하고 있다.

본고에서 추구하고자 하는 구야국의 대군현 교섭에 있어서 주목되는 기록은 진왕에 대한 것이다. 한전의 기록에도 진왕이 언급되어 있지만, 한전의 기록 중에 변진조弁辰條[1]에도 진왕에 대한 기록이 있다. 변진조에 의하면 변한과 진한의 각 12국 도합 24국이 열거되어 있고, 그 중 변진 즉 변한의 '12국이 辰王에 속하였다'고 전한다.

변진조 '기십이국속진왕其十二國屬辰王'이라는 기록의 진왕의 정체에 대해서는 마한 목지국의 진왕이라고 보거나, 아니면 진한왕辰韓王 혹은 변한왕弁韓王이라고 규정하는 등으로 많은 논란이 있어왔다. 구야국의 대군현 교섭에 대해 살펴보기 위해서는 진왕의 정체성이 무엇인가를 먼저 해결해야 한다.

첫째, 『삼국지』 동이전 한전 및 변진조 진왕의 실체에 대해 살펴보겠다. 이에 대해서는 『진서晋書』 진한전과 『양서梁書』 신라전의 관련 내용을 대조하여 많은 견해가 있어 우선 연구사적 검토를 수행하겠다. 그다음 관련 기록을 통해 진왕이 누구인가를 밝혀볼 것이다.

둘째, 구야국이 중국의 군현과 어떻게 교섭을 전개해 나아갔는가를 살펴보겠다. 변한 구야국의 대군현 교섭은 단독으로 이루어진 것이 아니라, 삼한 전체와 중국 군현과의 교섭체계 속에서 전개되었다. 따라서 먼저 삼한의 대군현 교섭체계에 대해 살펴볼 것이다. 삼한의 대군현 교섭체계에 있어서 주목되는 것은 목지국의 진왕을 비롯하여 '우호優呼'를 칭하는 우월한

---

1) 『三國志』 東夷傳의 韓傳에 辰韓과 그다음에 弁辰이라는 조항이 있는데, 이들 辰韓 조항과 弁辰 조항을 辰韓傳과 弁辰傳이라고 부르고 있다. 뒤에서 자세히 살펴보듯이 『三國志』 魏書의 東夷傳에는 夫餘傳에서 韓傳까지의 각 列傳을 立傳할 때 한 줄을 띄우고 분리하여 서술하고 있으나, 진한과 변진 항목은 韓傳에서 한 줄을 띄우지 않고 서술하고 있다. 즉 진한과 변진의 부분은 立傳된 것이 아니라, 한전에 부속된 조항으로 보아야 하므로 韓傳의 辰韓條와 弁辰條라고 할 수 있다.

국들이 열거되어 있고 그 가운데 구야국이 언급되어 있다는 점이다. 이와 같은 체계 속에서 구야국의 대군현 교섭을 조위대曹魏代와 그 이후의 변화에 대해 추구하겠다.

II. 『삼국지』 동이전 한전 및 변진조의 진왕의 실체

1. 연구사적 검토

3세기까지 한반도 남부에 존재한 삼한사회를 반영해 주고 있는 중요한 문헌으로서 『삼국지』의 위서에 동이전이 있다. 당시 삼한사회의 발전단계를 이해하는 데 있어 중요한 대상은 『삼국지』에 보이는 진왕이라는 존재였다. 진왕 관련 기록은 한전과 변진조에 진왕에 관한 기록이 있다.

가) ① 辰王은 目支國을 다스린다. ② 臣智 가운데 어떤 자는 우대하는 호칭으로서 臣雲遣支報·安邪踧支·濆臣離兒不例·拘邪秦支廉의 칭호를 더하여 부른다. ③ 그 官에는 魏率善邑君·歸義侯·中郎將·都尉·伯長이 있다(『三國志』 東夷傳 韓傳).

나) ① 弁辰 또한 12국이며 … 弁辰狗邪國·弁辰走漕馬國·弁辰安邪國(馬延國)·弁辰瀆盧國·斯盧國·優由國이 있다. …… 弁辰韓 도합 24 國으로 大國은 4~5 千家이고 國은 6~7 百家이며 총 4~5 萬戶이다. ② '그 [弁辰] 12국은 辰王에 속한다. 辰王은 항상 馬韓人으로서 되며 대대로 계승하나 辰王이 自立하여 王이 될 수 없다.'(『三國志』 東夷傳 韓傳 弁辰條)

진왕에 대한 기왕의 연구는 주로 가)의 한전에 보이는 진왕에 대한 해석을 중심으로 시작되었으나, 1970년대에 이르러 나)의 변진조에 보이는 진왕을 한전의 진왕과는 별개의 존재로 이해하는 견해가 나오게 되었다.

변진조에 보이는 진왕에 대한 견해를 살펴보기에 앞서 한전의 진왕에 대한 견해를 잠시 소개해 두겠다. 일단 진왕의 존재에 대하여 관념적 존재 혹은 관념상의 작위로 치부하려는 견해가 일찍부터 있어 왔으나(三品彰英 1946 81쪽, 村山正雄 1976 414쪽), 학계에서는 전혀 받아들이지 않는다. 한전의 진왕을 마한연맹체의 맹주로 이해하는 것이 일반적이었으며(末松保和 1954 130쪽, 이병도 1976 241쪽, 이현혜 1984 170쪽, 노중국 1988 88쪽, 이기동 1996 17쪽), 『삼국사기』 백제본기의 마한왕과 『삼국지』 동이전 한전의 진왕을 같은 존재로 파악하는 견해도 있다(윤선태 2001 31쪽). 그리고 한전의 진왕은 ②의 '우호優號'와 관련을 가지고 ③의 솔선관이라는 관리들을 통솔하는 존재로 보는 견해도 제기되고 있다(三上次男 1954 : 1966 104쪽). 나아가 진왕을 대중국교섭의 대표자로서 삼한 제국 수장의 상호관계를 조정하는 존재이며, 목지국의 신지와는 별도로 요동의 공손씨가 임명하여 세습한 것으로 보고 솔선'관官'을 진왕 소속으로 규정한 연구도 있다(武田幸男 1990). 이러한 진왕의 공손씨에 의한 임명이나 목지국의 신지가 아니라고 본 점은 반박하되 대군현 교섭의 대표자로서만 존재한 것으로 보기도 한다(김태식 1993 65쪽). 특히 목지국의 진왕은 때로 우월을 더하여 칭한 것이 ②의 칭호로서 마한계의 신운臣雲 · 분신이아濆臣離兒 2개국과 변진계 안야安邪 · 구야狗邪 2개국 신지들의 직위를 의미하고 낙랑과의 교역문서 등에서 마한 및 변진 12국 전체를 대표하기 위해 4개국 군장들의 동의를 얻어 그들의 직함을 연명하여야 했던 것이며, 변진조의 '진왕이 스스로 왕위에 오를 수 없었던' 이유도 결국은 이들의 선출 또는 동의를 필요로 했기 때문일 것이라고 규명하기도 한다(김태식 1990 68·69쪽).

변진조의 진왕에 대한 연구에서는 한전의 진왕 다른 별개의 존재로 규정하면서 『삼국사기』의 초기기록과 대비하여 그 사료적 가치에 신빙성을 부여하는 근거로 삼고자 하였다. 『삼국사기』 초기기록을 긍정적으로 해석하고 『삼국지』 동이전과 대조하여 변진조의 진왕을 진한의 왕으로서 신라의 전신인 사로국의 왕이라고 단정하였다(千寬宇 1976 27쪽: 1989 234쪽). 또 한전의 진왕을 옛 진국 지역의 왕으로서 백제국伯濟國의 왕으로 해석하였다(千寬宇 1976 : 1989 190쪽). 그리고 『삼국사기』 신라본기 초기기록에 기재된 가야관계기사가 3세기 중엽부터 갑자기 보이지 않은 점에 착안하여 가야세력이 1~2세기 무렵에 급격히 성장하다가 3세기 초에 거의 몰락하였으며(白承忠 1989 32쪽), 4세기에는 이미 진한 즉 신라에 복속되었다고 하였다(白承忠 1990 15~21쪽). 이후 변진조의 진왕을 사로국의 왕으로 보는 설에 동조하면서 『삼국사기』 신라본기 초기기록의 기년을 긍정적으로 해석하여 신라 초기의 발전과정을 고찰하는 연구 성과들이 지속적으로 나오게 되었다. 초기기록 가운데 진한소국 정복기사를 적극적으로 해석하여 기록상 3세기 중엽에 이미 진한지역에 하나의 연맹체가 성립되어 있었던 것으로 보기도 하였다(李賢惠 1988 160쪽).

한편 진왕에 대한 새로운 견해에 의하면 『위략魏略』의 기록에는 목지국의 진왕 외에 진한왕이 있다고 주장하면서 『삼국지』의 진왕 관련 기록에 잘못이 있다고 규정하고 있다(尹龍九 1998). 변진조의 진왕을 목지국의 진왕으로 보고 그에 속한 12국은 진한 제국으로 되어야 한다는 것이다. 최근에는 이러한 견해에 동조하면서 관련 문헌의 종합적인 검토도 행해지고 있다(朴大在 2002 38~47쪽). 이들 견해에 부연하여 12국이 변진조의 진왕에 소속된 진한 제국인 점은 동조하면서도 그 진왕을 마한 목지국의 진왕이 아니라 진한왕으로 보고, 변한의 경우 전체를 통할하는 변한왕은 없으나 안야국安邪國과 구야국狗邪國이 유력국으로 존재함에 근거하여 그 대국이 중심이

된 지역연맹장이 존재하였다고 보기도 한다(白承忠 2002 9쪽). 이와 달리 변진사회에 진왕이 있다고 보면서 그 12국 수장들의 지지와 옹립에 의해 왕위에 오를 수 있었던 타율적인 외래왕이었으며, 철의 생산과 획득을 둘러싼 쟁탈전의 해결책으로서 진왕을 추대한 것이라고 보는 견해도 있다(鈴木靖民 2012 : 2012 68, 80~81쪽).

기왕의 견해에서 『삼국사기』의 초기기록과 대비하여 연구를 추구하는 방법론에 문제가 있음을 지적하면서 『삼국지』 한전과 변진조의 진왕은 다른 것이 아니라 같은 마한 목지국의 지배자이면서 3세기에 대방군과의 교섭에서 변한을 포함하는 대표자로서 존재하였으며, 나) ② '其[弁辰]十二國屬辰王'에 진한이 포함되지 않은 이유는 진한 8국은 대방군이 아닌 낙랑군과 교섭하였기 때문이라고 본다(宣石悅 2001 109~112쪽).

『삼국사기』 초기기록의 기년에서 드러나는 가장 기본적인 문제를 제시해 보면 다음과 같다.

A-1① 祇摩尼師今 2(113)년 2월 **'順宣'을 級湌으로 삼았다**.

A-1② 儒禮尼師今 14(297)년 정월 **'順宣'을 沙湌을 삼았다**.

A-2① 祇摩尼師今 10(121)년 정월 **'翌宗'을 伊湌으로 삼았다**.

A-2② 沾解尼師今 9(255)년 9월 百濟가 침입해 오니, **一伐湌 '翊宗'이** 槐谷 서쪽에서 맞아 싸웠으나, 적에게 살해당하였다.

먼저 A-1의 경우 순선이 지마왕 2년 급찬에 임명된 후 유례왕 14년 사찬으로 승진하고 있는 예로, 이들 기록 사이에는 184년의 차이가 난다. 다음은 A-2의 경우 익종이 지마왕 10년 이찬에 임명된 후 점해왕 9년에 이벌찬으로서 대백제전에서 전사한 예가 있는데, 이들 기록 사이에는 124년의 차이가 난다. 이러한 현상은 단순한 오류가 아니라, 신라왕통의 기년 편성 과정에서 일어난 중대한 실수로 여겨진다. 순선의 경우, 두 기록의 연대 차이 가운데 180년을 무시하고 나머지 4년을 지마왕 2년에다 가산하면 유례왕 14년은 지마왕 6년으로 된다. 이렇게 환산해 보면 익종의 경우, 지마왕 14년은 첨해왕 9년과 같은 연대였음을 알 수 있다. 다시 말하면 박씨왕통과 석씨왕통은 같은 시기에 공존하였으며, 신라 상고 두 왕통의 기년은 기원전 1세기가 아니라 3세기부터 시작된 것이다. 3세기 당시 사로국은 진한의 1국으로 존재한 상황이었으며, 진한 소국을 복속 지배한 것은 3세기 말부터였다(宣石悅 1996 : 2001 48~56쪽, 129쪽 〈표 9〉 참고).

2. 진왕의 실체

여러 가지 중국정사에는 진왕에 대한 기록이 다양하게 서술되어 있는데, 여기서 기록의 원문을 그대로 인용해 보겠다.

다) **辰王**治目支國(『三國志』 韓傳)

라) 其[弁辰]十二國屬**辰王** **辰王**常用**馬韓人**作之 世世相繼 **辰王**不得自立爲王(同 弁辰條)

마) [弁辰]皆屬於**辰韓** **辰韓**常用**馬韓人**作主 雖世世相承 而不得自立(『晋書』 辰韓傳)

바) 新羅者 … **辰韓王**常用**馬韓人**作之 世相係 **辰韓**不得自立爲王(『梁書』 新羅傳)

진왕 관련 기록에 대해 살펴보기에 앞서 『삼국지』 동이전의 구성에 대해 알아보도록 하겠다. 그 이유는 『삼국지』 동이전에 각 열전이 어떻게 입전되어 있는지, 그리고 진한전과 변진전이 원래부터 입전된 것인지 여부를 검토하려는 것이다. 현재 전하고 있는 『삼국지』 동이전에 입전된 삼한의 열전과 『후한서』 동이전에 입전된 것을 표로 작성하면 다음과 같다.

〈표 1〉『三國志』 및 『後漢書』 東夷傳 立傳의 구성

『三國志』 東夷傳 韓傳	『後漢書』 東夷傳
㈎韓傳：韓在帶方之南 東西以海爲限 南與倭接 方可四千里 有三種 一曰馬韓 二曰辰韓 三曰弁韓 辰韓者 古之辰國也 馬韓在西 其民土著 種植 知蠶桑 作綿布 중략 凡五十餘國 大國萬餘家 小國數千家 總十餘萬戶 *①辰王治月支國* 중략 *②侯準旣僭號稱王 爲燕亡人衛滿所攻奪 將其左右宮人走入海 居韓地 自號韓王* 중략 ㈑又有州胡 중략 줄 바꿈 ㈏辰韓傳：辰韓在馬韓之東 其耆老傳世自言古之亡人 중략 줄 바꿈 ㈐弁辰傳：弁辰亦十二國 중략 弁辰狗邪國 중략 弁辰韓合二十四國 大國四五千家 國六七百家 總四五萬戶 其十二國屬辰王 辰王常用馬韓人作之 世世相繼 辰王不得自立爲王 *③國出鐵 韓·濊·倭皆從取之 諸市買皆用鐵 如中國用錢 又以供給二郡* 하략	㈎韓傳：韓有三種 一曰馬韓 二曰辰韓 三曰弁辰 馬韓在西 有五十四國 其北與樂浪 南與倭接 辰韓在東 十有二國 其北與濊貊接 弁辰在辰韓之南 亦十有二國 其南亦與倭接 凡七十八國 伯濟是其一國焉 중략 皆古之辰國也 馬韓最大 *①共立其種爲辰王 都目支國 盡王三韓之地* 其諸國王先皆是馬韓種人焉 중략 ㈏辰韓 耆老自言古之亡人 중략 *③國出鐵 濊·倭·馬韓並從市之 凡諸貿易 皆以鐵爲貨* 중략 ㈐弁辰與辰韓雜居 중략 *②初朝鮮王準爲衛滿所破 乃將其餘衆數千人走入海 攻馬韓破之 自立爲韓王 準後滅絶 馬韓人復自立爲辰王* 중략 ㈑馬韓之西 海島上有州胡國 중략 진한전 변진전은 입전 안함

두 사서의 삼한 관련 열전의 내용 구성을 비교해 보겠다. 『삼국지』의 경우 한의 지리적 위치와 면적을 설명한 다음, 한의 세 종류를 언급하면서 진한이 옛 진국이라 한정하여 설명하였다. 『후한서』의 경우 한의 세 종류를 먼저 언급한 다음, 한의 지리적 위치와 면적을 설명하고 삼한이 모두 옛 진국이라 하였다. 『삼국지』에는 한전에서 마한이 서쪽에 있다고 한 다음 진한전을 설정한 부분에서 진한이 마한의 동쪽에 있다고 하였으나, 변진에 대

해서는 그 위치를 설명하지 않았다. 『후한서』에는 한전에서 마한이 서쪽에 있다고 한 다음, 진한이 동쪽에 있고 변진은 진한의 남쪽에 있다고 하여 따로 설명하지 않았다. 특히 『후한서』 한전에서는 마한의 소국인 목지국 외에 백제국을 특기하였는데, 후한 다음의 중국 삼국시기의 역사서인 『삼국지』의 가) ①에서 특별히 언급된 목지국이나 우호를 가진 4국에도 없던 나라이다. 이는 4세기 이후 고대국가로 성장한 백제를 의식하여 마한시기의 백제국을 특별히 언급한 것으로서 『후한서』를 편찬한 4세기 초엽의 상황을 반영한 것에 불과하다(선석열, 2001, 110쪽). 즉 『후한서』는 후대의 사실을 삽입함으로써 동시대의 사실에 충실한 『삼국지』보다 사료적 가치는 떨어지는 것이라 할 수 있다.

①의 경우 진왕에 대한 설명으로 『삼국지』에는 한전에서 월[목]지국을 다스린다고 한 다음, 다시 변진전에서 변한의 12국이 진왕에 속한다고 하였다. 『후한서』에는 진왕이 목지국에 도읍하였으며 삼한의 왕으로 설명한 다음, 그 유래에 대해 ②에서 서술하고 있다. 기원전 2세기 초에 위만에게 축출당한 고조선의 준왕이 마한을 격파하고 자립하여 한왕이 되었다가 절멸하자 마한인이 다시 자립하여 진왕이 된 것으로 전하고 있다. 그런데 『삼국지』의 ②에서는 위만에게 축출당한 고조선의 준왕이 측근을 거느리고 마한이 아닌 한의 땅에 살면서 스스로 한왕이라고 불렀다고 하였으나, 이를 진왕과 연결시키지는 않았던 것과 차이가 있다.

더욱이 ③의 경우 『삼국지』에는 변진전에서 특기하고 있으나, 『후한서』에는 한전의 진한의 조항에서 서술하고 있다. 내용상으로 볼 때 『삼국지』에서는 나라에서는 철이 생산되는데, 한·예·왜가 모두 와서 사 가며, 또 낙랑과 대방의 2군에도 공급하였다고 하여 『후한서』에서는 그 나라에는 철이 생산되는데, 예·왜 및 마한이 모두 와서 사 간다고 함에서 한을 마한으로 고친 점도 차이가 있다. 이는 『삼국지』와 같이 변한에서만 철이 생산되는 것이 아니라, 『후한서』에서 표현하듯이 진한에서도 철이 생산되었음을 반영해주는 것이다. 즉 『삼국지』의 변진전이란 변한과 진한의 상황을 함께 반영해주고 있다고 할 수 있다.

이와 같이 『삼국지』와 『후한서』 동이전 한전의 내용은 삼한의 상황에 대한 공통점이 차이점을 가지고 있으면서도 한편으로는 서로 맥락을 같이하고 있다.

일반적으로 중국정사의 이민족 열전의 입전에는 각각 다른 사회나 민족에 대해 한 줄을 띄우고 있다. 『삼국지』와 『후한서』의 한전에는 진한 관련 기록이나 변진 즉 변한 관련 기록의 부분은 한 줄을 띄우지 않고, 줄 바꿈만 하고 있을 뿐이다. 이 경우 줄 바꿈으로 서술된 진한과 변한에 관련된 기록은 독립된 열전이 아님을 보여주는 것이다. 다시 말하면 한전의 다) '辰王治目支國'의 진왕과 라)의 '其(弁韓)十二國屬辰王'의 진왕은 같은 존재에 대해 서술하고 있는 것임을 알 수 있다.

7세기 전반 당唐 초기의 정관貞觀 연간(627~649)에 편찬된 사서로 『진서晋書』『양서梁書』가 있다. 마)의 『진서』 동이전에 부여국전 마한전 숙신씨전 왜인전 비리등십국전과 함께 입전되어 있는 진한전에는 '진한辰韓은 항상 마한馬韓 사람으로서 임금으로 삼으며, 비록 대대로 서로 계승하나 스스로 세울 수 없었다'고 하였다. 바)의 『양서』 제이전에 고구려전 백제전 왜전 문신국전 대한국전 부상국전과 함께 입전되어 있는 신라전에는 '진한辰韓의 왕은 항상 마한馬韓 사람을 세워 대대로 서로 계승하나, 진한辰韓은 스스로 세워 왕을 삼을 수 없었다'고 하였다.

서진西晋 초기인 280년대에 편찬된 『삼국지』 동이전에 부여전 고구려전 동옥저전 읍루전 예전 왜인전과 함께 입전되어 있는 한전에는 다)의 '진왕辰王은 월지국月支國을 다스렸다'고 하고, 라)의 '그[변진의] 12국은 진왕辰王에게 소속되어 있다. 진왕辰王은 항상 마한馬韓 사람으로서 왕을 삼으며 대대로 서로 이었으나, 진왕辰王이 스스로 서서 왕이 될 수 없었다'고 하였다. 앞에서 『삼국지』 동이전의 입전 구성에 대해 살펴보았듯이 진한전과 변진전이 한전과 따로 독립된 열전이 아니라 한전에 포함되어 있는 것이므로, 변진 조항의 진왕은 목지국의 지배자를 가리키는 것일 뿐이다.

편찬 시기를 달리하는 두 부류의 사서에 보이는 관련 기록을 비교하면 다음과 같다.

『삼국지』 동이전의 한전에 의하면 목지국의 지배자 진왕은 마한 출신이 대대로 이었으나 자립할 수 없었으며, 변한의 12국을 통할하였다고 이해할 수 있다. 반면에 280년대의 『삼국지』 동이전과 달리 7세기 전반에 편찬된 『진서』『양서』에는 진왕이라는 칭호는 보이지 않고, 진한 및 신라의 왕은 마한 출신이 대대로 이어왔으나 자립할 수 없었다고 하고 있다. 다시 말하면 『삼국지』 동이전의 한전에서 진왕이 통할한 대상인 변한이 『진서』『양서』에는 진한왕이 통할한 대상이 변한이 아닌 진한으로 뒤바뀌어버린 것이다.

『진서』에는 한전이 없고 『삼국지』 동이전 한전의 내용을 요약한 마한전이 입전되어 있는데, 정작 진왕은 언급되어 있지 않았다. 진한전에는 변진 즉 변한의 내용이 포함되어 있으며, 변한 12국이 진왕이 아닌 진한에 통할되어 있다고 하였다.

『양서』에는 백제전에 그 기원이 되는 마한 54국의 하나인 백제를 언급하였는데, 이는 『후한서』 동이전 한전[2]의 내용을 인용한 것일 뿐 그 외의 진왕 관련 기록은 없다. 신라전에는 신라의 기원에 대해 『삼국지』 동이전 한전의 내용을 요약한 다음, 진한왕의 내용을 『삼국지』 동이전 한전 변진조의 진왕 기록으로 인용하고 있을 뿐 변한을 통할한 내용은 없다.

이상의 검토를 종합하여 『삼국지』『진서』『양서』 세 가지 사서의 관련 내

2) 『後漢書』 東夷傳 한전에는 고조선 준왕의 남천에 이어 부활한 진왕으로만 서술되어 있다.

용을 계통상으로 대조하면 다음과 같다.

라) 其[弁辰]十二國屬**辰王** **辰王**常用**馬韓人**作之 世世相繼 **辰王**不得自立爲王(『三國志』弁辰條)

↕ ↕ ↕ ⇙

마) 弁辰 … 皆屬於**辰韓** **辰韓**常用**馬韓人**作主 雖世世相承 而不得自立(『晋書』 辰韓傳)

↙ ↙ ⇙

바) 新羅者 … **辰韓王**常用**馬韓人**作之 世相孫 **辰韓**不得自立爲王(『梁書』 新羅傳)

마)『진서』 진한전의 경우 진왕의 기록 앞에 '又有弁辰 亦十二國 合四五萬戶 各有渠帥 皆屬於辰韓'라고 하여 변진 즉 변한이 진한에 속하였다고 하고 진한의 지배자의 내력에 대한 설명은 진왕의 기록을 인용하였다. 이로써 『삼국지』 한전의 진왕이 진한으로 바뀌어 버렸던 것이다. '왕王'자가 '한韓'자로 바뀌는 것은 역사편찬에서 아무런 근거 없이 왜곡하고 개서改書 즉 글자를 고치는 일은 거의 찾아보기가 어렵다.

바)의 『양서』 신라전에는 진한의 왕은 마한인이 되어 대로 후손을 이었으며, 진한은 스스로 서서 왕이 될 수 없었다고 하였다. 『삼국지』 동이전과 비교하면 진왕이라는 글자가 진한왕으로 바뀌어버렸던 것이다. 여기에 한술 더 떠서 신라전을 서술한 것은 『수서隋書』 이다.

사) 其王本百濟人 自海逃入新羅 遂王其國 傳祚至金眞平 … 其先 附庸於百濟(『隋書』 新羅傳)

사)의 『수서』 신라전에는 '신라의 왕은 본래 백제인으로 바다를 건너가 그 국國[신라]의 왕이 되어 왕위가 진평왕에 이르렀으며, 그 선조 때에는 백제에 부용되었다'고 하였다. 『삼국지』 동이전과 비교하면 전혀 다른 내용으로 와전되어 있다. 그렇지만 유심히 살펴보면 백제의 전신이 마한이고 신라의 전신이 진한이므로, '마한인인 진왕'이 '백제인인 신라왕'으로 바뀌어버렸던 것이다.

진수가 편찬한 원래의 『삼국지』에서 말하는 진왕은 마한 목지국의 지배자였으며, 변한을 통속하였다는 것을 말한다. 진왕이 변한을 통속하였다는 것은 삼한과 중국의 관계에서 나온 것이다. 그것은 『삼국지』 한전에 양자간의 교섭관계에 대한 상세한 기록이 보이는데, 이에 대해서는 장을 달리하여 살펴보겠다.

Ⅲ. 삼한의 대군현 교섭체계와 구야국

1. 삼한의 대군현 교섭체계

앞 장에서 살펴보았듯이 『삼국지』 한전에 보이는 진왕은 변한이나 진한에 존재한 것이 아니라 마한에 있었으며, 목지국을 다스리는 지배자였다. 삼한사회와 군현의 교섭과 진왕의 실체에 대해서 잠시 언급해 두겠다.

> 가)-1 ① 辰王은 目支國을 다스린다. ② 臣智 가운데 어떤 자는 우대하는 호칭으로서 臣雲遣支報·安邪踧支·濆臣離兒不例·拘邪秦支廉의 칭호를 더하여 부른다. ③ 그 官에는 魏率善邑君·歸義侯·中郎將·都尉·伯長이 있다.[3)]

---

3) 『三國志』 魏書 東夷傳 韓傳.

이들 기록에 의하면 가)-1 ①에서 목지국을 다스리고 있었던 지배자를 진왕으로 불렀으며, 가)-1의 ②에서는 진왕 외에 4개의 우월한 국의 지배자를 부르는 칭호를 열거하고 있다. 그리고 가)-1 ③에서는 조위曹魏가 제도적으로 마련한 솔선관의 호칭이 나열되어 있다.

이들 세 가지 기록에 대해 여러 견해가 있어 검토를 요한다. 일본 역사학계의 견해는 진왕이 가)-1 ② ③의 기록이 관련된 내용으로서 '우호優呼'를 더하고 솔선관을 거느렸던 것으로 보았으며(三上次男 1966 104쪽. 武田幸男 1990 29쪽), 한국 역사학계에서도 이를 인정하기도 한다(윤선태 2001 28쪽). 위의 기록들은 ①의 진왕과 삼한의 78국 가운데 우월한 세력을 가진 ②의 신지들의 별칭이고 삼한의 국들이 교섭한 조위가 그들 지배자에게 수여한 작호에 대한 서술이므로, 진왕에 관한 일련의 기록으로 볼 수 없고 ②와 ③의 기록은 진왕과는 무관한 것이다(권오영 1996 219쪽. 윤용구 1998 106쪽. 선석열 2003 16쪽).

이를 검토해 보기 위한 기록으로서는 다음의 것이 주목된다.

아) ① [後漢의] 桓帝·靈帝의 말기에 韓과 濊가 강성하여 [樂浪의] 郡縣이 통제할 수 없었으므로 백성이 韓의 國들로 많이 흘러들어 갔다. [後漢] 建安 年間(196~220)에 公孫康은 [樂浪郡의] 屯有縣 이남의 荒地를 나누어 帶方郡으로 하고, 公孫模·張敞 등을 보내어 流民을 모아들이고 군사를 일으켜 韓과 濊를 치니 옛 백성들이 차츰 [郡縣으로] 나왔다. 이후 倭와 韓이 드디어 帶方郡에 屬하였다. ② [曹魏의] 景初 年間(237~239)에 明帝가 몰래 帶方太守 劉昕과 樂浪太守 鮮于嗣를 보내어 바다를 건너 樂浪郡과 帶方郡을 평정하였다. 여러 韓의 國 臣智들에게 邑君의 印綬를 더하여 내리고 그 다음의 자에게는 邑長의 [印綬]를 주었다. … ③ 部從事 吳林이 樂浪이 본래 韓의 國들을 統轄하

였다고 생각하여 辰韓의 8國을 분할하여 樂浪郡에게 주었다. 官吏의 通譯함에 다름이 있어 韓의 臣智가 激忿하여 帶方郡의 崎離營을 공격하였다. 이때 [帶方郡] 太守 弓遵과 樂浪郡 太守 劉茂가 군사를 일으켜 쳤는데, 弓遵은 전사하였으나 2郡이 드디어 韓을 멸하였다(『三國志』 東夷傳 韓傳).

자) 景初 2년(238)에 太尉 司馬宣王이 군대를 거느리고 公孫淵을 토벌하니, [位]宮(東川王)이 主簿와 大加를 파견하여 군사 수천 명을 거느리고 [司馬宣王의] 군대를 도왔다(『三國志』 東夷傳 高句麗傳).

먼저 이 기록과 관련하여 가장 유의해야 할 것은 가)-1 ③의 기록에 보이는 '관官'이다. 이 '관官'은 솔선관으로서 진왕이 삼한을 지배하기 위해 설치한 것(武田幸男 1995 6쪽)이 아니라, 여기서의 '관官'이란 중국 측에서 주변 이민족 지배자들에게 수여한 것일 뿐이다. 구체적으로 살펴보면 아) ①에서 '興兵伐韓濊 是後倭韓遂屬帶方'이라 하여 후한말 건안 년간(196~220) 즉 공손강이 요동의 호족정권을 장악한 직후인 204년에 공손씨가 후한의 본국 정부가 통제력을 상실한 낙랑군을 점령하였는데, 낙랑군을 분할하여 그 남부의 둔유현 이남지역에 대방군을 신설하고 삼한 왜 등과 교섭을 전개하였다. 이는 공손씨가 자신의 세력 확장을 위하여 시도한 것이다. 그 후 조위曹魏가 경초 연간(237~239)에 공손씨 정권을 타멸하면서 낙랑군 대방군을 접수하였는데, 솔선관을 유지하면서 삼한과 교섭하였다.

여기서 잠시 조위曹魏가 낙랑군과 대방군이 삼한의 관할을 어떻게 무슨 목적으로 조정하였는가를 살펴보도록 하겠다. 삼한의 관할 조정에 대해 보면 첫째, 삼한의 북부 지역은 낙랑군으로 하고 그 남부는 대방군의 관할로 조정하였다거나(이병도 1959 335쪽) 동예의 경략에 낙랑군·대방군 두 태수가 원정한 대가 즉 논공행상의 차원에서 삼한사회의 관할권을 배분한 것이라거나(橫山貞裕 1976 83쪽), 동예 원정 이후 인접한 진한의 북부지역 8국에 조위가 직접 교섭하려 하였다(成合信之 1974 23~24쪽)고 보기도 한다. 이는 아) ③에서 진한 8국의 낙랑군 분여 기록과도 문제가 된다. 두 군의 관할 조정은 낙랑군이 요동군·현도군과 함께 고구려·부여 등 주로 삼한 이북의 동이사회와 교섭하였던 것이다. 해당 기록과 같이 낙랑군에 나누어준 진한 8국을 제외한 삼한과 왜는 대방군이 담당하였다.

가)-1 ③의 솔선관을 소개하기에 앞서 가)-1 ①의 진왕과 가)-1 ②의 '우호優呼'를 더한 4국을 열거한 것은, 아) ②에서 조위曹魏가 삼한의 國들과 교섭하기 위해 인수를 수여하였을 때 진왕을 상호 교섭의 대표자로 선정하였던 것이다. 아울러 가)-1 ②에서 보듯이 삼한 가운데 4개의 우월한 국들을 포함한 5개의 유력한 국들이 있었으므로, 이들이 각 지역에서 군현과의 교섭을 주도하고 있었다. 이러한 교섭대표자들은 조위대曹魏代 이전부터 존재하고 있었던 것으로서 후한대에는 낙랑군과, 공손씨의 등장 이후에는 신설된 대방군과 교섭한 존재였을 것으로 생각된다. 특히 가)-1의 ③에서 말하는 '관官'은 조위대曹魏代 이전부터 군현과 교섭한 삼한의 여러 지배자에게 수여되어 왔던 것이며, 진왕 자체의 관 구성은 아니었다.

어쨌든 5개 우월한 국國의 지배자는 삼한의 일반 소국의 경우와 달리 표현하는 '우호優呼'를 더하는 독자적인 칭호를 사용하고 있었던 것이다. 이들 소국의 대군현 교섭 상황을 열거해 보면 다음과 같다.

첫째, 마한지역의 경우 영산강유역에는 신운신국이 주변 소국을 대표하는 유력한 소국으로 존재하면서 군현과 교섭하였으며, 한강하류유역의 소국들 중에는 신분활국이 군현과의 교섭 대표자로 나타나고 있다. 그리고 금강유역에는 목지국이 군현과의 교섭대표자로 되어 있었고, 그 소국의 지배자인 진왕은 군현의 본국 정부인 조위曹魏측으로부터 삼한 전체의 교섭대표자로 인정받고 있었을 뿐이었다. 따라서 마한지역에는 3개의 소국이 대군현 교섭의 실제적인 대표로 존재한 것으로 이해된다.

둘째, 변한지역의 경우에도 '우호優呼'를 더하고 있던 구야국과 안야국이 대군현 교섭의 실제적인 지역 대표자로서 존재하고 있었다. 먼저 김해 구야국은 낙동강 하류에 위치하며 완만한 흐름을 이루는 낙동강을 이용하여 그 유역에 연하여 있는 변·진한의 여러 소국과 교역을 전개하는 한편, 낙동강유역을 대표하여 중국군현과의 교섭을 주도하였을 것이다. 그리고 안야국은 남해안에 연하여 있고 낙동강의 지류인 남강을 끼고 있으면서 경남 서부의 내륙지역과 남해안을 연결할 수 있는 위치에 있었다. 이와 같은 유리한 입지조건을 가지고 있었던 안야국도 구야국에 버금가는 세력으로 존재하였을 것이다.

그러나 진한지역의 경우 '우호優呼'의 기록에서는 언급되어 있지 않지만, 아) ③의 '以樂浪本統韓國 分割辰韓八國'이라 한 기록에서 우월한 세력이 있었음을 시사하는 바가 있다. 경초 연간에 조위曹魏는 낙랑군 대방군 등의 군현을 매개로 하는 삼한과의 교섭대상을 재조정하였을 때 서해안과 남해안에 연하는 마한과 변한의 소국들은 대방군과 교섭하는 지역으로 설정하였다. 이에 반해 진한 8국이 낙랑군과 교섭하도록 한 것에 대해 대방군이 해로 교역망을 전담하게 되자 낙랑군이 육상 교역망 관장하여 바다로 접근이 어려웠기 때문에 낙랑군으로 관할권이 옮겨졌으며 한강유역에 위치하였을 신분활국臣濆沽國 등의 소국들과 충돌이 일어났다고 볼 수도 있으나(윤용구 1999 124쪽), 진한 8국 역시 해로를 통한 낙랑군과의 교섭이 주로 이루어졌을 것으로 생각된다.

그에 관한 참조되는 것은 『삼국지』 동이전 예전에서 예가 진한과 경계를 접한다고 한 기록과 아) ③ 진한 8국의 낙랑군 분여 기록을 대조해 보면, 동해안을 통한 낙랑군 – 예 – 진한의 교통로는 이미 존재해 있었으므로, 진한의 8국은 낙랑군과 교섭하는 범위로 설정하였던 것이다. 진한 소국 가

운데 사로국이 동해안에서 낙랑군과의 교섭을 주도하였을 것이다.[4)]

물론 『삼국지』 동이전 왜인전에서 '대방군帶方郡에서 왜倭로 갈 때 해안을 둘러서 바닷길로 간다. 한韓의 국國들을 지나 남쪽으로 갔다가 다시 동쪽으로 가면 [왜倭의] 북쪽 대안對岸인 구야한국狗邪韓國에 이르는데, 모두 7천여 리이다. 처음으로 한 바다를 건너 천여 리를 가면 대마국對馬國에 이른다. 모두 여왕국女王國에 속해 있으며, 대방군의 사자가 왕래하면서 항상 머무는 곳이다'라 하였다. 여기서 상세히 서술되어 있듯이 삼한 및 일본열도의 국들이 중국 군현과 교섭한 주요 교통로는 남해안과 서해안의 해로였으나, 진한 8국의 낙랑군 분여 기록을 통해 보면 동해안을 통한 해상교통로도 점차 그 역할이 증대되어 갔음을 알 수 있다.

아) ③의 기사에서 볼 때 3세기 이전에는 마한과 변한과 마찬가지로 진한지역은 낙랑군과 교역하고 있었다. 조위曹魏가 공손씨 세력을 멸하면서 낙랑군 대방군을 접수하였는데, 이때 진한 8국을 낙랑군에 속하게 하였다가 삼한의 신지들의 반발을 사게 되었다. 이는 진한 8국 이외의 다른 국들은 대방군과 교섭하였음을 반영하는 것이다. 다른 측면으로 보면 공손씨가 대방군을 설치하였을 때 진한 8국은 낙랑군이 아닌 대방군과 교섭하였음을 시사하고 있는 것이며, 그때 진한 8국은 대방군과의 교섭대표자였던 진왕의 통속을 받았을 것이다. 변진전에서 변한의 12국만 진왕의 통속을 받았다고 한 것은 공손씨의 대방군 설치 단계가 아니라 조위대曹魏代의 일이었던 것이다. 『후한서』 한전에서 진왕을 삼한 전체의 왕인 것처럼 기록하였

4) 曹魏가 낙랑군 및 대방군과 삼한과의 교섭권의 분할에 대해 신분고국이 독자적으로 반발하여 대방군과 전쟁을 벌인다는 것은 그 승패가 명약관화한 무모한 것으로 생각된다. 한의 신지들이 격분하여 대방군을 공격한 것이란, 삼한의 유력한 세력을 가진 소국들의 지배자 신지가 동맹 내지 연합하여 대방군과 낙랑군을 겨냥하여 전쟁이 일어난 것으로 봄이 타당할 것이다. 특히 이 전쟁에서 대방태수 궁준이 전사한 점이 그러한 개연성을 높여주는 것이다.

던 것은 공손씨 단계의 상황을 반영하고 있었던 것이 아닌가 한다.

지금까지 살펴보았듯이 진왕은 낙랑군과의 교섭에 있어서 중국 측이 지정한 교섭대표자이며, 조위曹魏가 2군을 영유한 이후부터는 대對대방군 교섭 체계상의 교섭대표자로 바뀌었다. 진왕은 본래의 모습은 목지국의 신지였던 것이다. 3세기 초에 이르러 공손씨가 대방군을 설치한 이래 진왕은 공손씨로부터 대군현 교섭에서 대표자로서의 지위를 부여받게 되었던 것이다. 그러면서도 진왕은 또한 금강유역 등 일정 지역의 교섭을 주도하였을 것이다.

2. 구야국의 대군현 교섭과 그 전개

본고에서 집중적으로 살펴볼 3세기 구야국의 대군현 교섭에 대해서는 다음의 기록이 주목된다.

차) 그[변진의] 國에는 鐵이 생산되는데, 濊·倭·韓이 모두 와서 사 간다. 모든 매매에 있어서 鐵을 화폐로 사용하는데, 중국에서 돈을 쓰는 것과 같다. 또한 2郡[樂浪郡과 帶方郡]에도 공급한다(『三國志』 東夷傳 韓傳 弁辰條).

카) 帶方郡에서 倭로 갈 때 해안을 둘러서 바닷길로 간다. 韓의 國들을 지나 남쪽으로 갔다가 다시 동쪽으로 가면 [倭의] 북쪽 對岸인 狗邪韓國에 이르는데, 모두 7천여 리이다. 처음으로 한 바다를 건너 천여 리를 가면 對馬國에 이른다. 그 大官을 卑狗라 하고 그 다음을 卑奴母離라 한다. 사는 곳이 바다로 막힌 섬으로서 넓이가 4백여 리가량 되는데, 땅이 산으로 험하고 울창한 숲이 많아 도로가 짐승이 다니는 것처럼 좁다. 천여 호가 있으나, 좋은 농토가 없어 해산물을 먹고 스스로 살아가며 배를 타고 남북으로 다니면서 식량을 구입하였다. 또 남쪽으

로 瀚海라고 하는 한 바다를 천여 리로 건너면 一支國에 이른다. …… 3천여 가가 있으며 오히려 농토가 있어 농사짓더라도 식량이 부족하여 또한 남북으로 다니면서 식량을 구입하였다. 또 바다를 건너 천여 리를 가면 末盧國에 이른다. …… 동남쪽으로 육로로 5백리를 가면 伊都國에 이르는데, …… 천여 호가 있다. 대대로 王이 있으나, 모두 女王國에 속해 있으며, 대방군의 사자가 왕래하면서 항상 머무는 곳이다(『三國志』 東夷傳 倭人傳).

위 기록 차)의 변한의 철 생산 기록을 주목해 볼 때, 기원 2세기 중반을 지나면서 대량생산체제와 광역의 유통망을 형성하였다는 고고학적 연구결과(이현혜 1995 22~28쪽. 손명조 1998 254~256쪽.)와 맥락을 같이 하고 있다. 이를 기반으로 하여 교역은 삼한사회의 발전뿐만 아니라, 가야의 성장 및 발전에도 중요한 요인이었다. 3세기 전반에 이르러 공손씨뿐만 아니라 조위曹魏도 삼한과 왜와의 교섭을 적극적으로 추진한 데에는 그 나름의 이유가 있었다.

조위曹魏는 3세기 전반 당시 오吳·촉蜀과 정립하여 서로 대치한 상황에서 긴요하게 필요하게 되었던 것은, 전시의 중요 물자인 철을 비롯한 남방물자였다. 3세기의 중국사회는 극심한 철기의 부족 현상을 겪고 있었으며(宮崎市定 449쪽), 중국 고고학계의 조사에 의하면 요동지역에서 1990년대까지 조사된 한漢·위대魏代의 야철지는 철관鐵官이 위치한 영구營口를 비롯하여 인접한 해성海城, 요양遼陽 일대에 집중되어 있었으며, 자)의 기록과 같이 230년대 공손씨公孫氏와 조위曹魏 사이에 일어난 전투도 이 일대에서 이루어졌음이 참고가 된다(王錦厚 1998 96~99쪽 및 320~322쪽). 특히 당시 중국대륙이 오吳·촉蜀의 등장과 함께 분립되어 있었던 조위曹魏는 이전의 후한대後漢代에는 쉽게 구할 수 있었으나 당시의 상황에서는 구입이 불가능하였던 중국의 남방에서 산출되는 물자였다. 그리하여 조위曹魏는 오吳·촉蜀을 비롯한 주변 이민족과의 계속된 전쟁으로 자원이 고갈되자(윤용구 1999 111쪽) 한·예·왜 지역과 교섭할 필요가 증대되고 있었으며, 3세기 초부터 공손씨가 장악하고 있었던 낙랑군과 대방군을 빼앗았던 것이다. 후한대後漢代의 소극적인 동방정책과 달리 조위曹魏는 대방군을 거점으로 삼한·왜 등과의 적극적인 교섭을 전개하게 되었던 것이다. 카)의 기록에서 드러나고 있듯이 조위는 대방군을 통해 멀리 왜와도 교섭을 전개하였는데, 이는 일본열도산의 비단을 비롯하여 목재·향신료 등의 남방물자를 확보하고자 하였던 것이다(선석열 2000 128~129쪽).

한편 한·예·왜도 자기 지역에서 마련할 수 없는 물자나 문물이 필요하였기 때문에 조위曹魏와의 교섭을 적극화한 것이다. 이에 대응하여 조위曹魏는 교섭을 원활하게 추진하고 교섭과정에서 일어나는 갈등이나 충돌을 조정하기 위하여 삼한이나 왜에 유력한 세력을 교섭의 대표자로 선택하게 되었다. 삼한의 경우는 바로 목지국의 진왕이었으며, 일본열도의 왜에 대해서도 야마대국邪馬臺國의 비미호卑彌呼를 교섭 대표자로 선정한 것을 『삼국지』의 한전이나 왜인전에서는 각 지역의 유력한 세력 가운데 해당국의 사정을 가장 상세히 기재해 놓은 것이다.

특히 군현과 변한 양자 간의 교역에 주목되는 물자는 구야국을 비롯한 변한지역에서 생산되는 철 자원이었다. 당시 조위曹魏는 계속된 전쟁으로 자원이 고갈되자 가장 긴요하게 필요로 하는 자원 중의 하나가 철이었던 것이므로, 238년 공손씨로부터 낙랑군과 대방군을 빼앗은 2군 가운데 대방군[5)]을 통해 삼한 및 왜와의 교섭을 적극적으로 추진하여 철을 비롯한 군수

5) 『三國志』 東夷傳 倭人傳에 의하면 '自[帶方]郡至女王國 萬二千餘里 …… 王遣使詣京都·帶方郡·諸韓國'이라 하여 대방군에서 여왕국인 邪馬臺國까지 1만 2천여 리의 도정을 왕래할 때, 여왕국의 사신은 삼한의 여러 國를 비롯하여 대방군으로 가서 曹魏의 서울로 갔음을 언급한 점에서 삼한과 마찬가지로 왜도 대방군이 교섭대상으로 삼았음을 알 수 있다.

물자 외에 비단 향신료 등의 남방물자를 확보할 수 있게 된 것이다.

이리하여 조위曹魏는 오吳·촉蜀보다 더 많은 경제적 기반을 확보하여 그들을 압도할 수 있었으며, 이를 기반으로 조위曹魏를 찬탈한 서진西晋은 삼국을 통일할 수 있게 되었던 것이다. 중국대륙을 통일한 서진西晋은 조위曹魏가 적극 추진해온 대동이정책對東夷政策을 파기하기에 이르렀다. 3세기 후반에 이르면 삼한이 서진西晋의 변경인 요동반도까지 가서 교섭하게 되었는데, 『진서』의 제기나 동이전 등에 의하면 삼한 제국이 서진西晋과 교섭한 일이 비교적 상세히 기록되어 있다. 그것을 표로 작성해 보면 다음과 같다.

〈표 2〉『晋書』帝紀와 〈晋書東夷傳〉에서의 西晋·三韓의 교역

번호	『晋書』帝紀 年度	교역국수	馬韓傳	辰韓傳	비고
1	咸寧 2(276)年 2月	* 8國			歸化
2	咸寧 2(276)年 7月	17國			內附
3	咸寧 3(277)年 是歲	* 3國			內附
4	咸寧 4(276)年 3月	* 6國			來獻
5	咸寧 4(276)年 12月	* 9國			內附
6	太康 元(280)年 6月	10國		○	歸化
7	太康 元(280)年 7月	20國	○		朝獻
8	太康 2(281)年 3月	5國	○		朝獻
9	太康 2(281)年 3月	* 5國			內附
10	太康 3(282)年 9月	29國			歸化
11	太康 7(286)年 8月	11國		○	內附
12	太康 7(286)年 是歲	11國	○		來獻
13	太康 8(287)年 8月	2國	○		內附
14	太康 9(288)年 9月	* 7國			詣校尉內附
15	太康 10(289)年 5月	11國	○		來獻
16	太康 10(289)年 是歲	30國			來獻(絶遠)
17	太熙 元(290)年 2月	7國	○ 詣校尉上獻		朝貢
18	永平 元(291)年 是歲	17國			內附

*는 弁韓 지역 國들의 교역 가능성이 높은 기사

여기서 유의하여 볼 것은 〈표 2〉에서 마한전이나 진한전에 기재되어 있지 않은 연도에 삼한 국들이 서진西晋과 집단적으로 교섭한 사실이다. 그것은 마한의 목지국이나 진한의 사로국이 중심이 되어 서진西晋과 교섭한 횟수보다 2회나 더 된다. 즉 〈표 2〉에 의하면, 1·2·3·4·5·9·10·14·16·18 등 모두 10회로, 이 교섭활동 중에는 목지국 중심 이외의 마한 지역의 교섭이나 변한 지역의 교섭 사실이 포함되어 있다(선석열 2000 104~108쪽). 이 같은 사실은 변한 지역의 교섭이 진한 지역보다 더욱 빈번하였을 것으로 추측케 하는데, 그것은 3세기 전반의 교섭 상황이나 교통 지리적 측면을 보더라도 충분히 예상된다. 〈표 2〉의 예에서 보듯이 교섭에 참여하는 국國이 5국國에서 8국國에 이르는 경우는 변한의 구야국과 안야국이 각기 교섭활동을 주도한 것으로 이해된다.

『진서』 동이전 단계 즉 3세가 후반에 6개의 지역단위 교섭권으로 나누어지고 있는 상황은 3세기 전반과 유사하지만, 3세기 후반의 교섭 상황은 그 이전의 3세기 전반와 다른 점이 나타나고 있다. 마한 지역의 경우에는 목지국 중심의 교섭권이 280년의 20국國(〈표 2〉의 7) 교섭 이후 점차 5~7국國 정도의 규모로 축소되고 있는 반면, 신미국 등 전라 일대의 교섭권은 29국國(〈표 2〉의 10)이 교섭하는 점에서 보아 이전과 다른 지역의 우세한 국이 상대적으로 부각되고 있음을 알 수 있다.[6] 반면에 삼한 국들은 중국과 정치·경제적 교섭할 필요성이 이전보다 더욱 증가되었다. 서진과의 교섭은

6) 최근 고고학적 연구성과에 의하면 영산강유역의 세력이 부각되어 6세기를 전후한 시기까지 백제에 통합되지 않은 독자적인 세력으로 존재하고 있었음이 밝혀지고 있어 흥미롭다. 이러한 사실은 필자가 추구해 왔던 것으로서, 3세기 중엽 이전 삼한에는 경제적 목적을 중심으로 하는 6개의 교섭권이 성립되어 있었으며 3세기 후반에 이르면 정치적 우열관계가 점차적으로 강하게 나타나는 세력권이 형성되어 간 것으로 보았다. 이러한 변화는 이후에도 지속적으로 발전되어 가면서 한반도 남부에는 백제, 신라, 안라, 임나가라, 그리고 국명을 알 수 없는 영산강유역의 세력이 6세기를 전후한 시기까지 존속했던 것으로 생각하는 바이다.

각 교섭권 내에서 우세 국이 주체가 되어 이를 자체적으로 조정하면서 추진한 것이다.

또『진서』동이전 단계 즉 3세가 후반에 이르면, 각국은 읍락에 대한 통제력을 강화하게 되고 주변국 간의 갈등과 대립이 주요 문제로 부각되었다. 이러한 상황 변화에 대해 주목되는 것은 다음 기록을 통해 살펴볼 수 있다.

> 타) 婆娑尼師今 23년 8월 音汁伐國과 悉直谷國이 영토를 다투다가 [婆娑]王을 찾아와 재결을 요청하였다. [婆娑]王은 이를 어렵게 여겨 생각해 보니, 金官國 首露王이 연로하여 지식이 많음을 헤아리고 초빙하여 문의하였다. 首露[王]은 논의하여 분쟁이 일어난 땅을 音汁伐國에 속하게 하였다. 이에 [婆娑]王은 6部에 명하여 首露王을 위한 연회를 열게 하였다. 5部가 모두 伊湌으로서 접대하였으나, 유독 漢祇部만이 지위가 낮은 자로서 접대하였다. 首露[王]이 노하여 시종 耽下里에게 명하여 漢祇部主 保齊를 죽이고 오도록 하였다. 시종이 도망하여 音汁伐國王 陁鄒干의 집에 은신하였다. [婆娑]王은 사람을 시켜 그 시종을 찾게 하였으나, 陁鄒가 보내지 않았다. 이에 [婆娑]王이 노하여 군대를 일으켜서 音汁伐國을 치니 그 나라의 王과 무리가 스스로 항복하였다. 悉直谷國과 押督國도 와서 항복하였다(『三國史記』 권1, 新羅本紀 제1).

이제 쟁강기사를 통해 3세기 후반 사로국과 구야국의 상황을 몇 가지로 나누어 살펴보겠다. 우선 위의 사건은『삼국사기』신라본기의 기록과 같이 서기 102년의 사실이 아니라 그 기년을 재조정하면 284년, 즉 3세기 말엽의 280년대에 일어난 사건으로 된다.[7]

---

7)『삼국사기』신라본기 초기기록에 의하면 파사왕의 재위기간은 서기 80년에서 112년으로 되어 있는데, 그의 5세손인 박제상은 418년에 왜에 볼모로 간 눌지왕의 동생 미사흔을 구

첫째, 사로국이 분쟁의 해결을 위해 구야국의 수로왕을 초빙하였다는 점이다. 앞 장에서 살펴보았듯이 3세기 후반 변한·진한의 상황을 기록한 『진서』 진한전에 변한이 진한에 속해 있었다고 한 것은 오류이다. 위의 쟁강기사에 보이듯이 사로국에 의해 초빙된 수로왕의 구야국은 변한·진한 지역에서 사로국보다 세력이 약하지 않았음을 반영하고 있으며, 오히려 3세기 후반 구야국은 사로국이 주도하고 있었던 동해안 교섭권에 상당한 영향력을 미칠 수 있었을 정도로 세력이 강해졌던 것이다.

둘째, 실직국으로 대표되는 예족 계통의 세력이 동해남부 지역으로 남하하여 진한 지역을 압박하였다는 점이다. 이는 3세기 후반 서진의 대동이정책對東夷政策의 파기와 그에 따른 낙랑군·대방군, 즉 군현의 삼한에 대한 영향력이 약화로 인하여 선진문물의 입수와 교역활동을 추진해 왔던 여러 세력들이 타개책을 강구하고 있었다. 동해안의 예족 집단도 이와 같은 대책의 하나로서 동해남부로 진출하고자 하였던 것이다.[8]

셋째, 분쟁이 일어난 진한계통의 음즙벌국이 사로국에게 협조를 요청하였다는 점이다. 앞에서도 언급하였듯이 이는 진한지역의 동해안 교섭권을 주도한 사로국이 차지하고 있었던 위상을 반영하는 것이다. 또한, 위에서 말하였듯이 국제정세의 변화로 인한 교섭권 사이의 갈등과 대립이 심화되어지자 음즙벌국은 주도 세력인 사로국에 지원을 요청하게 되었던 것이다. 결과적으로 사로국은 음즙벌국과 예족계통의 실직국을 복속한 이후 동해안의 여러 세력을 통제하는 세력권으로 성립하게 되었으며, 진한의 국들을

출하러 갔다가 왜인에게 살해당한 것으로 되어 있다(동권45, 열전5 박제상전). 이 두 사람의 사망연대로 보면 (418－112=306÷5=61세)로 되어 각 세대 평균 연령차이가 61세로 되어 매우 의문스럽다. 여러 가지 증거를 감안해 보면 파사왕의 재위 시기는 서기 1세기 말엽이 아니라 3세기 후반으로 보아야 초기기록과 중국정사의 동시대 기록의 상반된 모순점이 해소되어진다(선석열 2000 29쪽 및 55쪽 〈표 8 신라 상고기년의 재조정〉참조).

8) 현재의 포항시 신광면에서 발견된 것으로 전해지는 '晋率善穢佰長'이라는 銅印은(梅原末治 1967) 예족이 영일만일대에 까지 남하한 증거로 볼 수 있다.

정복하게 되었다(선석열 2001 136~140쪽).

넷째, 구야국을 중심으로 하는 변한지역, 특히 낙동강하구역 일대에 그 변화가 파급되었다. 고고학적 연구 성과에 의하면 280년대를 전후하여 낙동강하류역 일대에도 북방 유목민족 특유의 습속이나 문물이 동반되는 문화적 변혁이 일어나는 점도 아울러 참조된다(신경철 1995 204쪽). 다시 말하면 사로국을 중심으로 하는 진한지역과 마찬가지로 변한지역에서도 구야국을 중심으로 교섭권이 세력권으로 변화 발전하였을 것이다. 위의 사건으로 인하여 구야국은 세력을 보다 더 크게 확장하지 못하고 낙동강 하류유역을 세력권으로 하는 선에서 임나가라 연맹왕국任那加羅 聯盟王國을 건설한 것이다. 이를 금관가야연맹(신경철 1995), 또는 전기가야연맹이라고도 한다(김태식 2003).

일반적으로 4세기를 전후한 시기에는 정복전쟁이 나타나 고대국가가 성립되어 가는 시기인데, 이러한 변화의 전초는 280년대를 전후하여 나타난 것이라 할 수 있다. 낙랑군과 대방군이 소멸되는 한편으로 고대국가간의 국경이 접해지면서 이들 국가 간의 경쟁 대립이 본격적으로 나타나게 되었다. 이에 대해서는 많은 연구가 이루어져 왔으나, 본고의 성격상 여기서 그치겠다.

Ⅴ. 맺음말

이상에서 3세기 구야국의 대군현교섭에 대해 진왕의 문제와 관련하여 살펴보았는데, 이를 정리하면 다음과 같다.

첫째 장에서 논란이 많은 『삼국지』 동이전 辰王의 실체에 대해 살펴보았다. 기왕의 견해에서 『삼국지』 한전과 변진조의 辰王 기록과 『삼국사기』

의 초기기록에 대비하여 연구를 추구하는 방법론에 문제가 있음을 지적하면서 아울러 『삼국지』 변진조의 진왕의 기록이 전해지는 과정에서 『진서』의 진한전과 『양서』의 신라전에서 진왕이 진한 또는 진한왕으로 변개되어 마치 진한이 변한을 통속한 것으로 와전되었다. 다시 말하면 『삼국지』 한전과 변진조의 진왕은 다른 존재가 아니라 같은 마한 목지국의 지배자를 가리키는 것이었다.

둘째 장에서 마한 목지국의 지배자인 진왕은 3세기에 공손씨와 조위曹魏가 설치한 대방군과의 교섭에서 삼한을 포함하는 대군현 교섭의 대표자로서 존재하였던 것이다. 3세기 전반 당시 중국 대륙은 3국으로 분열 대립하고 있었는데, 조위曹魏는 오吳와 경쟁 관계에 있었으므로, 남방의 물자를 확보하기가 어려워 동이족의 삼한과 왜를 통해 입수하고자 적극 노력하였다. 변한 구야국은 낙동강유역을 중심으로 대군현 즉 대방군과의 교섭을 주도하였으며, 3세기 후반 중국 통일왕조 서진의 동방정책 파기로 인해 주변 교섭권과의 갈등과 대립이 야기되었다. 280년대 이후 유력 국에 의해 통제가 강화되어 각자 세력권으로 바뀌고, 정복 등을 통한 정치적인 지배관계가 강화되어 고대국가로 발전하는 계기가 되어 변한에서 가야로 변화 발전하게 되었다. 여기에는 새로운 문화의 유입이나 주민의 이동이라는 또 다른 변화가 일어났을 것이라는 점만 부연해 두겠다.

참고문헌

『삼국사기』

『三國志』

『晉書』

『梁書』

『隋書』

■ 논저

權五榮, 1996, 『三韓의 國에 대한 硏究』, 서울대학교 박사학위논문.

金泰植, 1993, 『加耶聯盟史』, 一潮閣.

盧重國, 1988, 『百濟政治史硏究』, 一潮閣.

宣石悅, 2001, 『新羅國家成立過程硏究』, 혜안.

李基東, 1996, 『百濟史硏究』, 一潮閣.

李丙燾, 『韓國史』(古代篇), 乙酉文化社, 1959.

______, 1976, 『韓國古代史硏究』, 博英社.

李賢惠, 1984, 『三韓社會形成過程硏究』, 일조각.

千寬宇, 1989, 『古朝鮮·三韓史硏究』, 一潮閣.

______, 1991, 『加耶史硏究』, 一潮閣.

鈴木靖民, 2012, 『倭国史の展開と東アジア』, 岩波書店.

■ 논문

金泰植, 1990, 「加耶의 社會發展段階」 『韓國古代國家의 形成』, 民音社.

朴大在, 2002, 「三國志 韓傳의 辰王에 대한 재인식」 『韓國古代史硏究』 26.

白承忠, 1989, 「1~3세기 가야세력의 성격과 그 추이수로집단의 성장과 浦上八國

의 亂을 중심으로」『釜大史學』 13.
白承忠, 1990, 「3~4세기 한반도 남부지방의 제세력 동향초기 가야세력권의 변화를 중심으로」『釜山史學』 19.
______, 2002, 「삼한시대 부산지역의 정치집단과 그 성격」『港都釜山』 18.
宣石悅, 1996, 「新羅 上古紀年의 再調整」『慶大史論』 9.
______, 2000, 「加耶の鐵と倭の南北市糴」『國立歷史民俗博物館硏究報告』 110.
선석열, 2003, 「『三國志』 弁辰傳의 辰王의 解釋 問題」『역사와 경계』 47.
孫明助, 1998, 「弁·辰韓鐵器의 初現과 展開」『伽倻文化』 11, 伽倻文化硏究院.
申敬澈, 1995, 「삼국시대의 동래」『東萊區誌』, 부산광역시 동래구, 1995.
尹龍九, 1998, 「『三國志』 韓傳 對外關係記事에 대한 一檢討」『馬韓史硏究』, 충남대학교 출판부.
______, 1999, 「三韓의 對中交涉과 그 性格」『國史館論叢』 85.
尹善泰, 2001, 「馬韓의 辰王과 臣濆沽國」『百濟硏究』 34.
李賢惠, 1988, 「4세기 加耶社會의 交易體系의 변천」『韓國古代史硏究』 1.
______, 1995, 「鐵器普及과 政治權力의 성장」『加耶諸國의 鐵』, 仁濟大學校 加耶文化硏究所.
千寬宇, 1976, 「〈三國志〉 韓傳의 再檢討」『震檀學報』 41.
______, 1977, 「復元 加耶史(上)」『文學과 知性』(1977 여름호).
______, 1980, 「三韓의 國家形成(上)」『한국학보』 2.
宮崎市定, 1957, 「支那の鐵について」『史林』 40-6.
末松保和, 1954, 「新羅建國考」『新羅史の諸問題』, 東洋文庫.
梅原末治, 1967, 「晉率善穢佰長 銅印」『考古美術』 8-1.
武田幸男, 1990, 「魏志東夷傳における馬韓 : 辰王と臣智に關する一試論」『馬韓百濟文化』 12.
______, 1995, 「三韓社會における辰王と臣智(上)」『朝鮮文化硏究』 2.

三上次男, 1954, 「南部朝鮮における韓人部族國家の成立と發展 −古代の南部朝鮮」『邪馬臺國』: 1966, 『古代東北アジア史研究』, 吉川弘文館.

三品彰英, 1946, 「史實と考證:魏志東夷傳の辰國と辰王」『史學雜誌』55−1.

成合信之, 1974, 「三韓雜考 − '魏志'韓傳にみえる韓の帶方郡攻擊事件をめぐって −」『學習院史學』11.

鈴木靖民, 2012, 「文献からみた加耶と対外交流 −1~3世紀を中心に」『김해 양동고분군과 고대 동아시아』(제18회 가야사국제학술회의), 인제대학교 가야문화연구소.

王錦厚, 1994, 「曹操三征三郡烏桓之始末」『秦漢東北史』, 遼寧人民出版社.

村山正雄, 1976, 「'辰國' 臆斷」『朝鮮學報』81.

橫山貞裕, 「魏と邪馬台國との關係について」『國士館大學人文學會紀要』8, 1976.

「3세기 구야국狗邪國의 대군현對郡縣 교섭과 진왕辰王」에 대한 토론문

이 영 식 (인제대학교)

이 발표에 대한 약정토론은 시간관계상 종합토론으로 미룬다.

변진시대 가락국의 성장과 외교
- 포상팔국의 침공과 관련하여 -

연민수*

目 次

Ⅰ. 서언

가락국은 수륙교통의 요지에 위치하면서 철생산 등 풍부한 물산과 교역으로 성장한 왕권으로 알려져 있다. 『삼국지』「위서」 변진전에 보이는 철을 매개로 한 한韓, 예濊, 왜倭와의 교역과 이를 낙랑군, 대방군에도 공급한다는 기사에서 알 수 있듯이 교역의 범위는 한반도 전역과 일본열도에 이르는 광역에 걸쳐 분포하고 있다. 이러한 지리적 조건과 역할 때문에 연구자들은 가락국을 당시 동아시아 교역의 중심지로 자리매김하였고, 다양한 고고학적 유물의 출토로 인해 그 사실성을 뒷받침해 주고 있다.

그러나 교역의 전제는 문물을 교환하는 상행위에 머무는 것이 아니라 치

* 동북아역사재단

열한 외교를 통한 정치적 안정 속에서 성과를 거둘 수 있다고 생각한다. 외교를 무시한 교역은 상상하기 어렵다. 가락국이 추구한 교역의 대상은 곧 외교가 전제된 세력들이고 이들과의 외교와 동맹을 통한 왕권의 성장 속에서 교역의 안정도 보장될 수 있다. 그간 교역 면에 초점을 맞춘 연구의 기본 관점에 동의하면서 가락국 외교의 실태에 대해 전망해 보고자 한다. 외교와 교역은 분리할 수 없는 표리일체를 이루고 있기 때문이다.

3세기 초에 일어난 포상팔국의 가락국 침공은 가락국의 외교적 대응과 실태를 보여주는 사건이다. 8개의 정치세력이 연합하여 특정 왕권을 공격한다는 사실은 이 사건이 단지 교역권을 둘러싼 분쟁의 차원을 넘어 정치적 세력권의 확대 과정에서 나온 측면도 무시하기 어렵다고 생각한다. 이 전쟁에 가락국 왕권이 외교적으로 어떻게 대응해 나가는지 신라, 왜 등 주변 제국과의 외교적 교섭을 중심으로 전망해 보고자 한다.

II. 포상팔국의 가락국 침공

가락국 외교의 실태를 보여주는 사건이 이른바 포상팔국의 가라 침공이다. 우선 포상8국이 가락국을 공격했다는 그 과정을 살펴보자. 포상8국이란 포구에 연해있는 8개의 세력이 연합하여 가락국을 침공한 사건이다. 관련사료는 다음과 같다.

> ① 浦上의 8국이 加羅를 침범하려고 하자 가라 왕자가 구원을 요청하였다. 왕이 태자 于老와 이벌찬 利音에게 명하여 6부의 군사를 이끌고 가서 구원하여, 8개국의 장군을 공격하여 죽이고 포로 6천명을 빼앗아 돌려주었다(『삼국사기』「신라본기」 나해이사금14년[209] 가을 7월조).

② 勿稽子는 나해이사금 대의 사람이다. 가문은 대대로 미미하였으나 사람됨이 뜻이 크고 기개가 있어 어려서부터 장대한 뜻을 품었다. 당시 浦上의 8개국이 함께 阿羅國을 치기로 하자 아라의 사신이 와서 구원을 청하였다. 이사금이 왕손 捺音으로 하여금 이웃의 군과 6부의 군사를 거느리고 가서 구해주게 하니 드디어 8개국의 군대를 무찔렀다. 이 싸움에서 물계자는 큰 공을 세웠으나 왕손에게 미움을 샀으므로 그 공을 기록하지 않았다. (중략) 3년이 지나 骨浦, 柒浦, 古史浦의 3국 사람들이 竭火城을 공격하였다. 왕이 군사를 거느리고 가서 구하고, 3국의 군사를 대패시켰다. 물계자는 수십 명의 목을 베었으나 그 공을 논함에 이르러서는 또 얻은 바가 없었다(『삼국사기』 물계자전).

③ 제10대 奈解王 즉위 17년 임진에 保羅國, 古自國, 史勿國 등 8국이 힘을 합쳐 변경을 쳐들어왔다. 왕은 태자 날음과 장군 일벌 등에게 명하여, 병사를 거느리고 그들과 싸우도록 하니 8국이 모두 항복하였다(『삼국유사』 물계자전).

포상팔국이 침공한 가라에 대해서는 가락국(구야국)이 대세를 이루고 있는 가운데, 『삼국사기』 물계자전의 아라국阿羅國의 표기에 따라 안라安邪(안라安羅)설도 제기되고 있다.[1] 양국은 『삼국지』 한전에 유력한 수장층인 신지

1) 아라국설을 제기한 선석열는 금관국의 멸망 이후 백제의 남부가야 진출과정에서 포상팔국을 움직여 아라가야를 침공한 것으로 본다. 요컨대 6세기중엽대의 백제와 신라의 남부가야에 대한 각축전의 일환으로서 나왔다는 것이다(「浦上八國의 阿羅國 침입에 대한 고찰」, 『가라문화』14, 1997), 흥미로운 관점이지만, 이 전쟁에 참여한 신라의 우로, 물계자 등 당대의 구체적 인명이 나오고 있다, 史料操作의 범위를 넘어선 과잉추론으로 생각된다. 이에 대한 제설의 검토는 南在祐, 「浦上八國 戰爭과 그 性格」, 『伽倻文化』10, 1997, 백승옥, 『가야 각국사 연구』, 혜안, 2003, 106~119쪽, 박대재, 「변한의 왕과 狗邪國」, 『한국사학보』24, 2006, 참조.

를 가리키는 칭호로서 안야견지보安邪遣支報, 구야진지보狗邪秦支報 라고 라는 명칭으로 기록되고 있다. 그러나 제설에서 지적되고 있듯이 함안설은 지리적, 정황적으로 불리하다. 안라국이 포상팔국의 공격을 받을 만한 정황이 발견되지 않고 오히려 안라가 포상팔국의 가락국 공격에 측면에서 지원했을 가능성도 있어 보인다.[2] 남부가야의 유력국의 하나인 안라가 가락국 우위의 국제정세하에서 균형을 깨트리기 위한 전략도 추측해 본다.

포상의 8개국이란 『삼국사기』 열전 물계자전, 『삼국유사』 물계자조에 나오는 국명에 따르면 골포, 칠포, 고사포, 사물 등은 각각 마산, 칠원, 고성, 사천 등지로 비정되고 있어 가락국의 서쪽에 위치한 해안을 낀 세력들이다. 그런데 문제는 가락국을 치기 위해 8개국이 연합했다는 사실이다. 이것은 아마도 이들 8개 세력의 공동 이해관계가 걸린 중대사임에 틀림없다. 종전의 견해는 가락국의 해상교역권에 대한 쟁탈전,[3] 구야국 중심의 해상교역체제에 반기,[4] 구야狗邪·안야安邪의 지위가 돌출하기 전단계의 해상교역권을 둘러싼 충돌,[5] 낙랑·대방군의 해체로 선진문물의 단절, 우월적 지위에 있었던 가락국의 위축으로 새로운 통합운동으로 표출,[6] 낙랑·대방군의 해체로 교역권의 변화에 따른 포상팔국의 소외감의 표출[7] 등 가락국

---

2) 이영식은 사물국 등이 함안의 아라국을 등에 업고 김해의 가락국을 공략했던 사건이 포상팔국 전쟁이었다고 한다. 이 견해는 교역권 쟁탈전이라는 관점에서 나온 것이지만, 안라가 포상팔국의 연합세력이었다는 점은 인정하고 있다(「김해 대성동 고분군 출토 외래계 유물의 역사적 배경」, 『금관가야의 국제교류와 외래계 유물』, 주류성, 2004, 32쪽).

3) 李賢惠, 「4세기 가야사회의 교역체계의 변천」, 『한국고대사연구』1, 1988, 『한국고대의 생산과 교역』, 일조각, 1998 재록), 白承忠, 「1~3세기 가야세력의 성격과 그 추이」, 『釜大史學』13, 1989, 이영식, 「문헌으로부터 본 가락국사」, 『가야각국사의 재구성』, 혜안, 2000.

4) 박대재, 「변한의 왕과 狗邪國」, 『한국사학보』24, 2006, 김양훈, 「삼한시대 변한권역의 철기생산의 추이」, 『역사와 세계』44, 2013.

5) 이용현, 「浦上八國의 난에 대하여」, 『가야제국과 동아시아』, 통천문화사, 2007, 141쪽.

6) 김태식, 『가야연맹사』, 일조각, 1992, 82~84쪽.

7) 강봉룡, 「고대 동아시아 연안항로와 영산강·낙동강유역의 동향」, 『도서문화』36, 2010.

이 독점하고 있던 교역권을 둘러싼 분쟁으로 보는 학설이 대세를 이룬다.

그러나 가락국의 갖고 있던 교역권의 독점현상이 어떠했는지, 그것이 주변제국에 침해적 요소로 작용했는지는 쉽게 판단하기는 어렵다. 이와 관련하여 「위서」 한전에 인용된 위략魏略의 염사치廉斯鑡 설화를 살펴보기로 한다. 내용을 정리하면 다음과 같다.

> 王莽의 地皇年間(AD20~23)에 辰韓의 右渠帥가 된 廉斯鑡가 낙랑의 토지가 비옥하여 인민들의 생활이 풍요함을 듣고 투항하기로 했다. 가는 길에 漢人 戶來라는 사람을 만났는데, 그의 말에 의하면 무리 1500명이 벌채를 하다가 韓의 습격을 받아 포로가 된지 3년이 되었다고 한다. 치(鑡)는 낙랑으로 가기를 희망하는 호래를 데리고 含資縣으로 가 낙랑군에 연락을 취했다. 郡은 치를 통역으로 삼아 芩中으로부터 대선을 타고 진한에 들어가 호래를 맞이하였다. 그러나 함께 항복한 무리 중 천명은 얻었으나 5백명은 이미 죽은 뒤여서 치는 낙랑이 1만명의 병력을 보내 공격할 것이라고 위협하여 진한인 1만5천명과 弁韓布 1만5천필을 보상으로 받았다. 락랑군에서는 치의 공과 의리를 표창하고 冠幘과 전택을 주었다. 그의 자손들은 여러 대를 지나 安帝 延光4년(125)에 이르러서는 선조의 공으로 부역을 면제받았다.

상기 염사치廉斯鑡는 인명과 같이 나오고 있으나 치鑡가 한국 고대어의 수장의 음사인 「지智」·「지知」·「지支」·「차借」와 같은 용어로 추정되어[8] 염사 지역의 수장으로 생각된다. 즉 염사의 수장으로 진한의 우거수右渠帥가 된 인물로 되어 있다. 그럼 염사읍의 수장이 진한의 우거수가 되었다는 것은 무

8) 李丙燾, 『韓國史(고대편)』, 진단학회, 1959, 317쪽.

는 의미일까. 염사치 이야기는 설화성이 강해 사실관계를 그대로 신뢰하기는 어렵다. 진한을 위협해서 1만5천 명을 끌고 갔다는 내용이라든가 한인漢人 천5백 명이 한韓의 노예가 되었다는 호래 이야기도 민간에 떠도는 전승을 채록했다고 보이는데 역시 설화성이 짙은 내용을 담고 있다. 「위서」 변진전에는 「弁辰亦十二國, 又有諸小別邑, 各有渠帥」 라 하여 거수는 변진의 소읍장을 나타내는 호칭으로 표기되어 있듯이 염사치는 변진의 지역 수장이었을 것으로 생각된다. 더욱이 동 변진전에는 「弁辰與辰韓雜居…衣服居處與辰韓同, 言語法俗相似」 라고 하듯이, 변진은 진한 사람들과 뒤섞여 살며 의복과 주택은 진한과 같고 언어와 습속이 비슷함을 기록하고 있다. 말하자면 당시 중국인이 인식하고 있었던 변한은 진한과 더불어 광의의 동일지역 동일한 정치. 문화권으로 인식하고 있던 것으로 추정된다. 아마도 진한의 우거수라고 하는 것은 진한의 우측에 있는 거수 즉 진한의 서방의 위치한 변한의 거수란 의미로 해석해야 할 것이다. 한대漢代의 흉노의 우현왕은 서방이고 좌현왕은 동방에 있고, 『당서』 고구려전에도 동부순노부東部順奴部를 좌부左部로 표기하고 있듯이 중국인이 외민족의 일에 대해서 기록한 좌우의 위치는 좌가 동방, 우가 서방을 가리킨다.[9] 염사치가 변한포 1만5천 필을 획득했다는 것도 변한지역의 수장이 할 수 있는 일이라 생각된다. 특히 염사지역을 지배하고 있던 염사치는 낙랑의 통역을 담당할 정도로 한어漢語에 능통한 인물이다. 이것은 낙랑과의 오랜 교섭을 통해서 얻어진 지식이다. 게다가 염사치가 한인 호래와 그 무리를 데려오기 위하여 대선을 타고 진한으로 들어갔다는 전승은 낙랑군으로부터 서해를 남하하여 남해안을 지나는 항해코스를 잘 숙지하고 있었다는 것을 말해주고 있고, 그의 수장 시절에 이미 활발한 대낙랑 교류가 있었음을 시사하는 내용이다.[10] 그

9) 栗原朋信, 『上代日本對外關係史の硏究』, 吉川弘文館, 1978, 126쪽.

10) 염사치를 낙랑에 거주하는 대규모의 교역상인(白承忠, 앞의 논문), 중국상인과 토착인

는 해양에 익숙한 변진지역의 수장으로 그의 지배지였던 염사국은 내륙보다는 해양으로 진출하기 용이하면서 진한에 근접한 지역이 아닐까 생각된다. 그렇다면 염사국의 위치는 낙동강 서안, 김해로부터 마산, 창원방면을 유력한 후보지로서 들 수가 있겠다. 이 중에서 김해는 이미 구야국이 존재해 있어 제외되고, 마산, 창원 방면으로 추정되는 탁순국의 전신으로서의 염사국의 위치를 추정할 수 있지 않을까 보여 진다.[11)]『후한서』 한전에는 「建武二十年(44), 韓人廉斯人蘇馬諟等詣樂浪貢獻[廉斯邑名也, 諟音是], 光武封蘇馬諟爲漢廉斯邑君, 使屬樂浪郡四時朝謁」이라 하여 한인韓人 소마시蘇馬諟 등이 낙랑에 조공하여 광무제로부터 '한염사읍군漢廉斯邑君'에 책봉되었다 하고, 낙랑군에 편입되어 계절마다 입공했다는 기록을 전하고 있다. 이 시기에 소마시란 인물은 새로운 염사국의 수장이 되었다고 보인다.

포상팔국의 하나인 골포국은 이미 낙랑군과의 조공과 책봉이라는 정치적 교통을 통해 나름대로의 경제적 이익을 추구하고 있었다. 게다가 한군현과의 교류는 특정 세력만의 전유물이 아니다.

명제明帝 경초景初 2년(238) 위魏는 사마의가 이끄는 4만의 병력으로 요동을 공격하여 공손씨 정권을 멸망시키고, 대방태수 유흔, 낙랑태수 선우사를 새로 임명해 비밀리에 바다를 건너 낙랑·대방 2군을 평정시켰다. 낙랑·대방 2군을 접수한 위왕조는 한韓 제국에 대한 전대의 지배정책을 계승하였다. 「위서」 한전에 「諸韓國臣智加賜邑君·印綬, 其次與邑長」라 하여 신지에게는 읍군의 작호와 인수를 하사하고 그 다음 수장층에게는 읍장이라는 위왕조의 작호를 주었다. 또한 동전에 의하면 「其官有魏率善邑君·歸義侯·中郎將·都尉·伯長」이라 하는 위魏의 관작명이 보인다. 위의 관제를 한

과의 교역의 반영이라는 설(李賢惠, 앞의 논문)이 있다.

11) 일찍이 西本昌弘, 염사국의 위치를 창원방면으로 추정한 바 있다(「樂浪郡治の所在地と辰韓廉斯鑡」, 『朝鮮學報』130, 1989). 염사치 설화에 대한 종합적인 검토는 李富五, 「1세기초 廉斯國의 대외교섭」, 『한국고대사연구』22, 2001 참조.

제국이 채용한 것으로 생각된다. 인수는 최고지배자인 신지에게만 하사하고 그 외의 수장층에게는 세력의 대소에 따라 관작의 하사를 달리하였다.[12) 「위서」 변진전에는 변진 제국의 수장의 일반적인 칭호로서 거수가 있고, 지배하는 읍락의 크기에 따라 신지를 필두로 험측, 번예, 살해, 읍차라고 하는 5종류의 수장층의 칭호가 있다. 변진 제국도 마한과 마찬가지로 수장층의 대소에 따라 인수 혹은 관작을 각각 위로부터 받았을 것이다. 경상북도 상주에서 출토된 것으로 전하는 '위솔선한백장魏率善韓伯長'이 새겨진 동인銅印은 한韓·위魏간의 통교를 상징하는 증거물이다. 한편 「위서」 한전에 의하면 「하호下戶들도 군郡에 조공할 때에는 모두 의관을 빌려입으며, 인수印綬를 차고 의관을 착용하는 사람이 천여 명이나 된다.」고 한다. 중국의 주변제국에 있어 인수는 수장권을 상징하는 징표이기 때문에 하호에게 사여한 인수는 이해하기 어려운 측면이 있다. 이때의 하호는 수장층의 그것과는 성격을 달리하는 각지의 통교자들에게 배포했던 것은 아닐까 생각한다. 이 기사는 군현과의 통교자가 다양하고 많았다는 것을 대변해 주는 것으로 이해하면 좋을 것이다.[13)]

경남 의창군 다호리茶戶里 유적의 발굴조사에서 출토된 부장품 중에 전한경, 오수전 등 한계의 유물은 한반도 남부지역 수장들이 낙랑군과의 교류했던 증거이다.[14)] 특히 동 유적에서 문자를 기록하는 도구로서 붓이 출토되어 중국의 한자문화가 이들 사회에 전파되고 있었음을 말해주고 있다. 필기도구로서의 붓은 정보전달의 수단으로서 문자행정의 출현을 의미하고

---

12) 중국왕조와 책봉관계를 맺은 주변제국들이 하사받은 印章의 성격과 특징에 대해서는, 大谷光男, 「古代中國から册封された官印について」, 『朝鮮學報』119·120, 1986 참조.

13) 이 시기 삼한제국과 낙랑군과의 교역에 대해서는 윤용구, 「三韓의 朝貢貿易에 대한 一考察 – 漢代 樂浪郡의 교역형태와 관련하여 –」, 『歷史學報』162, 1999, 同 「三韓과 樂浪의 교섭」, 『한국고대사연구』34, 2004, 정인성, 「弁韓·加耶의 對外交涉 – 樂浪郡과의 교섭관계를 중심으로 –」, 『가야고고학의 새로운 조명』, 혜안, 2003 참조.

14) 李健武 外, 「義昌茶戶里遺蹟 發掘進展調査」, 『考古學誌』1, 1989.

특히 낙랑과의 교섭에 국서의 작성 등 문서외교가 시행되고 있었음을 보여 주고 있다. 나아가 왜인들의 낙랑군, 대방군에의 조공외교에는 문서외교를 숙지하고 있던 한韓 제국의 중개역할을 추측할 수 있다. 한문화漢文化의 전파와 수용은 낙랑군과 주변제국의 관계 뿐만아니라 한韓 제국과 北九州의 왜세력의 수장층간의 관계를 촉진시켰을 것으로 생각된다. 정보전달 수단의 공유는 정치적 교섭과 문물의 교류에 중요한 촉매제 역할을 했다고 생각된다.

또한『진서』제기와 동이전에 나타난 삼한의 제국이 서진과 통교한 사례에서도 교류의 다원화, 다양성을 엿볼 수 있다.

① 276년(咸寧 2년) 2월 東夷 8국 歸化, 7월 東夷 17국 內附

② 277년(咸寧 3년) 시세 東夷 3국 內附

③ 278년(咸寧 4년) 3월 東夷 6국 來獻, 시세 東夷 9국 內附

④ 280년(太康 원년) 6월 東夷 10국 歸化, 7월 東夷 20국 朝獻

⑤ 281년(太康 2년) 3월 東夷 5국 朝獻, 6월 東夷 5국 內附

⑥ 282년(太康 3년) 9월 東夷 29국 歸化

⑦ 286년(太康 7년) 8월 東夷 11국內附, 시세 馬韓 등 11국 遣使來獻

⑧ 287년(太康 8년) 8월 東夷 2국 內附

⑨ 288년(太康 9년) 9월 東夷 7국 內附

⑩ 289년(太康 10년) 5월 東夷 11국內附, 시세 東夷 30여국 來獻

⑪ 290년(太熙 원년) 2월 東夷 7국 朝貢

⑫ 291년(元康 원년) 시세 東夷 17국 內附

3세기 후반대의 동이東夷로 표현된 복수의 나라들은 마한제국을 비롯하여 진한, 변한 등이 혼재된 교류의 다양성을 확인할 수 있다. 한해에 적게는 2~3개국에서 많게는 29~30여국이 「귀화歸化」, 「내부來附」, 「내속內獻」, 「조헌朝獻」, 「조공朝貢」 등으로 표현되는 다양한 형식으로 통교하고 있다.

이상의 사례들은 생각하면, 포상팔국의 가락국 침공을 교역권의 분쟁으로만 한정해서는 안 될 것이다. 교역은 국부를 창출하지만, 왕권의 안정과 성장을 위해서는 자체의 생산력, 외부의 위협에 대처하는 외교와 동맹체제의 구축이 중요하다. 포상 8개국의 연합전선의 구축은 가락국과 신라에 대한 현실적인 위협 때문으로 생각된다. 양국의 정치적 동맹관계에 의해 낙동강 서안지역으로 세력권을 확대하려는 움직임에 대해 위기의식을 느낀 제국들이 가락국에 대한 선제공격을 개시한 것이다.

가락국 침공 3년 후에 포상팔국 중 골포, 칠포, 고사포 3국 연합세력이 갈화성을 공격하였다. 이때의 갈화성은 『삼국유사』의 추정대로 울주(현재의 울산)에 해당한다. 이 지역은 신라의 세력권내에 있던 곳으로 후에 신라의 대외 교역항으로 왜, 중국 등 동아시아제국의 기항지로서 관문의 역할을 하였다. 갈화성의 공격은 가락국과 신라의 교류의 거점을 단절시키고 신라의 대왜교섭도 차단할 목적으로 이루어진 것으로 보인다. 포상팔국의 2차에 걸친 가락국 공격은 가락국의 포상팔국으로 진출하려는 의도를 저지하고 나아가 가락국의 해안선으로 이어지는 대신라 교통로이자 신라의 대왜관계의 관문을 점거함으로서 신라와 가락국의 세력을 약화시키려는 의도였다. 이것은 신라군에 반격에 의해 실패로 돌아갔지만, 가락국에서 6천여 명이 포상팔국의 포로가 발생할 만큼 그 전쟁의 규모는 적지 않았다고 보인다. 양국의 군사동맹에 대한 낙동강 서안지역의 제국들의 불안감이 연합세력을 형성한 요인으로 추측된다.

Ⅲ. 가락국의 대신라 군사외교

포상팔국의 침공에 의해 신라군의 협력으로 위기를 벗어난 가락국의 대신라 외교와 동맹은 언제 시작되었을까 궁금해진다. 신라와 가락국의 건국주체세력은 기원전 108년 위만조선의 멸망으로 그 유이민들의 집단이 남하하여 세웠다.[15)]『삼국사기』 신라본기 시조 혁거세조에, 조선의 유민들이 산 계곡에 분산하여 살면서 6촌을 이루고 있었다고 하듯이 선진문화를 지닌 고조선의 유민들은 한반도 남부의 각지에 정착하여 새로운 국가를 세우거나 토착세력의 국가형성에 커다란 자극을 주었다고 생각된다.

건국주체세력의 문화적 유사성은 가락국과 사로국 왕권 상호 간의 교류와 교섭을 확산시켜나갔을 것으로 보인다. 『삼국지』 위서 변진전에는 「弁辰與辰韓雜居…衣服居處與辰韓同, 言語法俗相似」라고 하듯이, 변진은 진한 사람들과 뒤섞여 살며 의복과 주택은 진한과 같고 언어와 습속이 비슷함을 기록하고 있다. 당시 중국인이 인식하고 있었던 변한은 진한과 더불어 광의의 동일지역 동일한 정치. 문화권으로 인식하고 있던 것으로 추정된다.

시조건국설화에 있어서도 신라와 가락국은 공통점을 보이고 있다. 『삼국사기』와 『삼국유사』에 나타나는 난생신화는 왕권의 신성성의 표출이다. 난생설화는 천명과도 관계가 있고 왕의 권력은 천명에 의해 부여받은 선민의식, 신성불가침한 존재로서 정통성을 확보한다는 것이다. 신라의 시조 박혁거세의 출생담에 백마가 등장한다. 이것은 말을 토템으로 하는 천신족으로 천손강림을 의미한다. 백마 옆에 있던 큰 알 속에서 남자아이가 태어나자 온갖 날짐승들이 춤을 추고 천지가 진동하며 해와 달이 밝아지는 현상이 일어났고, 사람들은 천자가 내려왔다고 기뻐했다고 한다. 이에 진한의

---

15) 이영식, 「문헌으로부터 본 가락국사」, 『가야각국사의 재구성』, 혜안, 2000, 22~23쪽, 同, 『새천년의 가락국사』, 도서출판 작가마을, 2009, 81쪽.

6부 촌장과 백성들이 그를 높이 받들어 왕으로 추대했다는 전승이다.

가락국의 수로왕의 난생신화는 『삼국유사』「가락국기」에 의하면, 9간이 다스리는 9촌락이 있었는데, 어느 날 구지봉에 하늘에서 붉은색 보자기로 싼 금 상자가 내려와 상자를 열자, 해처럼 둥근 황금알 여섯 개가 있었다고 한다. 가장 먼저 태어난 아이가 수로라고 하는 대가락왕으로 즉위하고, 나머지는 5가야의 왕이 되어 6가야의 건국신화를 전하고 있다. 이 외에도 신라의 석탈해도 난생설화를 갖고 있으며 가락국에 도착 후 신라로 들어가 신라왕으로 즉위하는 양국과 깊은 관련을 갖는 출생과 성장과정을 공유하고 있다. 난생형 신화는 고구려의 주몽설화에도 보이듯이 당시 북방계에 널리 퍼져있는 시조전승이며 신라와 가락국의 건국주체세력이 북방으로부터의 유이민이고, 인종학적으로 문화적으로 상당한 동질의식을 갖고 있었다고 보인다. 가락국의 관제도 「가락국기」의 기록에서 보듯이 「계림의 직제를 취하여 각간, 아질간, 급간의 위품을 두고, 그 아래 관료는 주의 규례와 한의 제도로 정했다.」하여 지배계층을 이루는 상급관제는 신라의 직제를, 하급관리는 주관제周官制, 한관제漢官制을 따랐다고 한다. 후대 사실의 반영이라고도 생각할 수 있지만, 이른 시기부터 가락국과 신라의 교류와 영향의 산물로 양국의 밀접한 관계를 상징하는 것이다.

『삼국사기』 신라본기 파사이사금 23년(102)에 「음즙벌국과 실직곡국이 강역을 다투다가, 왕을 찾아와 해결해 주기를 청하였다. 왕이 이를 어렵게 여겨 말하기를 "금관국 수로왕은 나이가 많고 지식이 많다."하고, 그를 불러 물었더니 수로가 의논하여 다투던 땅을 음즙벌국에 속하게 하였다.」라고 하는 전승은 가락국의 대외적 위상, 외교협상에 대한 능력을 보여주는 사례이다. 국가형성초기부터 왕권 상호 간의 교류와 협력 등 외교적 교섭이 진행되고 있었음을 알 수 있다.

그런데 『삼국사기』 신라본기에 의하면 이러한 추정과는 역으로 국가형성초기부터 양국의 전쟁기사가 빈번하게 나타나 있어 적대적인 관계로 나온다.

① 탈해왕 21년(77), 8월, 아찬 길문이 가야병과 황산진 어구에서 싸워 1천여 명의 목을 베었다.
② 파사왕 17년(96) 가야인이 남쪽 변경을 습격하였다. 파사왕18년(97) 군사를 일으켜 가야를 정벌하려 했으나, 그 나라 왕이 사신을 보내 사죄하여 그만두었다.
③ 지마왕 4년(115) 2월, 가야가 남쪽 변경을 노략질하였다. 7월, 가야를 정벌하였는데 보병과 기병을 거느리고 황산하를 건넜다.
④ 지마왕 5년(116) 장수를 보내 가야를 침입케 하고 왕은 정예 군사 1만 명을 거느리고 뒤따랐다.
⑤ 나해왕 6년(201) 가야국이 화친을 청하였다.
⑥ 나해왕 14년(209) 浦上8국이 加羅를 침범하려고 하자 가라왕자가 구원을 요청하였다.
⑦ 내해왕 17년(212) 가야에서 왕자를 보내 볼모로 삼게 하였다.

여기에 보이는 가야란 가락국을 가리킴은 이견이 없다. 신라의 남변을 가야가 공격한다는 사실과, 전투장소인 황산진, 황산강에 대해 『삼국사기』 잡지(제사조)에 「南黃山河[歃良州]」라고 하여 삽량주, 현재의 양산시에 있는 강으로 낙동강하류를 가리킨다. 그러나 신라와 가야의 전쟁기사의 기년은 그대로 신뢰하기는 어렵다. 2세기 초까지의 양국의 전쟁기사 이후 금관국이 멸망하는 법흥왕 9년(532)조 금관국왕 김구해가 왕비와 세 아들을 데리고 항복하였다는 기사에 이르기까지 전쟁이 없었다는 사실도 이해하기 어렵다. 이 기사는 아마도 고구려 광개토왕의 남정 이후의 사실을 반영하는 내용으로 후대 기록의 투영으로 생각 된다.[16] 다만 3세기 초 단계의 포상팔국과 관련된 내용은 전후 사건의 전개과정으로 보아 정합적이다. 즉 가야국의 화친과 구원요청, 볼모제공이라는 일련의 사건은 가락국을 중심으로 볼 때, 한반도 동남해안지역의 왕권 상호간의 전쟁과 외교, 동맹이라는 국제관계를 말하고 있는 것으로 이해할 수 있다.[17] 사료⑤의 가락국의 신라화친외교는 8년 후의 포상팔국의 침략에 대한 군사동맹의 전제가 되었고, 그 후 가락국에서 왕자를 볼모로 보내 인질외교를 추진하였다고 보인다. 인질외교는 고대의 동아시아제국에서 흔히 행해지던 왕권 상호간의 정치적인 신뢰이자 동맹관계의 표시이고, 상하관계에서 혹은 대등한 상호관계에서도 이루어진다. 이 경우는 가락국의 신라에 대한 정치적 상하관계의 성격을 띤 동맹관계로 보면 옳을 것이다.

양국은 포상팔국의 공격 시점 이전에 이미 군사동맹이 확립되었다고 생각한다. 가락국의 신라와의 외교와 협력관계는 왕권의 안정에 기여했다고 보인다. 이것이 낙동강 서안의 정치세력들에게 현실적 위협으로 작용했으며 포상의 8개국의 연합전선의 계기가 되었을 것이다. 포상팔국의 가락국 공격 연대에 대해서는 기년논쟁이 있으나 사료상에 보이는 3세기 초를 그대로 인정해도 좋을 것 같다. 『삼국지』 위서 변진조의 철자원을 매개로 한 가락국의 성장과 가락국 왕권의 안정을 구가하던 거등왕 시대가 하나의 기점을 두고자 한다. 『삼국유사』「가락국기」에 의하면, 거등왕居登王의 즉위는 후한 건제 건안 4년(199)이고 위 제왕 가평 5년(253)에 붕하였다고 한다.

16) 후대기록의 투영이라는 관점은 이용현에 의해 제기되었다. 이에 따르면 가야의 군원요청, 가야왕자의 인질, 가야의 군사요청, 가야 변경관 등은 가야에 대한 신라의 종주국의식이 반영된 6세기대의 기록으로 본다. 여기서 포상팔국과 가라·안라의 충돌, 신라의 관련성을 사실로 본다(이용현, 「浦上八國의 난에 대하여」, 『가야제국과 동아시아』, 통천문화사, 2007, 138쪽). 文意에 혼란이 있지만, 일련의 사건은 3세기대의 기록이지만, 거기에 나타난 신라 우위성을 강조하는 종주국의식은 6세기대의 관념이 투영된 것으로 이해하고자 한다.

17) 이영식, 「신라와 가야제국의 전쟁과 외교」, 『신라문화제학술발표논문집』15, 1994 참조.

또 「가락국기」에 「거등왕이 즉위한 기사년에 변방便房을 둔 이후부터 구형조까지 330년 동안에 종묘의 제례가 오래도록 변함이 없었다.[18]」라는 금관국 지배층의 시조신에 대한 제사 기록이 보인다. 시조묘에 대한 제사는 왕통의 정통성을 주장하고 연속성을 보여주는 것이고, 나아가 국가적 결속력을 다짐하는 종교적 의례이다. 가락국의 건국신화는 거등왕 시대에 생성되었다고 보이며, 시조신을 天과 결부시키는 신통사상은 왕권의 존엄성을 과시하는 지배의 이데올로기로써 기능하였다고 생각 된다.[19] 시조묘에 대한 국가제사의 정비와 왕권의 존엄성과 권위를 과시하기 시작한 거등왕 시대는 가락국의 정치적 안정을 보여주는 것이다. 이를 바탕으로 거등왕의 주변 국가들과의 외교와 교역을 추진하였다. 교역권의 형성은 입지적 조건이 중요하지만, 이를 안정적으로 유지하기 위해서는 왕권의 안정이 전제가 되어야 하고 주변제국과의 원만한 외교가 중요하다. 세력의 약화는 곧 상대에 위협이 되고 나아가서는 무력에 의한 공략의 대상이 되기 때문이다.

가락국과의 철 교역을 행한 동해안의 예족 역시 가락국의 중요한 동맹세력이었다고 생각한다. 『삼국지』『후한서』와 「위서」의 예전濊傳에 의하면, 동예는 북으로 고구려·옥저와, 남으로 진한과 접해있고, 동쪽은 대해에 닿으며 서로는 낙랑에 이른다고 한다. 인구는 2만호에 혼인·장례 등의 풍속과 언어가 고구려와 비슷했으며, 의복은 다른 점이 있었다고 한다. 동예인들 스스로 고구려와 같은 족속이라고 기록하고 있다.[20] 3세기 전반대의 상황을 말하고 있다. 동예에 대해서는 『삼국사기』 신라본기 남해왕 16년조에 북

18)「…自居登王卽位己卯年置便房, 降及仇衝朝未來三百三十載之中…」

19) 졸고, 「보국장군·본국왕과 금관국」, 『한일관계사연구』38, 2011, 同, 『고대일본의 대한인식과 교류』, 역사공간, 2014.

20)『後漢書』 東夷傳 濊條 「濊北與高句驪·沃沮, 南與辰韓接, 東窮大海, 西至樂浪. 濊及沃沮·句驪, 本皆朝鮮之地也.…耆舊自謂與句驪同種, 言語法俗大抵相類.」
『三國志』 魏書 東夷傳 濊條 「濊南與辰韓, 北與高句麗·沃沮接, 東窮大海, 今朝鮮之東皆其地也. 戶二萬…其耆老舊自謂與句麗同種…言語法俗大抵與句麗同, 衣服有異.」

명인北溟人이 밭을 갈다 예왕인濊王印을 발견하여 바쳤다고 한다. 북명은 강릉 혹은 안변지방으로 추정되고 있어 예족의 근거지를 확인할 수 있다. 이 지역은 4세기말 고구려 광개토왕에 의해 복속당하기 까지 중국의 한왕조, 위왕조의 관할 하에 놓인 적이 있었지만, 반독립적인 자치세력으로 동해안을 거점으로 남북의 교통로를 이용하여 활발한 대외교역을 행하였다. 때로는 신라의 북변과 백제의 영역까지 침투해 들어가 고대국가형성기에 주변제국에 커다란 위기감을 안겨주기도 했다. 경상북도 영일군 신광면 마조리에서 '진솔선예백장晋率善穢伯長'이라는 명문이 들어있는 동인銅印이 발견되었다.[21] 중국 진晋왕조에서 주변제국의 왕이나 수장에게 하사한 관인의 하나로 예왕에게는 백장伯長의 칭호를 내렸다. 출토 지역이 예족의 분포지역인지는 알 수 없으나 교류의 범위가 동해안의 남부지역까지 퍼져있었음을 확인할 수 있다.[22] 동예의 가락국과의 교류는 통과 지역인 신라의 협력 없이는 이루어지기 어려운 일로서 가락국–신라–동예로 이어지는 하나의 교역권이 형성되었고, 나아가 정치적 교섭을 통한 일정한 군사적 협력체제도 구축하고 있었다고 추측된다. 한편『삼국사기』신라본기에 빈번히 나오는 왜의 침략기사도 신라국가형성기의 대왜관계를 반영하고 있다. 왜의 신라침략은 물자나 인신의 약탈을 주로 한 해적적인 성격의 행위로서 신라의 동변과 남변이 주공격대상이 되고 있다.[23] 이러한 정황에서 신라의 가락국과의 공조체제는 중시할 수밖에 없었다고 보인다.

이렇듯 가락국과 신라, 동예는 적어도 4세기말까지는 왕권 상호간의 체

21) 梅原末治,「晋率善濊佰長銅印」,『考古美術』8－1, 1967.

22) 이현혜,「동예와 옥저」,『신편 한국사』4, 국사편찬위원회, 2002, 참조.

23) 旗田巍,「三國史記新羅本紀の倭」,『日本のなかの朝鮮文化』19, 1973, 鈴木英夫,「三國史記新羅本紀倭人·倭兵記事の檢討」,『國史學』101, 1977, 同『古代の倭國と朝鮮諸國』, 青木書店, 1996, 졸고,「5세기 이전의 신라의 대왜관계」,『일본학』7, 8·9, 1988, 1989, 同,『고대한일관계사』, 혜안, 1998.

제안정과 주변제국으로부터의 위협에 공동대처하는 군사적 협력관계를 유지하였다고 보인다. 낙동강 중하류역을 중심으로 한 한반도의 동남부는 중국 군현을 비롯한 한韓 제국들, 북으로는 동해안으로부터 내려오는 예족, 일본열도의 왜의 정치세력들이 관심이 대상이었기 때문이다.

IV. 가락국의 대왜 교섭

3세기 이전 일본열도의 30여국에 달하는 소국들을 일찍부터 한반도남부로부터 도작문화의 수용과 청동기, 철기문화의 영향으로 왕권의 형성과 주도권 쟁탈을 위한 전란의 소용돌이에 빠지게 된다. 이러한 와중에서 중국의 군현과의 책봉과 조공관계를 통해 정치적 안정을 추구하고 지리적으로 근접해 있던 한반도남부의 제국과도 정치적 성격을 띤 교역과 교섭을 진행하였다. 특히 일본열도의 북구주지역은 해외교류의 관문으로서 한반도, 대륙의 문화의 창구역할을 하여 일찍부터 대외교섭의 중심지로서 중요한 역할을 담당하였다. 후한後漢 광무제 건무중원 2년(57)에 북국주연안의 노국은 한문제로부터 인수를 하사받아 동아시아의 무대에 등장했으며,[24] 108년에는 안제 영초 원년(107)에는 왜국왕 수승이 사신을 보내 조공하였다.[25] 이후 대란을 겪은 일본열도의 정치세력은 히미코의 야마타이국 휘하의 연맹체를 구성하게 된다. 위魏 경초 2년에 왜의 여왕은 대부 난승미를 보내 대방군을 거쳐 낙양에 도착하자, 위에서는 히미코에게 친위왜왕의 칭호와 함께 금인자수를 하사하여 책봉체제에 편입시켰다. 『삼국지』「위서」 왜인전

24) 『後漢書』 倭傳, 「建武中元二年, 倭奴國奉貢朝賀, 使人自稱大夫, 倭國之極南界也. 光武賜以印綬.」

25) 『後漢書』倭傳, 「安帝永初元年, 倭國王帥升等獻生口百六十人, 願請見.」

에는「대방군에서 왜로 가는데에는 해안을 따라 수행水行해서 한국韓國을 거쳐 혹은 남으로 혹은 동으로, 그 북안北岸에 구야한국狗邪韓國에 가는데에 7천 여리, 비로서 일해一海를 건너길 천 여리로 대마국對馬國에 도착한다.」라고 하여 대방군에서 남서해안을 거쳐 왜에 이르는 중계지점이 구야국임을 기록하고 있다. 이어서 동전同傳에는'왕이 사자를 파견하여 경도京都(위魏의 낙양洛陽)·대방군帶方郡·제한국諸韓國에 가기도 하고, 또 군郡이 왜국에 사신을 보낼 때에는 모두 진津에 임臨하여 수로搜露하고…'라고 하여 낙양, 대방군에서 왜의 왕래코스에 한반도 남해안의 제진諸津이 중간 기항지의 역할을 하고 있으며 당연 구야국도 제진諸津의 하나로서 통과하였을 것이다. 특히「其北岸」이란 일본열도의 북구주에서 본 방향으로 가락국이 지리적, 교통로상의 요지임을 말하고 있다. 특히 구야국에「韓」자를 적기하여「狗邪韓國」이라 표기한 것은 일본열도와는 다른 한반도의 경역을 가리킨다. 이 지역은 단순한 군현과 왜의 기항지나 통과지점이 아니라 해상교통의 요충임을 말해주는 것이다. 김해를 거점으로 한 구야국은 낙동강의 풍부한 수자원을 바탕으로 그 본류와 지류에 펼쳐진 광활한 충적평야는 기타의 지역에 비해 높은 농업생산력을 갖출 수 있었다.「위서」변진조에「토지가 비옥하고 오곡 및 벼농사가 잘 된다.」라는 기록은 김해지역의 자연조건과 잘 어울리는 말이다. 기에 양질의 항구와 수산자원은 어로문화를 일층 발전시켜 여기서 채취한 해산물은 낙동강수로를 통한 내륙으로 혹은 해상을 통한 대외무역으로 이익을 취했을 것으로 생각 된다.[26)]

변진시대의 구야국이 번영할 수 있었던 요인은 이러한 지리적 환경을 근간으로 하여 철자원의 생산이었다. 고대에 있어서 철자원은 생산력의 향상에 불가결한 경지의 개발, 수리시설의 정비, 철제농기구의 제작 등 농업의

26) 김해지역의 어로문화에 대해서는, 潘鏞夫·郭鍾喆,「洛東江河口 金海地域의 環境과 漁撈文化」,『釜山女子大學 伽倻文化研究所』2, 1991 참조.

생산성을 높힐 수 있는 중요한 소재였다. 철자원은 가락국을 동아시아의 교역의 중심지로 만든 요인이었던 것이다. 「위서」 변진조의 유명한 일절一節, 「국으로 부터 철을 산출한다. 한韓·예濊·왜倭가 모두 철을 취하고 있다. 어느 시장의 매매에서도 모두 철을 사용하고 있고 이는 중국에서 錢을 이용하는 것과 같다. 또 낙랑·대방의 이군二郡에도 공급하고 있다.」라는 기록에서 알 수 있듯이 철을 매개로 한 동아시아의 교역이 가락국을 중심으로 행해지고 있었던 것이다. 철은 전쟁무기의 주요한 소재이기 때문에 지배자의 권력을 뒷받침하는 도구로서 중요하다. 따라서 철의 교역에는 일반 상인 레벨의 교역이 아니라 국가권력의 직접적인 개입이 요구된다. 이로부터 구야국과 주변제국간의 정치적 교통이 열리게 되고 외교라는 새로운 형태의 대외관계가 성립하게 되는 것이다. 이에 따라 구야국 연안에는 교역과 외교업무를 담당하는 대외관계부서도 조직되었을 것이다. 이미 왜국에서는 3세기 당시 외교와 교역을 관장하는 대외기구인 일대솔一大率을 북구주 연안의 이도국伊都國에 설치한 일이 있다. 양 지역의 교류도 당연히 이러한 기구를 매개로 하여 성립되었다고 보인다. 동아시아 해상교통의 요지에 위치한 가락국은 일찍부터 왜의 정치세력과 외교와 교역을 통해 정치적 친연관계로 발전해 나간다.

가락국과 왜국과의 외교적 교류를 시사하는 기록으로 『일본서기』 숭신기와 수인기에 임나왕자 소나갈질지의 도왜기사가 나온다. 설화성이 강하고 일본중심의 윤색도 엿보이지만, 외교관계기사로 보는 것이 타당하다.

① 崇神紀 65년, 任那國이 蘇那曷叱知를 파견하여 조공하였다. 임나는 축자국을 떠나 2천여 리, 북으로 바다를 사이에 두고 鷄林의 서남에 있다.

② 垂仁紀 2년, 이 해에 임나인 蘇那曷叱智가 "나라에 돌아가고 싶다."고

청하였다. 아마도 선황의 시대에 알현하러 와서 아직 돌아가지 않았던 것인가. 그래서 소나갈질지에게 융숭하게 상을 주었다. 아울러 붉은 비단 1백 필을 주어 임나왕에게 하사하였다. 그러나 신라인이 길을 막아 이것을 빼앗아버렸다. 양국의 원한이 이 때 처음으로 생겼던 것이다. [어떤 책에서 말하기를] [어간성천황의 시대에 이마에 뿔이 있는 사람이 있어 배를 타고 와서 越國의 사반포에 정박하였다. 그러므로 그곳을 角鹿이라 이름하였다. "어느 나라 사람인가."라고 묻자 대답하기를 "意富加羅國王의 아들로 이름은 都怒我阿羅斯等이고 다른 이름은 于斯岐阿利叱智干岐라고 한다. 일본국에 성황이 있다는 말을 전해 듣고 귀화하였다. 穴門에 도착했을 때에 그 나라에 사람이 있었다. 이름은 伊都都比古였다. 나에게 '나는 곧 이 나라의 왕이다. 나를 제외하고 또 다른 왕은 없다. 그러므로 다른 곳으로 가지 말라'고 말하였다. 그러나 내가 그 사람됨을 살펴보니 틀림없이 왕이 아님을 알았다. 즉시 다시 돌아왔다. 길을 알지 못해서 섬과 포구에 계속 머물렀다. 북해로부터 돌아와 出雲國을 거쳐 여기에 이르렀다."고 말했다. 이 때 천황의 죽음을 조우하였다. 그대로 머물러 활목천황을 섬겨 3년이 경과하였다. 천황이 듣고 도노아아라사등에게 "너의 나라에 돌아가고 싶은가."라고 물었다. "바란다."라고 대답하였다. 천황이 아라사등을 불러 "너가 길을 헤매지 않고 빨리 왔더라면 선황을 만나고 섬길 수 있었을 것이다. 그래서 너의 본국의 이름을 고쳐서 어간성천황의 이름을 따라 즉시 너의 국명으로 삼아라."고 말하였다. 인하여 붉은 비단을 아라사등에게 주어 본토에 돌아가게 하였다.

숭신기 65년과 수인기 2년은 『일본서기』의 편년으로 각각 B.C. 32년, B.C. 29년으로 되어 있으나 후대 사건의 투영이다. 이 사건이 역사적 사실의 반영이라고 한다면 언제 어떠한 사건으로 이해할 것인가 생각해 보자. 우선 이때의 임나국은 「북으로 바다를 사이에 두고 계림鷄林의 서남에 있다.」 라는 기사에 근거하여 가락국일 가능성이 높다. 사료② 수인기 2년조의 분주에 의부가라국意富加羅國 왕자라고 나오고 있는데, 의부가라는 오호가라 즉 대가라를 가리킨다. 대가라란 큰가야, 중심국가라는 의미가 있고 남부가야지역의 맹주격인 가락국을 가리킨다. 동 분주에 의하면 임나왕자가 왜국에 통과한 지역에 혈문穴門, 출운국出雲國, 월국越國 등이 나온다. 『삼국유사』 연오랑·세오녀 설화의 일본판 전승인 『일본서기』의 천일창 설화에 나오는 연오랑의 이동코스와 유사하다. 『일본서기』 수인 2년조의 임나인任那人 소나갈질지蘇那曷叱智의 이주전승은 동 시세조의 분주分註에는 도노아아라사등都怒我阿羅斯等의 일본으로의 이주전승이 나오는데다. 다른 분주에는 이 인물을 의부가라국의 왕자라고 기록하고 있다. 이주민들 사이에는 후대씨족에 의해 이주전승을 공유하는 현상이 나타나기도 하는데, 이것은 신라계 이주민과 가야계 이주민에 의한 동일한 모티브를 갖는 전승의 변형이라고 생각된다. 이들 지역은 오히려 신라로부터의 이주민들 전승이 많은 곳들이다. 가야의 소나갈질지 전승이 천일창 전승과 융합하여 지명설화를 만들어 냈다고 보인다. 이 전승의 사실은 가락국과 지리적으로 가까운 북구주지역과의 관계에서 찾는 것이 합당하다고 생각 한다.[27] 야요이시대 북구주야말로 외교와 문물수용의 관문으로서 『삼국지』 위서 왜인전에 나오는 노국奴國, 이도국伊都國, 말로국末盧國, 왜의 맹주국으로서의 야마대국邪馬臺國 등 한반도, 중국의 후한, 위 시대의 낙랑군, 대방군과도 교류가 빈번했던 세력들이 분포했던 선진지역이었다.

27) 소나갈질지 설화에 대한 전론으로는 이병도의 연구가 있다(「蘇那曷叱智考」, 『韓國古代史研究』, 박영사, 1976). 철저한 고증을 통해 수용할만한 내용이 적지않다. 특히 가락국의 외교관계 기사로 본 것은 본고에도 영향을 주었다. 그러나 시기 문제, 왜국을 대화의 야마타이국으로 보는 등 본고의 추론과는 거리가 있다.

그렇다면 이 사건도 포상팔국의 침공과 결부시켜 이해할 필요가 있다. 포상팔국의 가락국 침공이야말로 가락국 왕권의 최대의 위기였고, 이 사건이 가져온 여파는 적지 않았다. 신라의 군사원조를 계기로 신라와의 일정한 정치적 예속 하에 들어갔고, 가락국의 거등왕조가 받은 충격은 대단했을 것으로 짐작된다. 북구주연안의 세력들과 협력관계를 강화하는 외교적 교섭사절로서 이해하는 것이 자연스럽다. 소나갈질지가 귀국하기를 청했다는 내용은 『일본서기』에 자주 나오는 외교사절의 귀국시의 상투적인 문구이고, 비단 1백 필의 임나왕에게 보낸 선물 역시 왕권 상호간 우호관계의 표징으로서 어울리는 외교적인 물산이다.

다음에는 가락국의 대왜외교에 대해 좀 더 적극적으로 추론을 해보자. 『삼국사기』 신라본기에는 5세기 이전에 50여 차례에 걸쳐 왜 관계 기사가 나온다. 대부분은 신라의 경역을 침범하는 군사적 내용이 대부분이지만, 외교관계 기사도 여러 차례 보인다.

① 아달라왕 5년(158) 3월에 왜인이 사신을 보내와 예방하였다.
② 아달라왕 20년(173) 5월에 왜 여왕 卑彌乎[28]가 사신을 보내와 예방하였다.
③ 기림왕 3년(300) 정월에 왜국과 사신을 교환하였다.
④ 흘해왕 3년(312) 3월에 왜국왕이 사신을 보내 아들을 위해 혼인을 청하자 아찬 급리의 딸을 보냈다.
⑤ 흘해왕 3년35년(344) 2월에 왜국에서 사신을 보내 혼인을 청하자, 딸을 이미 출가시켰다고 하여 사절하였다.
⑥ 흘해왕 36년(345) 2월에 왜왕이 글을 보내와 국교를 끊었다.

28) 『삼국지』 「위서」 동이전 등에는 卑彌呼이다. 『삼국사기』의 오류이다.

이 중에서 왜 여왕 히미코의 사절기사를 비롯하여 사신의 교환, 혼인관계 기사도 보인다. 이들 기사는 중국기록에도 보이지 않아 신라 독자의 기록으로부터 전승된 사료로 추정된다. 필자도 일찍이 이들 기사를 분석한 바 있고, 특히 부정할만한 이유가 발견되지 않아 신라와 일본열도의 정치세력간의 교섭기사로 이해한 바 있다.[29] 외교기사와 함께 침략기사가 혼재되어 있는 부분은 전쟁과 외교가 반복되는 국제관계에서 충분히 이해할 수 있지만, 왜여왕 비미호의 사신 파견연대, 왕권 상호간의 혼인관계 등 신뢰하기 어려운 부분도 있다. 왜여왕 비미호는 239년 위 명제로부터 친위왜왕의 책봉을 받았고, 243년에는 위에 조공사절을 보냈다. 247년에는 구주 남단의 구노국과의 전쟁에 대방군에 구원을 요청하는 사절을 보내기도 했다. 이러한 기년상의 문제점을 조정하면 신라와의 외교관계기사로 이해해도 무리는 없다고 생각하지만, 신라본기에는 왜병의 침략기사에 대한 경계와 불신이 가득차 있고, 열전의 석우로전昔于老傳이나 박제상전朴堤上傳에 보이듯이 거의 적대적인 세력으로 나온다. 신라국가형성초기의 야마타이국 여왕 히미코의 사절기록이나 왕실간의 혼인기사는 상호간의 경계와 적대인식에서 볼 때 부자연스러운 점이 적지 않다. 만약 이들 기록이 가락국과의 관련 기사라고 한다면 어떨까. 가락국의 철자원 등 선진문물은 북구주에 분포되어 있던 세력들에게는 획득해야 할 중요한 물자들이고 이를 위해 왕권 차원의 외교력이 필요한 것이다. 『삼국지』, 『후한서』 왜전, 「위서」 왜인전 등에 보이는 왜의 노국왕, 왜국왕 수승, 야마타이국 여왕 히미코의 사절이 후한과 위왕조 그리고 군현에 파견하는 사절이 나온다. 이들 왜의 정치세력들이 중국으로 갈 때의 노정은 가락국의 해안을 통과하며 중간 기항지로서 물품을 조달받고 귀국 시에도 교역과 정보의 교환 등 외교적 교섭이 필

29) 졸고, 「5세기 이전의 신라의 대왜관계」, 앞의 잡지. 丸龜金作, 「三國史記の倭王卑彌乎について」, 『新潟史草』7, 1974.

요한 만큼 상호 긴밀한 우호관계를 유지했을 것으로 보인다. 이러한 정황은 신라본기의 왜와의 외교, 혼인관계의 기록이 가락국에 어울리는 사건으로 추측하게 된다. 『삼국사기』에는 당연 존재했을 것으로 추정되는 가락국의 대왜관계 기사는 한 건도 보이지 않는다. 이것은 532년 신라왕권에 흡수된 가락국의 사적이 의식적으로 소멸당한 것으로 추측된다.

가야관련 고전승이 신라의 기록으로 둔갑했다면 신라국가형성기의 가락국의 대왜 외교관계 기사가 신라국이 경험한 사실로 변형, 채록되었을 가능성은 없었을까. 이러한 현상은 신라국이 지방세력을 흡수해 나가는 과정에서 종종 나타나는 현상이다. 고대 일본의 경우도 기내의 왜왕권이 서일본제국 등 지방호족들의 대외교섭사건을 왜왕권의 일로서 흡수하여 외교권을 독점하는 중앙정부의 일원적 지배체제가 일찍부터 확립되어 있었다는 통치의 정통성을 역사적으로 주장하는 행위이다. 신라본기에 가야의 대왜교섭기사가 전무한 것도 이러한 현상을 반영한 것은 아닐까. 신라국가형성기의 주변 제소국을 병합해 가는 과정에서 이들 소국들의 역사가 신라중앙정부의 전승으로 흡수되어 『삼국사기』에 채록된 결과가 아닌가 추측해 본다.[30)]

Ⅴ. 결어

포상팔국의 가락국 침공은 가락국 외교의 성격을 이해할 수 있는 중요한 사건이었다. 가락국은 건국초기부터 신라와의 긴밀한 교섭을 통해 왕권의

30) 이러한 사료이용은 유효한 방법은 아니다. 사료에 대한 철저한 검증을 통해 객관적 사실을 도출하는 것이 온당하다. 다만 『삼국사기』 신라본기의 대왜관계 사료가 신뢰하기 어렵다는 인식에서 추후 재검토를 기약하며 하나의 억측으로 서술해 놓는다.

안정을 추구하면서 동아시아 교역의 센터로서의 기능해 나갔다. 낙동강서안지역의 포상의 제소국들에 비해 우월적 지위에서 존재할 수 있었던 요인도 왕권에 안정에 불가결한 신라 등 주변제국과의 외교적 수완을 발휘하여 적대세력을 피해가는 전략을 추구하였기 때문이다.

신라와 결합한 가락국의 성장과 팽창은 주변 소국들에게 위협적 요인으로 다가왔고, 포상의 8개국이 연합세력을 구축하여 가락국과 신라에 대항했던 것이다. 그러나 포상의 제국들이 신라와 군사동맹을 맺은 가락국을 타도하기는 불가능하였다. 신라의 우로于老와 이벌찬 이음利音, 물계자가 이끄는 6부의 군사는「擊殺八國將軍 奪所虜六千人」이라는 전과를 올렸다. 골포국이 중심이 된 3개 연합군이 신라의 갈화성을 침공할 때도 격퇴당하였다. 이 전쟁에 신라군만이 등장한 것은 신라에 종속된 가락국이라는 신라중심사관의 반영으로 실제는 양국의 연합전선에 의한 결과이다.

가락국은 왜와의 외교교섭도 추진하였다. 거등왕자인 소나갈질지를 왜국에 보내 포상의 제국을 견제하고 친가락국 노선을 유지시켜 배후의 안정을 도모하였다. 왜의 제세력들이 가락국과의 철자원의 지속적인 수입은 왕권 상호간의 교섭의 결과로 이후 왜왕권의 가락국에 대한 친연관계를 이러한 바탕 위에 성립되었다고 보인다.

그러나 포상팔국의 침공때 가락국의 중국 군현과의 외교교섭은 보이지 않는다. 3세기중엽 왜여왕이 통치하는 야마타이국과 구주남단의 구노국狗奴國과의 전쟁에 대방군을 통해 위왕조의 도움을 요청하였다. 이에 대방태수는 위황제의 조서詔書와 황당黃幢을 여왕국에 보내고 정식의 문서로서 위의 입장을 왜여왕에게 알렸다.[31] 왜의 여왕국이 구노국과의 전쟁에서 위황

31)『三國志』魏書 倭人傳「其六年, 詔賜倭難升米黃幢, 付郡假授. 其八年, 太守王頎到官. 倭女王卑彌呼與狗奴國男王卑彌弓呼素不和, 遣倭載斯·烏越等詣郡說相攻擊狀. 遣塞曹掾史張政等因齎詔書·黃幢, 拜假難升米爲檄告喩之.」

제의 조서와 군기軍旗에 해당하는 황당을 받았다는 사실은 중국적 권위를 배경으로 적대하는 상대국을 제압하겠다는 가시적인 공세이다. 중국의 주변제국의 왕이나 수장들은 중국적 권위와 지위로서 내부적 권력을 공고히 하고, 적대국으로부터 중국의 지원을 받을 수 있는 점에서 책봉관계의 본질이 무엇인가를 잘 보여주고 있다. 이에 반해 가락국이 외부의 침공때 중국 군현에 연락을 취하거나 도움을 요청한 기록은 없다. 이것은 가락국의 신라와 왜 중심 외교로 생각되며 군현을 통한 군사요청에 대해서는 적극적이지 않은 것 같다. 군현의 개입이 오히려 가락국의 왕권에 안정에 장애가 된다고 판단했던 것은 아닐까 생각한다. 포상팔국의 군사적 공격을 극복한 가락국은 이후 남부가야지역에서의 우위성을 지키며 정치적 안정과 교역의 중심지로서 번영을 구가하게 된다. 3세기말 이후 낙동강 하구의 제유적에서 외래계 유물의 반입과 모방이 증가하고, 중원계, 중국 동북지역계·마한·백제계·진한·신라계·외계 등 다양한 계통의 유물이 출토되고 있다[32]는 고고학적 증거들은 가락국의 역동적인 활동상을 잘 보여주고 있다.

32) 홍보식, 「금관가야의 국제교류와 외래계 유물」, 『금관가야의 국제교류와 외래계 유물』, 주류성, 2004, 同, 「한반도 남부지역의 왜계 요소 기원후 3~6세기대를 중심으로 -」, 『한국고대사연구』44, 2006 참조.

참고문헌

■ 논저

김태식, 『가야연맹사』, 일조각, 1992.

백승옥, 『가야 각국사 연구』, 혜안, 2003.

연민수, 『고대한일관계사』, 혜안, 1998.

______, 『고대일본의 대한인식과 교류』, 역사공간, 2014.

이병도, 『韓國古代史研究』, 박영사, 1976.

이영식, 『새천년의 가락국사』, 도서출판 작가마을, 2009.

이현혜, 『한국고대의 생산과 교역』, 일조각, 1998.

鈴木英夫, 『古代の倭國と朝鮮諸國』, 青木書店, 1996.

■ 논문

강봉룡, 「고대 동아시아 연안항로와 영산강·낙동강유역의 동향」, 『도서문화』36, 2010.

김양훈, 「삼한시대 변한권역의 철기생산의 추이」, 『역사와 세계』44, 2013.

南在祐, 「浦上八國 戰爭과 그 性格」, 『伽倻文化』10, 1997.

박대재, 「변한의 왕과 狗邪國」, 『한국사학보』24, 2006.

白承忠, 「1~3세기 가야세력의 성격과 그 추이」, 『釜大史學』13, 1989.

선석열, 「浦上八國의 阿羅國 침입에 대한 고찰」, 『가라문화』14, 1997.

연민수, 「5세기 이전의 신라의 대왜관계」, 『일본학』7·8·9, 1988, 1989.

______, 「보국장군 · 본국왕과 금관국」, 『한일관계사연구』38, 2011.

윤용구, 「三韓의 朝貢貿易에 대한 一考察」, 『歷史學報』162, 1999.

______, 「三韓과 樂浪의 교섭」, 『한국고대사연구』34, 2004.

李富五, 「1세기초 廉斯國의 대외교섭」, 『한국고대사연구』22, 2001.

이영식, 「문헌으로부터 본 가락국사」, 『가야각국사의 재구성』, 혜안, 2000.

______, 「신라와 가야제국의 전쟁과 외교」, 『신라문화제학술발표논문집』15, 1994.
______, 「김해 대성동 고분군 출토 외래계 유물의 역사적 배경」, 『금관가야의 국제교류와 외래계 유물』, 주류성, 2004.
이현혜, 「4세기 가야사회의 교역체계의 변천」, 『한국고대사연구』1, 1988.
______, 「동예와 옥저」, 『신편 한국사』4, 국사편찬위원회, 2002.
이용현, 「浦上八國의 난에 대하여」, 『가야제국과 동아시아』, 통천문화사, 2007.
정인성, 「弁韓·加耶의 對外交涉 - 樂浪郡과의 교섭관계를 중심으로 - 」, 『가야고고학의 새로운 조명』, 혜안, 2003.
홍보식, 「금관가야의 국제교류와 외래계 유물」, 『금관가야의 국제교류와 외래계 유물』, 주류성, 2004.
______, 「한반도 남부지역의 왜계 요소 - 기원후 3~6세기대를 중심으로 - 」, 『한국고대사연구』44, 2006.
栗原朋信, 「邪馬臺國と大和政權」, 『上代日本對外關係史の研究』, 吉川弘文館, 1978.
西本昌弘, 「樂浪郡治の所在地と辰韓廉斯鑡」, 『朝鮮學報』130, 1989.
大谷光男, 「古代中國から册封された官印について」, 『朝鮮學報』119·120, 1986.
旗田巍, 「三國史記新羅本紀の倭」, 『日本のなかの朝鮮文化』19, 1973.
鈴木英夫, 「三國史記新羅本紀倭人·倭兵記事の檢討」, 『國史學』101, 1977.
梅原末治, 「晋率善濊佰長銅印」, 『考古美術』8-1, 1967.

「변진시대 가락국의 성장과 외교 －포상팔국의 침공과 관련하여－」에 대한 토론문

이 영 식 (인제대학교)

이 발표에 대한 약정토론은 시간관계상 종합토론으로 미룬다.

汉代铜镜的类型与分期

张全民*

目次

提要：汉代是中国古代铜镜的繁荣阶段，在汉代广大疆域及周边国家和地区都有出土。本文以中国境内汉代各地的考古出土资料为基础，参考前人研究成果，主要根据纹饰的差异，将汉代铜镜大致划分为蟠螭纹镜、蟠虺纹镜、草叶纹镜、星云纹镜、连弧纹铭文镜、重圈铭文镜、四乳禽兽纹镜、博局纹镜、多乳禽兽纹镜、连弧纹镜、变形四叶纹镜、神兽镜、画像镜、夔凤纹镜、龙虎镜等十五个种类。在此基础上，总结汉镜形制、纹饰等的特征及演变情况，将汉镜简略地划分为四期：西汉早期、西汉中晚期、西汉末年至东汉早期(包括新莽)、东汉中晚期，勾画汉镜的大致演进历程。

关键词：汉镜 类型 分期 特征

* 西安市文物保护考古研究院

汉代是中国统一多民族国家的强盛时期，大一统的政治局面为经济文化的空前繁荣和广泛交流提供了良好的条件。据《史记·货殖列传》记载:“汉兴，海内为一，开关梁，弛山泽之禁，是以富商大贾周流天下，交易之物莫不通，得其所欲，而徙豪杰诸侯强族于京师。[1]”

汉代中国古代铜镜进入繁荣阶段。铜镜作为汉文化的一种代表器物使用并流通，不仅是生者日常生活用品，一般墓葬中随葬铜镜的情况也十分普遍。“事死如生”的厚葬之风也是刺激铜镜大量铸造的一个重要原因。

汉镜不仅在汉代疆域内十分流行,而且辐射到周边国家和地区,并表现出巨大的共性。汉镜在中国南北各地都有出土，本文以考古出土资料为基础，参考前人研究成果，[2] 对汉镜进行类型划分。在此基础上，总结汉镜形制、纹饰等特征，并加以分期，勾画汉镜的大致演进历程。

一、类型

根据纹饰的差异，大致可将汉代铜镜划分为蟠螭纹镜、蟠虺纹镜、草叶纹镜、星云纹镜、连弧纹铭文镜、重圈铭文镜、四乳禽兽纹镜、博局纹镜、多乳禽兽纹镜、连弧纹镜、变形四叶纹镜、神兽镜、画像镜、夔凤纹镜、龙虎纹镜等十五类。[3]

1、蟠螭纹镜。有学者称为龙纹，即由许多盘曲状龙、蛇纹组成主纹的铜镜。主纹大多为蟠螭纹，也有少数为凤鸟纹。地纹为云纹、直线或斜三角纹

1) 《史记》卷一二九《货殖列传》，第3261页，中华书局，1959年。

2) ①孔祥星、刘一曼《中国古代铜镜》，文物出版社，1984年。②程林泉、韩国河《长安汉镜》，陕西人民出版社，2002年。

3) 由于汉镜除一面长方镜外，皆为圆形，故型式对形状不再一一说明。

组成的云雷纹。根据纹饰构图的差异大致可分为三个亚型。

A型:缠绕式蟠螭纹镜。弦钮，素圆钮座。内圈为凹面素圆带，主纹是三个或是四个涡化程度高的互相盘绕的蟠螭纹，有的铜镜蟠螭纹躯体上为一圈宽弦纹带所横断，弦纹上有的饰四乳纹或四叶纹。

B型:间隔式蟠螭纹镜。弦钮，蟠螭纹钮座。钮座外多为铭带圈。外区双线式和三线式蟠螭纹。极少数铜镜在靠近边缘处有铭文带一圈。蟠螭纹多以四叶间隔开来。铭文以"大乐富贵，千秋万岁，宜酒食"最常见，结句不少是一条或两条鱼形。

C型:博局蟠螭纹镜。弦钮，蟠螭纹钮座。座外双线方格，格内配置铭文。方格和博局纹(或称规矩纹)将镜背整齐地划分为四大区或八小区，其间配置主体纹饰蟠螭纹，蟠螭纹也是双线式和三线式。铭文多为"大乐贵富，得所好(或得长孙)，千秋万岁，延年益寿"。

蟠螭纹镜主要流行于战国至西汉早期，西汉中期以后少见。考古发掘资料证明西汉前期仍十分流行。其演进特点是镜体由薄变厚，地纹由细密清晰至模糊，再至粗拙。战国的蟠螭纹线条是平雕的，到了汉代，主纹开始变为双线，也有三线。

2、蟠虺纹镜类。蟠虺纹系指与蟠螭纹相似、但图案稍简化的的纹饰，又称虺龙纹。常见的有方格四虺纹镜、连弧蟠虺纹镜、四乳四虺镜。主纹为蟠虺纹，以四虺居多。前两型饰地纹，基本上有两种，一种为圆涡纹地，一种为线条纹地，都比较粗糙。

A型:方格四虺纹镜。三弦钮座。圆涡纹地，钮座外饰方格，有的格内配置铭文。方格四角或四边中心外饰乳钉纹各一。有的四角为草叶纹。四虺配置于方格的上下左右。不少虺纹的身躯明显出现C形的趋势。宽素缘或连弧纹缘。铭文有:"常相思，毋相忘，常富贵，乐未央"等。

B型:连弧蟠虺纹镜。三弦钮，钮外有重弦纹圈。主纹有的在虺纹间饰四乳钉纹。主纹与边缘间饰一周内向连弧纹圈，成为显著特征之一。素宽低卷边缘。

C型:四乳四虺镜。以圆钮、圆钮座最多，还有四叶纹钮座、连珠纹钮座。座外四虺形纹。有的在虺的腹背两侧缀有各种不同的纹饰，以禽鸟居多。都是素宽平缘。

前两型铜镜出在西汉初期或中期墓中。后一型镜从西汉中期汉武帝时期一直延续到东汉前期。

3、草叶纹镜类。钮或钮座外一般为大方格铭文带围绕，有的仅有方格而无铭文。方格外布置草叶纹饰。内向连弧纹缘，以十六连弧最多。据其布局和纹饰可以分为四乳草叶纹镜、四乳花瓣草叶纹镜、规矩草叶纹镜和简单草叶纹镜四种亚型。

A型:四乳草叶纹镜。大方格四角各向外伸出一组双瓣叶，将方格与边缘间分成四区。各区中部有一乳钉纹，乳丁两侧各有一支草叶纹，四区共有四乳八支草叶纹。

B型:四乳花瓣草叶纹镜。分区布置格式同上，只是每一个乳钉外环绕四个三角形花瓣。

C型:博局草叶纹镜。博局纹符号间配置草叶纹。

D型:简单草叶纹镜。此型镜中委角方形之四角各伸出一草叶，叶间夹杂一些简单草纹。

草叶纹镜的铭文简洁明了，粗略统计有二十余组。其中以“见日之光，天下大明”最为常见。草叶纹镜是汉代流行的主要镜类之一，以四乳草叶纹镜占绝大多数。根据考古资料，这种镜型流行于西汉前期和中期，全国各地出土的草叶纹镜虽然基本相同，但也有细微的地区性差别。

4、星云类镜。《博古图录》名百乳鉴，有的连称星云百乳镜。连峰式钮(亦称为博山炉钮)，圆钮座，钮座外多为内向十六连弧纹，其外为星云纹带。其形状似天文星象，故有星云之名。有的学者则认为：所谓星云完全系由蟠螭文渐次演变而成，小乳钉系蟠螭骨节变幻，云文则为蟠螭体之化身。内向连弧纹缘。

A型：五星(或六星)式星云纹镜。主纹四乳丁相间五星或六星云图案，画面比较简单。

B型：多星式星云纹镜。四乳丁及四花瓣组成的花形图案与多星云图案相间，构图显得繁缛。

根据与铜镜伴出的其他墓葬资料，可知星云镜主要流行于西汉中期武、昭、宣帝时期。

5、连弧纹铭文镜类。这里所指的连弧纹镜又可分为两种类型：第一类型的特征是钮座外内区纹饰为连弧纹，外区为铭文带。第二类型的特征是钮座外的连弧纹已成为整个镜背的主题纹饰。前者有日光连弧纹镜、昭明连弧纹镜、清白连弧纹镜、铜华连弧纹镜等。后者有素连弧纹镜、云雷连弧纹镜、长宜子孙连弧纹镜等。本文据其特征将后者归于重圈铭文镜类。

A型：日光连弧纹镜。圆钮，圆钮座。座外有内向连弧纹一周。绝大多数为内向八连弧纹。外区为铭文带，铭文首句皆为"见日之光"，故名日光镜。素宽平缘。这种镜子一般较小，直径在6" 8厘米之内。现在人们所称的日光镜，除了本型式之外，还有一种钮座外没有内向连弧纹，见重圈铭文镜类。铭文以"见日之光，天下大明"、"见日之光，长毋相忘"最为多见。

B型：昭明连弧纹镜。圆钮，圆钮座或连珠纹钮座，钮座外有内向连弧纹一周。外区为铭文带，取其铭文中"昭明"二字为铜镜命名。素平缘，有宽有窄。镜的直径一般比日光镜大，多在8"12厘米之内。完整的铭文应是："内清质以昭明，光辉象夫兮日月；心忽扬而愿忠，然雍塞而不泄。”根据镜的大小而定，铭文常有省字。还有在每个字之间夹一“而”字(有的人释为天字)。

C型：清白连弧纹镜。圆钮，连珠纹钮座或圆钮座，座外有内向连弧纹一周。此型镜因铭文首句有“洁清白而事君”，故名清白镜。全铭应是：“洁清白而事君，怨阴驩之弇明，焕玄锡之流泽，志疏远而日忘，慎糜美之穷皑，外承驩之可说，慕窔窕于灵泉，愿永思而毋绝。”镜铭的字句是视铜镜尺寸而定。

D型：铜华连弧纹镜。形制同上，铭文前三句各镜都比较一致：“湅冶铜华清而明，以之为镜而宜文章，以延年而益寿去不羊。”第三句后则多有不同。因其首句有“铜华”二字，故名铜华镜。

E型：日有熹连弧纹镜。形制同上，因铭文首句有“日有熹”而得名。镜铭全文为“日有熹，月有富，乐毋事，常得意，美人会，竽瑟侍，贾市程万物。”

这几种铭文连弧纹镜的直径比日光、昭明镜大，一般都在14厘米以上。日光连弧纹镜和昭明连弧纹镜是汉镜中出土数量多、流行范围广的镜类，在中国许多省市自治区都有发现。根据考古发掘资料可知，日光连弧纹镜主要流行于西汉武帝后至王莽时期，昭明连弧纹镜的流行年代与之相当。根据考古出土资料可见，此镜型主要流行于西汉晚期。

6、重圈铭文镜类。圆钮，连珠纹钮座或圆钮座。多素宽平缘。此镜类的主要特征是钮座外以一圈或两圈宽凸弦纹将镜背分成内外两区，主题结构以铭文带为主，因此其镜型也和上一类相同，以铭文内容加以区分。

A型：日光重圈镜。铭文有“见日之光，长毋相忘”，“见日之光，天下大明(阳)”等。此镜形制较小。

B型：昭明重圈镜。有一圈“昭明”铭文带。

C型：日光昭明镜。有两圈铭文带。主要排列方式有两种，第一种排列是内区为“日光”铭，外区为“昭明”铭；第二种排列是内区为“昭明”铭，外区为“清白”铭。双重铭文的铜镜几乎都为十二连珠纹钮座。

D型：昭明清白镜。此型内圈昭明镜铭文，外圈为清白镜铭文。

E型：昭明铜华镜。内圈“昭明”铭文，外圈为“铜华”铭文。

F型：宜佳人重圈镜。此型铭文重圈镜，多与云雷纹圈相组合。圆钮，十二连珠纹钮座。

除上述几种外，还有其它一些铭文。从出土资料来看，重圈铭文镜类以双圈铭文的昭明重圈镜最多，日光重圈镜次之，其它较少。

日光镜和昭明镜虽可划分为连弧纹镜和重圈镜两类，但是两者在钮、钮座、铭文及镜缘等方面都是一致的，两者流行时代也相同。故许多著录根据铭文，将它们单独划分出来。

7、四乳禽兽纹镜类。《博古图录》称之为四乳鉴。这类铜镜以钮座外突出的四乳为特点，四乳间环绕着禽鸟、走兽、四神等。根据四乳间环绕的不同纹饰，将其分成四乳禽兽纹镜、四乳四神镜。

A型：四乳禽兽纹镜。四乳间配置禽鸟、走兽或仙人。较多见的为素宽缘四乳八鸟镜，还有素宽缘四乳四兽镜，四兽为双龙双虎或同形四虎。这类铜镜出在西汉晚期至东汉前期的墓葬中，流行时代应在西汉晚期及其以后。

B型：四乳四神镜。四乳间分别为青龙、白虎、朱雀、玄武。素宽缘或三角锯齿纹缘。东汉前期墓中有出土。

8、博局纹镜类。镜的最主要特征是镜背纹饰中TLV三种符号，现在学者们一般倾向称为博局纹，也有沿袭称规矩纹。据其纹饰内容可分为四神博局镜、鸟兽纹博局镜、几何纹博局镜、简化博局镜。

A型：四神博局镜。圆钮，四叶纹钮座或圆钮座，座外方框，方框内有的排列十二地支铭。博局纹将镜的内区分为四方八等分。青龙、白虎、朱雀、玄武各踞一等分，其它四等分配以鸟、兽、羽人等。也有四神介于博局纹之间，占踞东西南北四方，以禽兽填白。外区有的环绕一圈铭文带，边缘纹饰较为复杂，以三角锯齿纹、水波云纹、流云纹为主。四神规矩镜的主要铭文为“尚方”铭，此铭铜镜有不少在方框内配置十二地支铭“子丑寅卯辰巳午未申酉戌亥”。除“尚方”铭之外，还有“善铜”铭、“佳境”铭、“来言”铭等铭文镜。此外还有一些纪氏的铭文，如“王氏”铭、“朱氏”铭、“杜氏”铭。

B型：鸟兽纹博局镜。形制和纹饰布局等方面同上型，但纹饰中四神不按方位排列，而是与飞禽、走兽、怪神排列在一起。铭文除“尚方”、“来言”、“善铜”等外，还有“大山”铭。

C型：几何纹博局镜。此型镜是上面几种类型铜镜的简化。原来饰四神、禽兽等图案的地方换成菱形、线条、云纹等纹饰，很少配置铭文。

D型：简化博局镜。此型将博局纹三种符号简化，只出现一种或两种，而且整个纹饰多随之简化。

博局镜是汉代最流行的镜类之一。四神博局镜有王莽时期的纪年铭文镜传世。综合各地出土情况，可知四神、禽兽、几何纹博局镜流行于王莽时及东汉前期，简化博局镜盛行于东汉中、晚期。

9、多乳禽兽纹镜类。圆钮，圆钮座和四叶纹钮座。钮座外五至九乳不等。其中以七乳最多，称七乳禽兽纹。以乳钉为基点来布置纹饰，间以禽兽纹。因其主题纹饰以镜钮为中心环绕成狭窄的纹带，故不少学者将它们称为禽兽带镜、兽带镜。可以分为多乳四神禽兽纹镜、多乳禽鸟纹镜、多乳禽兽纹镜等几型。

A型：多乳四神禽兽纹镜。圆钮，圆钮座，钮座外一般环绕八个或九个小乳，内区以七乳居多，间以四神、羽人及禽兽纹。有的铜镜主题纹饰外还环绕一圈铭文带。锯齿纹、流云纹缘。铭文有“尚方”等铭。

B型:多乳禽鸟纹镜。圆乳钉间配置同形的禽鸟。

C型:多乳禽兽纹镜 。圆乳间配置各种形象活泼生动的禽兽、羽人。有的主纹外为铭文带，铭文除了“尚方”铭外，还有姓氏铭。

多乳禽兽纹镜类制作比较精致。根据纪年铭文和出土资料，可见此类镜主要流行于东汉中晚期。

10、连弧纹镜类。此类镜的特征是以内向连弧纹为主题纹饰，铭文处于装饰从属地位。根据其构图的特征可以分为云雷连弧纹镜、“长宜子孙”连弧纹镜、素连弧纹镜。

A型:云雷连弧纹镜。圆钮座或四叶纹钮座，内区八连弧纹，外区云雷纹和弦纹。云雷纹一般为八个带圆心之小圆圈，或者为带圆点的同心圆圈，或者是涡纹。各圆圈之间有数目不等斜线纹或弦纹相连，宽素缘。有的在四叶纹钮座的四叶间加“长宜子孙”或“长生宜子”四字铭文。

B型:“长宜子孙”连弧纹镜。圆钮，绝大多数为四蝠形叶钮座，其外为八个内向连弧纹组成的圈带，外区无上述云雷纹带，素宽缘。蝠形叶间往往填以四字铭，以“长宜子孙”铭文最多，因此人们习惯于将其称为“长宜子孙”镜。实际上还有“长(君)宜高官”、“长生宜子”四字铭。也有些铜镜除内铭外，八连弧间还有“君如金石寿宜官秩”、“位至三公”、“寿如山(金)石”等铭文。

C型:素连弧纹镜。圆钮，圆钮座，钮座外为内向连弧纹缘，素宽缘。既无铭文又无云雷纹带。

以上三种连弧纹镜型中，以第二种较多。中原和北方地区流行“长宜子孙”连弧纹镜和云雷连弧纹镜，以前者更为广泛。南方数省则多云雷连弧纹镜。根据纪年铭判断，连弧纹镜类在东汉中叶出现并流行起来，云雷连弧纹镜又比“长宜子孙”连弧纹镜流行得早一些，后者主要盛行于东汉晚期。

11、变形四叶纹镜类。圆钮或兽钮，圆钮座。此型镜的共同特征是，座外四蝙蝠形叶向外呈放射状，占据镜背中心位置，并将内区分成四区。四区内配置兽首、夔纹、凤纹等纹饰。可以分成变形四叶兽首镜、变形四叶夔纹镜、变形四叶八凤纹镜。

A型：变形四叶兽首镜。圆钮或兽钮，有的变形四叶内四角各有一字铭或三字铭，组成四字铭或十二铭句。四区内各配置一兽首。外区为铭文带及内向连弧纹一周。边缘多有菱形连珠纹图案组成的不同形式的纹饰。四叶内角的铭文，由四角各一字铭组合的有"君(长)宜高官"、"位至三公"、"长宜子孙"等。也有由三字铭组合的铭文。河南南阳市博物馆藏有几面纪年"尚方"铭的变形四叶兽首镜。

B型：变形四叶夔纹镜。也称单夔镜，此类镜圆钮，圆钮座。四叶纹的内四角有的也配置铭文。四区内的纹饰比上述兽首镜种类较多一些，有夔龙、夔凤。还有不少的纹饰呈几何形图案，以云雷纹或涡纹似的图案象征夔纹。外区布置基本上是两种：一种为内向十六连弧纹一周以及菱纹或涡纹带，素窄缘；一种在主题纹饰外即为素宽缘或内向连弧纹缘。四叶内的铭文有"位至三公"、"长宜子孙"等。

C型：变形四叶八凤纹镜。日本学者称为夔凤镜或称为凤纹镜。圆钮，圆钮座。四叶内有的也配置铭文。四区内各有形态秀丽且图案化的双凤一组。主题纹饰外即为比较大的内向连弧纹缘。整个镜背纹饰用平剔法，图案如剪纸风格，布局对称。四叶内的铭文有"长宜子孙"、"位至三公"、"君宜高官"等。

变形四叶纹镜类中，兽首镜的铭文中多纪年铭。在已经发现的汉代纪年铭铜镜中，兽首镜的数量相当可观。可知变形四叶纹镜类主要流行于东汉晚期桓帝、灵帝时期。

12、神兽镜类。所谓神兽镜是以浮雕手法表现主题纹饰神像、龙虎等题材的镜类。据其纹饰布局方式，分为重列式神兽镜和环绕式神兽镜二种。

A型：重列式神兽镜。有的学者称其为阶段式神兽镜。主题纹饰由上而下排列，即上述“轴对称”方式。神兽可自上而下分成三至五段。重列式神兽镜中有十多面东汉末年献帝建安纪年铭。

B型：环绕式神兽镜。亦称放射式神兽镜。神兽都以钮为中心作环绕式排列，即上述“心对称”式（求心式）配置。在镜的各个方向都可以看到正面踞立的神兽。还可细分为环状乳神兽镜、对置式神兽镜和求心式神兽镜三种亚型。

Ba型：环状乳神兽镜。三组或四组神兽环钮配置。环状乳由天禄、辟邪等兽形的部分骨节构成。兽首作龙形或虎形，向右环绕的形式居多。除东王公、西王母以及伯牙弹琴、黄帝等群像外，还添加了侍神。神兽外有半圆方枚带，外区为铭文带或画纹带。

Bb型：对置式神兽镜。其主要特征是踞坐的二个神像夹钮头对头配置，每个神像两侧各置一向着神仙的兽。一神二兽形成了一个纹饰构成单位。其间配置二神像和二神兽各一组，有的还配置其它一些神兽、禽鸟。对置的神像是东王公和西王母，二神像是伯牙和锺子期。神像外有半圆方枚带，再外有的为铭文带。

C型：求心式神兽镜。与前述以神像和兽组合成一个纹饰构成单位的对置式神兽镜不同。此型是各个神像独立成为一个纹饰构成单位。多是四神四兽相间配置，神像仍然是东王公、西王母、伯牙等。神兽外也有半圆方枚带，外区为画纹带。

从目前考古发掘的资料来看，黄河流域地区考古发掘的汉墓中极少发现神兽镜，相反在长江流域等地则有较多的发现。大致在东汉中期以后开始出现并逐渐流行起来。

13、画像镜类。画像镜与东汉流行的画像石、画像砖一样，是以浅浮雕式手法表现神像、历史人物、车骑、歌舞、龙虎、瑞兽等纹饰题材的铜镜。比起神兽镜来，纹样略呈扁平状，亦缺乏神兽镜那么多的纪年铭文。铜镜的直径也比较大。根据纹饰内容大致可分为历史人物画像镜，神人车马画像镜，神人禽兽画像镜，四神、禽兽画像镜。

A型：历史人物画像镜。圆钮、连珠纹钮座。最常见的题材是伍子胥画像镜，四乳分成四区环绕式布置历史故事。描写春秋末年有关历史故事，有"忠臣伍子胥"铭。

B型：神人车马画像镜　圆钮，连珠纹钮座。带座四乳将内区分成四区，各区内分别配置神人车马。主题图案变化丰富。

C型：神人禽兽画像镜。圆钮，连珠纹钮座或双线方格钮座。主题纹饰亦以四乳间隔作四分法布置。内容是神人、龙虎、瑞兽等等，二区神人也是对置式。

D型：四神、禽兽画像镜。布局、形制同上，只是以四神或其它神兽为主要内容。表现最多的是龙、虎，再配置其它瑞兽。

从目前出土的资料来看，画像镜以浙江绍兴出土最多，大致在东汉中期以后开始出现并逐渐流行起来。

14、夔凤(双夔)纹镜类。圆钮，圆钮座。此类镜的最主要特征，一是双夔左右夹钮首尾相对，即所谓"轴对称"的纹饰布局格式；二是铭文在钮上下方直行排列。素缘。可以分为直行铭文双夔(凤)纹镜、双头龙凤纹镜。

A型：直行铭文双夔(凤)纹镜。有的学者以铭文内容称为"位至三公"镜、"君宜高官"镜。圆钮，圆钮座或无钮座。双夔(凤)或两头龙凤夹钮配置，钮上下为字数相等的直行铭文，少者各一字，多者各四字。

B型：双头龙凤纹镜。圆钮，圆钮座，两条屈曲之夔凤(一端为夔首，一端为凤首）双首相对。无铭文，其外有的也配置连弧纹圈，素宽缘。

夔凤纹镜是新出现的"轴对称"纹饰配置的主要镜类，流行于东汉中晚期。

15、龙虎纹镜类。圆钮，圆钮座，斜缘。此类镜镜钮多厚大，占据中心突出地位。主题纹饰主要是浮雕或圆雕的龙虎纹。可分为龙虎对峙镜、盘龙镜、盘虎、二虎、双龙、三虎等镜型。下面对两种常见类型加以说明：

A型：龙虎对峙镜。大圆钮，一龙一虎夹钮左右张口对峙，有的龙虎首间和尾部配以其它鸟兽、羽人等图案。

B型：盘龙镜。又称灵鼍镜、鼍龙镜。圆钮、圆钮座。主题纹饰为高圆浮雕盘龙，张口屈身盘绕，钮及钮座成为龙身的一部分。

这类铜镜主要流行于东汉晚期。陕西南部地区的两座汉墓出土过与东汉和帝元兴元年（105年）共存的龙虎纹镜，[4] 说明这种镜的出现在东汉中期以后。

二. 形制与特征

汉镜特征鲜明，变化明显。主要从形状、镜钮、钮座、边缘、主题纹饰及布局几个方面加以说明。

汉镜的形状，一般都是圆形，目前仅山东临淄发现一面长方镜。

镜钮西汉早期大多为弦钮，西汉中期以后开始流行乳状圆钮。连峰式钮（又称博山炉钮）在西汉中期曾流行，西汉晚期消失。一度出现过伏螭钮、鱼形钮，但较少见。东汉时期的镜钮均为半球形，而且越来越大。

4）郭清华《陕西勉县老道寺汉墓》，《考古》1985年第5期。

钮座:西汉早期形制多样，有圆形、方形、四叶形、联珠纹钮座。西汉中期以后，流行圆形、联珠纹钮座。从新莽开始，以圆形为主。

镜缘:西汉早期承接战国时期的特点，除平缘以外，多见内凹式卷缘，中期以后开始从折平高缘渐变为平缘。东汉早期以后，镜缘成斜面，在东汉晚期出现了近似三角缘。

镜面:西汉早期至中期比较平直，略微外凸，西汉晚期以后出现较凸的弧面，一直持续到东汉晚期，并且弧面越来越凸出。

纹饰包括镜背的主题纹饰和镜缘纹饰，也相应发生变化。由西汉早期的主纹加地纹的结构，向西汉中期以后单一主纹演进。

西汉早期，主纹主要沿袭战国时期传统，流行素面、连弧、蟠螭、蟠虺纹。从西汉早期开始，地纹逐渐简化，缠绕式图案盛行，间隔式开始兴起。战国时期出现了彩绘镜，西汉时期更加复杂。1963年在西安北郊红庙坡出土了一面彩绘的人物、奔马及树木等图案的铜镜。[5]

西汉中期，地纹逐渐消失，花卉、草叶纹盛行，博局纹一度出现，星云纹、连弧纹比较盛行。

西汉晚期，四乳四虺纹流行，最常见的是铭文连弧纹装饰。四乳丁间装饰的禽兽神仙纹开始流行，神灵气息浓厚。

新莽时期，博局纹流行，与鸟兽、羽人、四灵铭文等相结合。

东汉早期，博局纹由盛转衰，形成一些简单的几何博局纹。大量流行的是一些云雷纹，连弧四叶纹也逐渐流行。

东汉晚期，变形四叶纹盛行，四叶间多饰有禽鸟仙兽，同时流行浮雕的神兽纹、画像纹。此外还流行一种夔凤纹。

镜缘纹饰，西汉时期以素缘为主。新莽时期开始流行云纹、锯齿纹、波折

5) 西安市文物保护考古研究所《西安文物精华·铜镜》第10页，世界图书出版公司，2008年。

纹。东汉时期以变形的云纹装饰最常见，新出现一些连弧菱形纹、禽兽纹、四神纹及铭文带缘饰。

铜镜的纹饰布局在两汉有以下重要变化：

1、西汉早期—西汉中期的环绕镜钮式布局，仍然保留了战国时期特点。

2、西汉中期武帝前后兴起的四分法(以四乳为界)纹饰一直持续到新莽时期，并衍生出五分法、七分法布局型式。

3、西汉中期以后，地纹逐渐消失，主纹突出。

4、纹饰题材逐渐增多。从单一的蟠螭纹，再到草叶、星云、铭文、禽鸟、神兽、画像。

5、东汉中期以后浮雕技法及轴对称布局的产生开创了新的铜镜装饰及布局。

6、纪年铭文镜在东汉时期广泛出现，为铜镜断代提供重要依据。

三. 分期

根据考古出土资料，结合铭文纪年可知，两汉铜镜的重要变化出现在汉武帝时期、西汉末年王莽时期、东汉中期，因此大致可分为四期[6]：

第一期：西汉早期，大致相当于汉高祖至汉景帝时期，约公元前3世纪末—公元前2世纪中叶。本期仍然沿袭了战国镜型，并有所变化，是战国镜与汉镜的交替时期。本期以蟠螭纹镜、蟠虺纹镜为代表。西汉初期，沿袭战国平

6) 关于汉镜分期，本文主要参阅了孔祥星、刘一曼先生的论述，见上注《中国古代铜镜》。日本冈村秀典进一步将汉镜详细划分为7期，参见冈村秀典《汉镜分期研究》，载清华大学汉镜文化研究课题组《汉镜文化研究》(上)第46-72页，北京大学出版社，2014年。本文第一期与冈村第一期、第二期与冈村二、三期，第三期与冈村四、五期，第四期与冈村六、七期大致相当。

雕的细带状单线蟠螭(虺)纹，开始变为双线，也有三线。镜缘为卷缘。多线蟠螭(虺)纹镜出现铭文。草叶纹镜是这一期文景帝之时新出现的镜型，其中A型四乳草叶纹镜和B型四乳花瓣草叶纹镜都已出现，镜钮除圆钮之外，还有弦钮、伏螭钮。

第二期:西汉中晚期，大致从汉武帝开始至宣帝时期，约公元前2世纪后叶—公元前1世纪中叶。本期镜种趋于丰富。除了草叶纹镜继续流行以外，新出现星云纹镜、连弧纹铭文镜、重圈铭文镜、四乳四虺纹镜。以四乳丁为基点组织主题纹饰的四分法布局方式虽不是这一期新出现的，但是定型和广泛使用却是在西汉中期。这一时期突出主纹，地纹逐渐消失。主题纹饰结构简单，纹饰朴素，改变了战国铜镜那种严谨细密的风格。铭文逐渐成为铜镜纹饰的重要组成部分。以"日光"铭、"昭明"铭最为流行。铜镜形制也发生了变化。半圆球状钮完全代替了战国铜镜的弦纹钮。除圆钮座以外，四叶纹钮座、联珠纹钮座也十分流行。内向连弧纹图案广泛采用，草叶纹镜、星云镜外缘均为内向连弧纹缘。连弧纹铭文镜则在钮座外布置内向连弧纹。

第三期:西汉末年王莽时期到东汉前期，大致从西汉元帝开始到东汉光武帝，约从公元前1世纪后叶—公元1世纪前叶。二期的连弧纹铭文镜、重圈铭文镜、四乳四虺镜仍流行的同时，开始出现并流行博局纹镜、四乳禽鸟镜。本期铜镜的纹饰题材有了重要突破，以四神为中心，形象各异的禽鸟、瑞兽成为铜镜的主题纹饰，并影响长远。铭文种类繁多，内容丰富。以"尚方"铭最多，"善铜"、"佳镜"铭以及纪氏铭也逐渐出现，出现个别纪年镜。这一时期流行的镜类，不仅主题纹饰精美，而且一改前期多宽素缘的形式，注重铜镜边缘的装饰，多流云纹缘、三角锯齿纹缘、双线波纹缘。

第四期:东汉中晚期，大致从汉明帝开始到汉献帝，约从公元1世纪中叶—公元3世纪前叶。博局纹镜发展为简化博局镜，连弧纹镜、夔凤纹镜出现并流行起来。在南方长江流域神兽镜和画像镜出现并广泛流行。东汉晚期除连弧纹镜类(主要是长宜子孙连弧纹镜)、夔凤纹镜类以及南方的神兽镜、画像镜继续流行外，上期开始出现的变形四叶纹镜、龙虎纹镜类也流行。以神兽镜、画像镜为主的铜镜题材标志着中国铜镜发展到了一个新的阶段。神兽镜、画像镜、龙虎镜等采用了浮雕式的手法，主题纹饰突起，开创了后代铜镜高浮雕的制作手法。铜镜纹饰布局上突破了"心对称"式 的纹样，出现了重列式神兽镜、双头龙凤纹镜、直行铭文双夔镜等"轴对称"的新设计。纪年、纪氏的铜镜铭文更加盛行。

注释:

한漢대 동경의 유형과 편년

张全民*
번역: 조윤재**

目次

Ⅰ. 서언

한대漢代는 다민족 국가 통일 이후 국력이 강성한 시기이다. 이를 토대로 마련된 강성한 정치국면은 경제 문화 발전과 광범위적인 교류에 기반을 마련해 주었다. 『史記·貨殖列傳』에 따르면 「漢興, 海內爲一, 開關梁, 弛山澤之禁, 是以富商大賈周流天下, 交易之物莫不通, 得其所欲, 而徒豪傑諸侯强族於京師.」라고 기술하고 있다.

한대漢代는 중국 고대 동경銅鏡이 왕성한 발전 단계로 진입한 시기이다. 동경銅鏡은 한대漢代 문화의 대표적인 기물器物로 사용되었고 유통되었다. 생자生者의 일상생활 용품으로 사용되었을 뿐만 아니라, 수장품隨葬品의 일

* 西安市文物保护考古研究院
** 인제대학교

부로 보편적으로 사용되었다. "사사여생事死如生"에서 알 수 있듯이 호화로운 묘장墓葬 풍습은 동경銅鏡의 대량 주조를 자극하는 원인이 되기도 하였다. 한대漢代 동경銅鏡은 전역에서 공통적인 특징을 가지고 출토되었을 뿐만 아니라, 주변 국가와 지역에 영향을 끼치기도 하였다.

한대漢代 동경銅鏡은 중국의 남북부 지역에서 모두 출토되었다. 본문에서는 고고 출토 자료와 역대 연구 성과를 참고하여 한대漢代 동경銅鏡의 유형을 분석하고 그 형식과 무늬장식의 특징을 종합하고자 하며, 시기를 나누어 한대漢代 동경銅鏡의 연변 과정을 정리하고자 한다.

II. 동경의 유형

한대漢代 동경銅鏡은 무늬장식에 따라 반리문경蟠螭紋鏡, 반훼문경蟠虺紋鏡, 초엽문경草葉紋鏡, 성운문경星雲紋鏡, 연호문명문경連弧紋銘文鏡, 중권명문경重圈銘文鏡, 사유금수문경四乳禽獸紋鏡, 박국문경博局紋鏡, 다유금수문경多乳禽獸紋鏡, 연호문경連弧紋鏡, 변형사엽문경變形四葉紋鏡, 신수경神獸鏡, 화상경畵像鏡, 기봉문경夔鳳紋鏡, 용호경龍虎鏡 등 15 종류로 나누어진다.

1. 반리문경蟠螭紋鏡

용문경龍紋鏡이라고도 한다. 즉, 강한 굴곡을 이룬 다수의 용문龍紋을 주요 소재로 한 동경銅鏡이다. 주요 장식은 반리문蟠螭紋이며, 일부 동경의 경우 봉조문鳳鳥紋을 시문한 것도. 바탕문양은 운문雲紋과 직선 혹은 사삼각문斜三角紋로 구성된 운뇌문雲雷紋으로 이루어져있다. 문양 도안의 구성에 따라 몇가지 유형으로 나뉘어 진다.

A형 : 전요纏繞식 반리문경蟠螭紋鏡. 현뉴弦鈕, 소원뉴좌素圓鈕座 장식이 있다. 안쪽 원의 들어간 부분이 소원대素圓帶로 되어 있다. 주문主紋은 3개 혹은 4개의 휘어짐이 강하게 휘감겨 있는 반리문蟠螭紋이다. 일부 동경銅鏡의 반리문蟠螭紋 몸체에는 굵은 현문弦紋이 가로 놓여 있는 형태가 보여진다. 또한 일부 동경銅鏡은 이 현문弦紋 위에 사유문四乳紋 혹은 사엽문四葉紋이 있다.

B형 : 간격間隔식 반리문경蟠螭紋鏡. 현뉴弦鈕, 반리문뉴좌蟠螭紋鈕座 장식이 있다. 뉴좌鈕座 밖으로 명문銘紋이 있는 권圈이 있다. 외구外區에는 쌍선식雙線式과 삼선식三線式 반리문蟠螭紋 장식이 있다. 일부 소수의 동경에서 테두리쪽에 명문이 있는 권圈이 있다. 다수의 반리문蟠螭紋이 사엽四葉을 간격으로 나뉘어진다. 명문은 "대락부귀大樂富貴, 천추만세千秋萬歲, 의주식宜酒食"이 가장 많이 보이며, 한 줄 혹은 두 줄로 이루어진다.

C형 : 박국반리문경博局蟠螭紋鏡. 현뉴弦鈕, 반리문뉴좌蟠螭紋鈕座 장식이 있다. 꼭지 바깥쪽으로 쌍선雙線의 방격方格이 있으며, 격내格內에는 명문을 배치하였다. 방격과 박국문博局文(규구문規矩紋이라고도 함)은 동경을 사등분 혹은 팔등분으로 나누어, 그 사이에 주문主文인 반리문蟠螭紋을 장식하였다. 반리문蟠螭紋은 쌍선雙線과 삼선식三線式이다. 명문은 대부분 "대락귀부大樂貴富, 득소호得所好(혹은 득장손得長孫), 천추만세千秋萬歲, 연년익수延年益壽."라 쓰여 있다. 반리문경蟠螭紋鏡은 전국戰國 시대부터 서한西漢 초기에 주로 유행하였으며, 서한西漢 중기 이후에는 점차 적어지는 경향을 보인다. 고고 발굴 자료에 의하면 서한 전기에는 여전히 유행하였다. 그 연변沿邊 과정의 특징은 두께가 점차 얇아졌으며, 지문地紋이 세밀하고 분명하였으나 점차 모호해 지거나 조잡해졌다. 전국戰國 시기의 반리문蟠螭紋은 평면이 단조로웠으나, 한대漢代에 이르러서 주문主紋은 쌍선雙線 혹은 삼선三線으로 변화되었다.

2. 반훼문경蟠虺紋鏡

반훼문蟠虺紋은 반리문蟠螭紋과 비슷하나, 도안이 좀 더 단순하며, 훼용문虺龍紋이라고도 한다. 방격사훼문경方格四虺紋鏡, 연호반훼문경連弧蟠虺紋鏡, 사유사훼경四乳四虺鏡이 비교적 많다. 주문主紋은 반훼문蟠虺紋이며, 사훼四虺도 비교적 많이 나타난다. 방격사훼문경方格四虺紋鏡과 연호반훼문경連弧蟠虺紋鏡의 지문地紋은 원와문圓渦紋과 선조문線條紋로 모두 비교적 거칠고 조잡하다.

A형 : 방격사훼문경方格四虺紋鏡. 삼현뉴좌三弦鈕座. 바탕 무늬는 원와문圓渦紋이고 뉴좌鈕座 바깥쪽으로 방격方格 무늬가 있다. 일부는 격내格內에 명문이 있다. 방격方格의 모서리 혹은 네 변의 중심 바깥쪽으로 꼭지 장식이 하나씩 있다. 일부는 사각 모서리에 초엽문草葉紋 장식이 있다. 사훼四虺는 방격方格의 상하좌우에 각각 위치한다. 대다수의 훼문虺紋의 몸통은 C형으로 구부러진 무늬장식의 경향을 보인다. 테두리는 관소연寬素緣 혹은 훼문연弧紋緣 무늬이다. 명문은 "상상사常相思, 무상망毋相忘, 상부귀常富貴, 락미앙樂未央" 등이 있다.

B형 : 연호반훼문경連弧蟠虺紋鏡. 삼현뉴三鉉鈕이며, 뉴鈕 바깥쪽으로 중현문권重弦紋圈이 있다. 일부 동경은 주문主紋인 훼문虺紋 사이에 사유정문四乳釘紋을 장식하기도 하였다. 주문과 테두리 사이에는 안으로 향하는 연호문권連弧紋圈을 장식한 것이 두드러진 특징이다. 변연邊緣은 소관저권연素寬低圈緣이다.

C형 : 사유사훼경四乳四虺鏡. 원뉴圓鈕, 원뉴좌圓鈕座가 가장 많으며, 사엽문뉴좌四葉紋鈕座, 연주문뉴좌連珠紋鈕座도 있다. 꼭지 바깥쪽에 사훼형문四虺形紋 장식이 있다. 일부에서는 훼虺의 배와 등 쪽에 각기 다른 문양을 하기도 하는데 금조禽鳥가 가장 많다. 변연邊緣은 소관평연素寬平緣이다. 방격사훼문경方格四虺紋鏡과 연호반훼문경連弧蟠虺紋鏡는 서한西漢 초기初期 혹은 중기中期

묘墓에서 출토되었고, 사유사훼경四乳四虺鏡는 서한西漢 중기中期 한무제漢武帝 시기부터 동한東漢 전기前期까지 출토되었다.

3. 초엽문경草葉紋鏡

뉴鈕 혹은 뉴좌鈕座 바깥쪽으로 큰 방격方格과 명문銘紋군이 둘러싸고 있는 형태이다. 방격方格 바깥쪽으로 문양이 있다. 연호문連弧紋이 안으로 향해 있으며, 16개 호문弧紋의 동경이 가장 많다. 그 배치와 문양에 따라 사유초엽문경四乳草葉紋鏡, 사유화판최엽문경四乳花瓣草葉紋鏡, 규구초엽문경規矩草葉紋鏡으로 분류된다.

A형 : 사유초엽문경四乳草葉紋鏡. 큰 방격方格의 모서리에서 바깥쪽으로 한 쌍의 쌍판엽雙瓣葉이 장식되어 있고, 방격方格과 테두리 사이를 사구四區로 나누어, 각 구區 가운데에 꼭지 장식이 있고, 꼭지 양 옆으로 각각 초엽문草葉紋이 장식되어 있다. 사구四區에 4개의 꼭지와 8개의 초엽문草葉紋이 장식되어 있다.

B형 : 사유화판초엽문경四乳花瓣草葉紋鏡. 구區의 구분과 문양 배치는 A형과 상동相同하다. 꼭지 외부를 4개의 삼각 무늬의 화판花瓣이 둘러싸고 있다.

C형 : 박국초엽문경博局草葉紋鏡. 박국문博局紋 사이에 초엽문草葉紋 문양을 배치하였다.

D형 : 간단초엽문경簡單草葉紋鏡. 이 형태의 동경은 작은 각도의 사각 모서리에서 초엽草葉이 바깥쪽으로 뻗어 있으며, 초엽草葉 위에 간단한 초문草紋 장식이 있다. 초엽문경草葉紋鏡의 명문은 간결 명료하며, 대략 20여 개 정도의 유형이 있다. 그 중 "견일지광見日之光, 천하대명天下大明"이 가장 많다. 초엽문경草葉紋鏡은 한대漢代 동경銅鏡 중 주류에 속한다. 그 중 사유초엽문

경四乳草葉紋鏡이 절대 다수를 차지하고 있다. 고고 자료에 의하면, 초엽문경은 서한西漢 전기와 중기에 유행하였다. 전국에서 출토된 초엽문경은 상동相同한 특징을 보이고 있으나, 일부는 지역적 차이에 따른 특징을 보이기도 한다.

4. 성운경星雲鏡

성운경星雲鏡은 『박고도록博古圖錄』에는 백뉴감百乳鑒이라고도 하며, 성운백뉴경星雲百乳鏡이라고도 불리운다. 연봉連峰식 뉴鈕(박산로博山爐 뉴鈕라고도 함), 원형 뉴좌鈕座 형태이고, 뉴좌鈕座 바깥쪽에는 안으로 향한 16개의 연호문連弧紋이 장식되어 있다. 뉴좌鈕座와 연호문連弧紋 테두리 사이에 성운문星雲紋 군群이 장식되어 있다. 그 형상이 마치 천문天文 성상星象과 같다 하여 성운星雲이라 불리운다. 일부 학자는 성운星雲은 반리문蟠螭紋이 점차 변하여 형성된 것이라 한다. 작은 꼭지(유정乳釘)들은 반리蟠螭의 골격을 변환하여 장식한 것이고, 운문雲紋은 반리蟠螭의 몸체를 반영한 것으로 보기도 한다. 테두리는 안으로 향한 연호문連弧文이 장식되어 있다.

A형 : 오성五星(혹은 육성六星)식 성운문경星雲紋鏡. 주문主紋인 네 개의 꼭지(유정乳釘) 사이에 오성五星 혹은 육성六星의 도안이 장식되어 있으며, 화면畵面이 비교적 단조롭다.

B형 : 다성多星식 성운문경星雲紋鏡. 네 개의 꼭지(유정乳釘)과 네 개의 화판花瓣이 결합된 화형花形 도안과 다성운多星雲 도안으로 구성되어 비교적 화려하고 복잡한 문양을 보이고 있다. 동경銅鏡과 함께 출토된 기타 묘장墓葬 자료를 토대로 살펴볼 때, 성운경星雲鏡은 주로 서한西漢 중기 무武, 소昭, 선제宣帝 시기에 유행한 것으로 보인다.

5. 연호문명문경連弧紋銘文鏡

연호문경連弧紋鏡은 두가지 종류로 분류할 수 있다. 첫째, 뉴좌鈕座 바깥쪽 내구內區에 연호문連弧紋이 장식되어 있고, 외구外區에 명문銘文이 장식되어 있는 동경銅鏡이다. 일광연호문경日光連弧紋鏡, 소명연호문경昭明連弧紋鏡, 청백연호문경淸白連弧紋鏡, 동화연호문경銅華連弧紋鏡 등이 있다. 둘째, 뉴좌鈕座 바깥쪽의 연호문連弧紋이 동경銅鏡 전체의 주요 무늬장식인 경우이다. 소연호문경素連弧紋鏡, 운뇌연호문경雲雷連弧紋鏡, 장의자손연호문경長宜子孫連弧紋鏡 등이 있다. 본문에서는 소연호문경素連弧紋鏡 등 두 번째의 경우를 중권명문경重圈銘文鏡류에 분류하였다.

A형 : 일광연호문경日光連弧紋鏡. 원뉴圓鈕, 원뉴좌圓鈕座 장식이 있다. 뉴좌鈕座 바깥쪽에 안으로 향하는 연호문連弧紋이 있다. 대다수가 안으로 향하는 연호문連弧紋의 무늬가 8개이다. 외구外區에 명문銘文이 있다. 명문의 첫 구句가 모두 "백일지광見日之光"으로 시작하기 때문에 일광경日光鏡이라 불리운다. 바깥 테두리는 소관평연素寬平緣이다. 이러한 종류의 동경은 크기가 직경 6~8cm 이내로 비교적 작은 편이다. 현재 일광경日光鏡은 본 형식 이외에 뉴좌鈕座 바깥쪽에 안으로 향하는 연호문連弧紋이 없는 경우도 있다. 이 경우는 중권명문경重圈銘文鏡류로 보는 것이 마땅하다. 명문銘文은 "견날지광見日之光, 천하대명天下大明", "백일치광見日之光, 장무상망長毋相忘"이 가장 많다.

B형 : 소명연호문경昭明連弧紋鏡. 원뉴圓鈕, 원뉴좌圓鈕座 혹은 연주문連珠紋 뉴좌鈕座 장식이 있다. 뉴좌鈕座 바깥쪽으로 안으로 향하는 연호문連弧紋이 있다. 외구外區에 명문銘文이 장식되어 있다. 그 명문銘文 중 "소명昭明" 두글자를 동경銅鏡의 이름으로 정하였다. 테두리는 소평연素平緣으로 그 폭이 넓은 것도 있고 좁은 것도 있다. 동경의 직경은 일광경日光鏡 보다 큰 편이며, 대략 8~12cm 이내 이다. 전체 명문銘文은 "내청질이소명內清質以昭明, 광휘

상부혜일명光輝象夫兮日月; 심홀양이원충心忽揚而愿忠, 연옹새이부설然雍塞而不泄."이다. 동경銅鏡의 크기에 따라 명문 중 글자를 생략하기도 하였다. 또한 글자 사이 마다 "이而" 자가 있다. (일부 학자는 "이而"를 "천天"으로 해석하기도 한다.)

C형 : 청백연호문경清白連弧紋鏡. 원뉴圓鈕, 연주문連珠紋 뉴좌鈕座 혹은 원뉴좌圓鈕座 장식이 있다. 뉴좌鈕座 바깥쪽으로 안으로 향하는 연호문連弧紋이 있다. 명문銘文 첫 구句 "결청백이서군絜淸白而事君"로 시작되기 때문에 청백경淸白鏡으로 불리운다. 명문의 전문全文은 "결청백이서군絜淸白而事君, 원음환지합명怨陰驩之合明, 환현석지유택煥玄錫之流澤, 지소원이일망志疏遠而日忘, 신미미지궁애愼糜美之窮皚, 외승환지가설外承驩之可說, 모요조어령천慕窔窕於靈泉, 원영사이무절愿永思而毋絕."이다. 명문銘文의 자구字句는 동경의 크기에 따라 정해졌다.

D형 : 동화연호문경銅華連弧紋鏡. 문양의 형식과 특징은 위와 상동相同하다. 명문의 전반 삼구三句가 일치하는 특징을 보인다. 즉, "연야동화청이명涷冶銅華淸而明, 이지위경이의문장以之爲鏡而宜文章, 이연년이익수거부양以延年而益壽去不羊."은 전반적으로 일치하고 셋째 구句 후반부터 다소 다르다. 따라서 그 첫 구절의 "동화銅華" 두 글자로 동경의 이름으로 명명하였다.

E형 : 일유희연호문경日有熹連弧紋鏡. 문양의 형식과 특징은 위와 상동相同하다. 명문 첫 구절 "일유희日有熹"로 시작하기 때문에 명명되었다. 이 동경의 명문 전문은 "일유희日有熹, 월유부月有富, 락무사樂毋事, 상득의常得意, 미인회美人會, 우슬시竽瑟侍, 가시정만물賈市程萬物."이다.

C, D, E형의 명문연호문경銘文連弧紋鏡의 직경은 일광경日光鏡과 소명경昭明鏡보다 큰 편으로 모두 14cm 이상이다. 일광연호문경日光連弧紋鏡과 소명연호문경昭明連弧紋鏡은 한대漢代 동경 중 출토 수량이 가장 많은 편이며, 유

행된 지역 범위도 광대한 편이다. 중국의 대다수 성시省市와 자치구自治區에서 모두 출토 되었다. 고고 발굴 자료를 살펴 보면 일광연호문경日光連弧紋鏡은 주로 서한西漢 무제武帝 이후부터 왕망王莽 시기까지 유행하였고, 소명연호문경昭明連弧紋鏡 역시 유행 연대가 비슷하다. 고고 출토 자료를 통해 살펴볼 때 위의 동경 유형은 서한西漢 말기末期에 유행하였다.

6. 이중명문경重圈銘紋鏡

원뉴圓鈕, 연주문連珠紋 뉴좌鈕座 혹은 원뉴좌圓鈕座 장식이 있다. 대부분 테두리는 평면의 소관평연素寬平緣이다. 주요 특징은 뉴좌鈕座 바깥쪽에 하나 혹은 두 개의 현문弦紋이 있어 내구內區와 외구外區로 나눈다. 주요 구성은 명문 위주이며, 유형은 위의 5번과 상동相同하다. 세부 유형은 명문 내용으로 구분하였다.

A형 : 일광중권경日光重圈鏡. 명문에 "견백지광見日之光, 장무상망長毋相忘", "견일지광見日之光, 천하대명(양)天下大明(陽)" 등이 있다. 이 유형은 비교적 크기가 작은 것이 특징이다.

B형 : 소명중권경昭明重圈鏡. "소명昭明"이라는 명문이 있다.

C형 : 일광소명경日光昭明鏡. 두 개의 명문대銘文帶가 있다. 주요 배열 방식은 두가지 이다. 첫째, 내구內區에 "일광日光" 명문이 있으면서 외구外區에 "소명昭明" 명문이 있는 형식이다. 둘째, 내구內區에 "소명昭明"명문이 있으면서 외구外區에 "청백淸白"명문이 있는 형식이다. 두 줄의 명문이 있는 동경은 대부분 모두 12연호문連珠紋 뉴좌鈕座이다.

D형 : 소명청백경昭明淸白鏡. 이 유형은 내권內圈에는 소명경昭明鏡 명문이 있고, 외권外圈에 청백경淸白鏡 명문이 있다.

E형 : 소명동화경昭明銅華鏡. 이 유형은 내권內圈에는 "소명昭明"명문이 있

고, 외권外圈에 "동화銅華"명문이 있다.

F형 : 의가인중권경宜佳人重圈鏡. 이 유형은 대부분 운뇌문권雲雷紋圈과 조합을 이루고 있다. 원뉴圓鈕, 12연호문連珠紋 뉴좌鈕座 장식이 있다.

이 밖에도 다른 명문의 동경이 있다. 출토 자료를 살펴보면, 중권명문경重圈銘文鏡은 쌍권雙圈 명문인 소명중권명문경昭明重圈銘文鏡이 가장 많으며, 일광중권경日光重圈鏡이 그 다음이다. 기타 유형은 출토 수량이 적은 편이다. 일광경日光鏡과 소명경昭明鏡은 비록 연호문경連弧紋鏡과 중권경重圈鏡 두 종류로 나누었지만, 뉴鈕, 뉴좌鈕座, 명문 및 경연鏡緣 등이 일치하며 유행하였던 시기도 상동相同하다. 따라서 많은 연구 저서에서는 명문에 따라 별도로 분류하기도 한다.

7. 사유수문경四乳禽獸紋鏡

『박고도록博古圖錄』에서는 사유감四乳鑒이라고 부른다. 이 유형의 동경은 뉴좌鈕座 바깥쪽에 돌출된 꼭지 네 개가 장식되어 있는 것이 주요 특징이다. 또한 꼭지와 꼭지 사이에 금조禽鳥, 주수走獸, 사신四神 등이 휘감긴 형상이 장식되어 있다. 그 장식 무늬에 따라 사유금수문경四乳禽獸紋鏡과 사유사신경四乳四神鏡으로 나눈다.

A형 : 사유금수문경四乳禽獸紋鏡. 네 개의 꼭지 사이에 금조禽鳥, 주수走獸 혹은 선인仙人 무늬장식이 있다. 소평연素平緣의 사유팔조경四乳八鳥鏡이 가장 많이 보이고, 소평연素平緣의 사유사수경四乳四獸鏡도 있다. 이 유형의 사경四獸는 쌍용雙龍과 쌍호雙虎 혹은 같은 모양의 사호四虎인 경우도 있다. 주로 서한西漢 말기부터 동한東漢 전기前期 묘장墓葬에서 출토되었으며, 유행 시기는 서한西漢 말기末期와 그 이후부터 이다.

B형 : 사유사신경四乳四神鏡. 네 개의 꼭지 사이에 청룡青龍, 백호白虎, 주작朱雀, 현무玄武 사신四神이 장식되어 있으며, 테두리는 소평연素平緣이거나 삼각형의 거치문연鋸齒紋緣 장식이 있다. 동한東漢 전기前期 묘장墓葬에서 출토되었다.

8. 박국문경博局紋鏡

본 유형의 가장 큰 특징은 문양 중 T, L, V 문양일 것이다. 학계에서는 이를 박국문博局紋 혹은 규구문規矩紋 이라 부른다. 그 외 문양에 따라 사신박국경四神博局鏡, 조금문박국경鳥禽紋博局鏡, 기하문박국경幾何紋博局鏡, 간화박국경簡化博局鏡으로 나눌 수 있다.

A형 : 사신박국경四神博局鏡. 원뉴圓鈕, 사엽문四葉紋 뉴좌鈕座 혹은 원뉴좌圓鈕座 장식이 있다. 뉴좌鈕座 바깥쪽 사각형에 12 간지 지명支銘이 있다. 박국문경博局紋鏡은 내구內區를 사방 8등분하여, 청룡青龍, 백호白虎, 주작朱雀, 현무玄武를 각 1등분씩 나누어 장식하고 나머지 4등분은 조鳥, 금禽, 우인羽人 등으로 장식하였다. 일부는 사신四神을 동서남북 각 방향별로 박국문博局紋 사이에 장식하기도 하였다. 외구外區는 명문대銘文帶로 환環을 이루어 장식하였다. 변연邊緣의 문양은 비교적 복잡한 형태를 보이며, 삼각 모양의 거치문鋸齒紋, 수파운문水波雲紋, 유운문流雲紋 등이 주를 이룬다. 사신규구경四神規矩鏡의 주요 명문은 "상방尙方"명銘이다. 이 유형의 동경은 대부분 뉴좌鈕座 바깥쪽 사각형 내에 12 간지 지명支名 "자축인묘진사오미신유술해子丑寅卯辰巳午未申酉戌亥"가 있다. "상방尙方"명문경銘文鏡 이외에 "선동善銅"명銘, "가경佳境"명銘, "래언來言"명銘 등의 명문경銘文鏡이 있다. 이 밖에 "왕씨王氏", "주씨朱氏", "두씨杜氏" 등 성씨姓氏를 새겨놓은 명문경銘文鏡도 있다.

B형 : 조금문박국경鳥禽紋博局鏡. 형식과 문양의 배치가 위 유형과 상동相

同하다. 단지 무늬장식 중 사신四神을 방향에 따라 배열하지 않고, 비금飛禽, 주수走獸, 괴신怪神과 함께 배열하였다. 명문은 "상방尙方", "래언來言", "선동善銅" 이외에 "대산大山" 명도 있다.

C형 : 기하문박국경幾何紋博局鏡. 이 유형의 동경은 위의 몇가지 유형의 문양보다 간략화 된 것이 특징이다. 사신四神, 금수禽獸 등의 도안圖案이 있던 위치에 릉형菱形, 선조線條, 운문雲紋 등의 문양이 있고, 명문이 거의 없다.

D형 : 간화박국경簡化博局鏡. 이 유형의 동경은 T, L, V 3가지 박국문博局紋 중 한 가지 혹은 두 가지만 장식되어 있고 전체 문양이 비교적 간단하다.

박국경博局鏡은 한대漢代에 가장 유행한 동경의 유형 중 하나이다. 사신박국경四神博局鏡은 왕망王莽 시기의 기년명문박국경紀年銘文博局鏡으로 세상에 알려졌다. 각 지역의 출토 상황을 종합해 보면 사신四神, 금수禽獸, 기하문박국경幾何紋博局鏡은 왕망王莽 시기부터 동한東漢 전기前期에 유행하였고, 간화박국경簡化博局鏡은 동한東漢 중기中期와 말기末期에 유행하였다.

9. 다유수문경多乳禽獸紋鏡

원뉴圓鈕, 원뉴좌圓鈕座, 사엽문뉴좌四葉紋鈕座 장식이 있다. 뉴좌鈕座 바깥쪽에 5개~9개 꼭지(유정乳釘)가 다양하게 있다. 그 중 7개 꼭지(유정乳釘) 장식 형태가 가장 많으며, 이를 칠유금수문七乳禽獸紋이라 한다. 꼭지(유정乳釘)를 기본 문양으로 배치하고 그 사이에 금수문禽獸紋 장식이 있는 것이 특징이다. 주요 문식文飾이 동경의 뉴좌鈕座를 중심으로 좁게 둘러싸고 있는 문대紋帶가 있다. 많은 학자들이 이 문대紋帶를 특징 삼아 금수대경禽獸帶鏡, 금수경禽帶鏡이라 부르기도 한다. 사신금수문경四神禽獸紋鏡, 다유금조문경多乳禽鳥紋鏡, 다유금수문경多乳禽獸紋鏡 등 몇 가지 유형으로 나눌 수 있다.

A형 : 다유사신금수문경多乳四神禽獸紋鏡. 원뉴圓鈕, 원뉴좌圓鈕座 장식이 있다. 뉴좌鈕座 바깥쪽으로 8개 혹은 9개의 작은 꼭지가 둘러싸고 있으며, 내구內區에는 7개 꼭지가 있고, 사이 마다 사신四神, 우인羽人 혹은 금수문禽獸紋 장식이 있다. 일부 동경에는 주요 문양 바깥쪽으로 명문대銘文帶가 둘러싸는 형태의 장식이 있다. 변연邊緣에는 거치문鋸齒紋, 유운문流雲紋 장식이 있다. 명문銘文은 "상방尙方" 등이 있다.

B형 : 다유금조문경多乳禽鳥紋鏡. 둥근 꼭지 사이 마다 같은 형태의 禽鳥가 장식되어 있다.

C형 : 다유금수문경多乳禽獸紋鏡. 둥근 꼭지 사이 마다 형상이 생동감 있는 금수禽獸, 우인羽人이 장식되어 있다. 일부 동경은 주요 문양 바깥쪽으로 명문대銘文帶가 둘러싸고 있다. 명문은 "상방尙方" 이외에 성씨명姓氏銘이 있다.

다유금수문경多乳禽獸紋鏡류의 동경은 비교적 정교한 문양을 보인다. 명문의 기년과 출토 자료를 토대로 살펴 볼 때 이 유형의 동경은 주로 동한東漢 중기中期와 말기末期에 유행하였음을 알 수 있다.

10. 연호문경連弧紋鏡

본 유형의 특징은 안으로 향하는 연호문連弧紋이 주요 무늬장식이고, 명문銘文은 부차적인 장식인 점이다. 구도構圖 특징에 따라 운뢰연호문경雲雷連弧紋鏡, "장의자손長宜子孫" 연호문경連弧紋鏡, 소연호문경素連弧紋鏡으로 나눌 수 있다.

A형 : 운뢰연호문경雲雷連弧紋鏡. 원뉴좌圓鈕座 혹은 사엽문뉴좌四葉紋鈕座 장식이 있고, 내구內區에 8개 연호문連弧紋, 외구外區에 운뢰문雲雷紋과 현문弦紋 장식이 있다. 운뢰문雲雷紋은 8개의 원심이 있는 작은 동그라미, 원점이

있는 동심원 동그라미 혹은 현문弦紋 장식이다. 각 동그라미 사이에는 각기 다른 개수의 사선斜線문 혹은 현문弦紋이 서로 연결되어 있다. 동경의 가장자리는 관소연寬素緣이다. 일부 사엽문뉴좌四葉紋鈕座의 사엽四葉 사이에 "장의자손長宜子孫" 혹은 "장생의자長生宜子" 네 글자의 명문이 있다.

B형 : "장의자손長宜子孫" 연호문경連弧紋鏡. 원뉴圓鈕 혹은 사복형엽四蝠形葉 뉴좌鈕座 장식이 있다. 8개의 안으로 향하는 연호문連弧紋이 테두리를 이루어 둘러싸고 있고, 외구外區에는 위와 같은 운뇌문대雲雷紋帶 장식이 없다. 동경의 가장자리는 소관연素寬緣이다. 복형엽蝠形葉 문양 사이에 "장의자손長宜子孫" 네 글자의 명문이 한글자씩 있는 유형이 가장 많다. 명문은 이 밖에도 "장(군)의고관長(君)宜高官", "장생의자長生宜子" 등이 있다. 일부 동경은 내구內區의 명문 이외에 8개의 연호문連弧紋 장식 사이에 "군여금석수의관질君如金石壽宜官秩", "위지삼공位至三公", "수여산(금)석壽如山(金)石" 등의 명문 장식이 있다.

C형 : 素連弧紋鏡. 圓鈕, 圓鈕座 장식이 있다. 鈕座 바깥쪽에는 안으로 향하는 連弧紋 테두리 장식이 있다. 銅鏡의 가장자리는 素寬緣이다. 銘文과 雲雷紋帶 장식은 없다.

이상 3가지 유형 중 B형이 가장 많으며, 중원中原 지역과 북방北方 지역에서는 "장의자손長宜子孫"연호문경連弧紋鏡과 운뢰연호문경雲雷連弧紋鏡이 유행하였다. 일부 남장南方 지역에서는 다운뇌연호문경多雲雷連弧紋鏡이 출토되었다. 기년 명문을 근거로 판단해 볼 때 연호문경連弧紋鏡류는 동한東漢 중엽中葉부터 유행하기 시작하였으며, 운뢰연호문경雲雷連弧紋鏡이 "장의자손長宜子孫" 연호문경連弧紋鏡보다 시기적으로 빠르다. B형은 동한東漢 말기末期에 주로 유행하였다.

11. 변형사엽문경變形四葉紋鏡

원뉴圓鈕 혹은 수뉴獸鈕, 원뉴좌圓鈕座 장식이 있다. 변형사엽문경變形四葉紋鏡의 가장 큰 특징은 뉴좌鈕座 바깥쪽으로 사편복四蝙蝠 모양의 초엽草葉이 방사형放射形으로 크게 동경의 중심부에 펼쳐져 장식되어 있고, 내구內區를 4등분으로 나뉘어져 있다. 4등분 된 내구에는 수수獸首, 기문夔紋, 봉문鳳紋 등의 장식이 있다. 변형사엽수수경變形四葉獸首鏡, 변형사엽기문경變形四葉夔紋鏡, 변형사엽팔봉문경變形四葉八鳳紋鏡 으로 나눌 수 있다.

A형 : 변형사엽수수경變形四葉獸首鏡. 원뉴圓鈕 혹은 수뉴獸鈕 장식이 있다. 일부 동경은 사엽四葉 모서리에 각각 한 글자 혹은 세글자의 명문이 있어 사자명문四字銘文 혹은 12명구銘句를 이룬다. 사구 내에 수수獸首 한 개씩 장식되어 있다. 외구에는 명문대銘文帶와 안으로 향하는 연호문連弧紋으로 장식되어 있다. 변연邊緣은 대부분 릉형菱形의 연주문連珠紋 도안으로 구성된 장식이 동경마다 다르게 장식되어 있다. 사엽四葉 내각內角에는 "군(장)의고관君(長)宜高官", "위지삼공位至三公", "장의자손長宜子孫" 등 명문이 모서리마다 한 글자씩 장식되어 있다. 일부는 세 글자만 조합하여 명문을 장식하기도 하였다. 河南省 南陽市博物館에는 "상방尙方" 명문의 변형사엽수수경變形四葉獸首鏡이 소장되어 있다.

B형 : 변형사엽기문경變形四葉夔紋鏡. 단기경單夔鏡이라고도 하며, 원뉴圓鈕, 원뉴좌圓鈕座 장식이 있다. 사엽문四葉紋의 내각內角에 명문 장식이 있다. 사구四區 안쪽 장식이 수수경獸首鏡 보다 종류가 다양하며, 기용夔龍, 기봉夔鳳 장식 등이 있다. 일부 장식은 기하幾何 형태의 도안 장식도 있으며, 운뢰문雲雷紋 혹은 와문渦紋과 유사한 기문夔紋 도안 장식도 보인다. 외구外區의 배치는 두 가지 형태가 있다. 첫째, 안으로 향하는 16개 연호문連弧紋 일주一周와 릉문菱紋 혹은 와문대渦紋帶 장식이 있다. 둘째, 주요 장식 이외에 변연

邊緣을 소관연素寬緣 혹은 안으로 향하는 연호문連弧紋으로 장식한 경우이다. 사엽四葉 안쪽의 명문은 "위지삼공位至三公", "장의자손長宜子孫" 등이 있다.

C형 : 변형사엽팔봉문경變形四葉八鳳紋鏡. 일본 학자들은 기봉경夔鳳鏡 혹은 봉문경鳳紋鏡이라 한다. 원뉴圓鈕, 원뉴좌圓鈕座 장식이 있다. 일부는 사엽四葉 내에 명문 장식이 있다. 사구四區 안쪽에는 각각 형태가 수려한 도안의 쌍봉雙鳳이 장식되어 있다. 주요 문양 이외에 비교적 큰 안으로 향하는 연호문連弧紋 변연邊緣 장식이 있다. 전체 문양은 평平이법을 사용하였으며, 도안은 세밀하고 배치가 대칭을 이루고 있다. 사엽四葉 내에는 "장의자손長宜子孫", "위지삼공位至三公", "군의고관君宜高官" 명문 장식이 있다.

한대漢代 출토된 기년 명문의 동경은 수수경獸首鏡이 가장 많다. 병형사엽문경變形四葉紋鏡류는 주로 동한東漢 말기末期 환제桓帝, 영제靈帝 시기에 유행하였다.

12. 신수경神獸鏡

신수경神獸鏡은 신상神像, 용호龍虎 등 주요 문양을 부조법浮雕法으로 장식한 동경류이다. 문양의 배치에 따라 중열식重列式 신수경神獸鏡과 환요식環繞式 신수경神獸鏡으로 나눌 수 있다.

A형 : 중열식重列式 신수경神獸鏡. 일부 학자는 계단식階段式 신수경神獸鏡이라고도 한다. 주요 문양이 위에서 아래 방향으로 배열되었으며 대칭 방식이다. 신수神獸는 위에서 아래 방향으로 4~5단으로 구분된다. 중열식重列式 신수경神獸鏡 중, 10여 개는 동한東漢 말년末年 헌제獻帝 년간年間의 건안建安 기년 명문이 있다.

B형 : 환요식環繞式 신수경神獸鏡. 방사식放射式 신수경神獸鏡이라고도 한다.

신수경神獸鏡 문양이 뉴鈕를 중심으로 환요식環繞式으로 배치되어 있다. 동경의 각 방향에서 정면을 향하고 있는 신수神獸를 볼 수 있다.

–Ba형 : 환상유신수경環狀乳神獸鏡. 3~4개의 신수神獸가 뉴鈕를 둘러싸고 장식되어 있다. 천연天祿, 벽사辟邪 등 금수禽獸 형태의 부분 골격으로 구성되어 있다. 수수獸首는 용형龍形 혹은 호형虎形이 오른쪽 방향으로 돌아가면서 뉴鈕를 둘러싸고 있는 형태가 가장 많다. 동왕공東王公, 서왕모西王母, 백아탄금伯牙彈琴, 황제皇帝 등의 여러 군상群像 외에도 시신侍神을 추가하였다. 신수神獸 문양 바깥쪽으로는 반원의 일주一周 장식이 있고, 외구外區는 명문대銘文帶 혹은 화문대畵文帶 장식이 있다.

–Bb형 : 대치식신수경對置式神獸鏡. 주요 특징은 한 쌍의 신상神像이 뉴두鈕頭 사이에 마주보고 위치하고, 각 신상神像 양측에 신선神仙을 향하고 있는 수獸가 배치 장식되어 있다. 일신이수一神二獸가 도안圖案의 한 단위로 하여 그 사이에 두 개의 신상神像과 두 개의 신수神獸을 각 한 조씩 배치 장식하였다. 일부는 신수神獸, 금조禽鳥로 장식하기도 하였다. 마주보고 배치한 신상神像은 동왕공東王公과 서왕모西王母 이고, 2개의 신상神像은 백아伯牙와 종자기鍾子期 이다. 신상神像 바깥쪽으로는 반원의 일주一周가 있고, 가장 바깥쪽은 명문대銘文帶 장식이 있다.

C형 : 구심식신수경求心式神獸鏡. 신상神像과 수獸가 한 조를 이루어 장식된 대치식對置式 신수경神獸鏡과 달리, 신상神像이 독립적으로 하나의 문양 단위로 구성되어 있다. 사신사수四神四獸가 사이마다 배치 장식되어 있고, 신상神像은 B형과 같이 동왕공東王公, 서왕모西王母, 백아伯牙 등이다. 신수神獸 바깥쪽으로는 반원이 일주一周로 장식되어 있고, 외구外區에는 화문대畵文帶 장식이 있다.

최근 고고 발굴 자료를 살펴 보면, 황하黃河 유역에서 발굴된 한묘漢墓에서는 신수경神獸鏡이 드물게 출토되었으나, 長江 유역 등지에서는 다량 출토되었다. 동한東漢 중기中期부터 유행되었다.

13. 화상경畵像鏡

화상경畵像鏡은 동한東漢 시기 유행한 화상석畵像石, 화상전畵像磚과 같이 천부조淺浮雕식 수법으로 신상神像, 역사인물歷史人物, 거기車騎, 가무歌舞, 용호龍虎, 서수瑞獸 등의 문양 제재題材를 표현한 동경이다. 신수경神獸鏡과 비교하면, 문양이 평면적이고, 기년 명문이 적다. 동경의 직경은 비교적 큰 편이다. 문양의 내용에 따라 역사인물화상경歷史人物畵像鏡, 신인거기화상경神人車馬畵像鏡, 신인금수화상경神人禽獸畵像鏡, 사신四神과 금수화상경禽獸畵像鏡으로 나눌 수 있다.

A형 : 인물화상경人物畵像鏡. 원뉴圓鈕, 연주문뉴좌連珠紋鈕座 장식이 있다. 오자서伍子胥 화상경畵像鏡이 가장 많다. 네 개 꼭지를 기준으로 네 등분하여 환요식環繞式으로 역사 이야기를 표현 하였다. 춘추春秋 말년末年 시기 역사 이야기를 묘사하였으며, "충신오자서忠臣伍子胥"라는 명문이 있다.

B형 : 신인처마화상경神人車馬畵像鏡. 원뉴圓鈕, 연화문뉴좌連珠紋鈕座. 네 꼭지가 있는 내구內區를 네 등분하여 각 등분 마다 신인거마神人車馬 장식이 있다. 주요 무늬 도안이 다양하고 생동감 있다.

C형 : 신인금수화상경神人禽獸畵像鏡. 원뉴圓鈕, 연주문뉴좌連珠紋鈕座 혹은 쌍선방격뉴좌雙線方格鈕座 장식이 있다. 문양 표현 방식은 위의 유형과 동일하게 내구內區를 네 등분하여 각 등분 마다 신인神人, 용호龍虎, 서수瑞獸 등의 장식이 있다.

D형 : 사신四神과 금수화상경禽獸畵像鏡. 문양 배치 및 형식은 위의 유형과 상동相同하다. 사신四神 혹은 금수禽獸를 주요 내용으로 표현하였다. 용龍, 호

虎 혹은 기타 서수瑞獸를 주요 무늬로 장식하였다.

출토 자료를 살펴볼 때 화상경畵像鏡은 절강浙江 소흥昭興 지역을 중심으로 다량 출토 되었고, 동한東漢 중기中期 이후부터 점차 유행하기 시작하였다.

14. 기봉문경夔鳳紋鏡

원뉴圓鈕, 원뉴좌圓鈕座 장식이 있다. 한 쌍의 기봉夔鳳이 손잡이를 사이에 두고 수미首尾 대칭對稱을 이루고 있다. 소위 "축대칭軸對稱"의 문양 배치 형식을 보인다. 또한 명문이 뉴좌鈕座 상하로 직행直行 배열排列되어 있다. 소연素緣 장식이다. 이 유형은 직행명문쌍기(봉)문경直行銘文雙夔(鳳)紋鏡, 쌍두용봉문경雙頭龍鳳紋鏡으로 나눌 수 있다.

A형 : 직행명문쌍기(봉)문경直行銘文雙夔(鳳)紋鏡. 일부 학자는 명문에 따라 "위지삼공位至三公"경鏡, "군의고관君宜高官"경鏡이라고도 한다. 원뉴圓鈕, 원뉴좌圓鈕座 혹 무뉴좌無鈕座 특징이 있다. 쌍기(봉)雙夔(鳳) 혹은 용봉龍鳳이 손잡이를 축軸으로 배치되어 있고, 뉴鈕의 상하로 자수字數가 대응하는 직행直行 명문이 있다. 적은 것은 한 글자씩, 많은 것은 각 네 글자씩 있다.

B형 : 쌍두용봉문경雙頭龍鳳紋鏡. 원뉴圓鈕, 원뉴좌圓鈕座 장식이 있다. 두 마리의 기봉夔鳳(하나는 기수夔首, 다른 하나는 봉수鳳首)의 머리가 서로 마주보고 구불하게 대칭을 이루고 있다. 그 바깥쪽으로 명문은 없고, 연호문권連弧紋圈 장식이 있다. 변연邊緣은 소관연素寬緣이다. 기봉문경夔鳳紋鏡은 새로운 형식인 "축대칭軸對稱" 문양을 주요 도안으로 배치한 동경이며, 동한東漢 중기中期부터 유행하였다.

15. 용호문경龍虎紋鏡

원뉴圓鈕, 원뉴좌圓鈕座, 사연斜緣 장식이다. 동경銅鏡의 뉴鈕가 중앙부에 크고 두껍게 돌출되어 있다. 주요 문양은 부조浮雕 혹은 원조圓雕 형식의 용호문龍虎紋이다. 용호문대치경龍虎對峙鏡, 반용경盤龍鏡, 반호盤虎, 이호二虎, 쌍용雙龍, 삼호三虎 등의 유형이 있다.

A형 : 용호대치경龍虎對峙鏡. 대원뉴大圓鈕이며, 일용일호一龍一虎가 뉴鈕의 양쪽으로 입을 벌리고 대치對峙하고 있다. 일부 동경에는 용호龍虎 머리 사이와 꼬리 부분에 조수鳥獸, 우인羽人 도안圖案의 장식이 있다.

B형 : 반용경盤龍鏡. 령타경靈鼉鏡, 타용경鼉龍鏡 이라고도 한다. 원뉴圓鈕, 원뉴좌圓鈕座 장식이 있다. 고원부조高圓浮雕 형식의 반용盤龍의 입을 벌리고 구불한 몸체를 장식하고 있으며, 뉴鈕와 뉴좌鈕座가 용龍 몸체의 일부분을 이루고 있다.

용호문경龍虎紋鏡은 주로 동한東漢 말기에 유행하였다. 陝西 남부 지역의 한묘漢墓에서 출토된 용호문경龍虎紋鏡은 동한東漢 화제和帝 원흥元興 원년(105년) 용호문경龍虎紋鏡과 시기가 같다. 따라서 용호문경龍虎紋鏡이 동한東漢 중기中期 이후부터 제작되기 시작한 것을 알 수 있다.

Ⅲ. 한대漢代 동경銅鏡의 형식과 특징

한대漢代 동경은 형태, 경뉴鏡鈕, 뉴좌鈕座, 변연邊緣, 주요 문양 및 배치 등의 특징이 상대적으로 선명하다. 한대漢代 동경의 형태는 일반적으로 원형이라 할 수 있는데 산동山東 임치臨淄 지역에서는 장방형長方形 동경이 출토되기도 하였다.

동뉴鏡鈕의 경우 서한西漢 초기에는 대부분 현뉴弦鈕이고, 서한西漢 중기中期 이후부터 유상원유乳狀圓鈕가 유행하기 시작하였다. 연봉식뉴連峰式鈕(박산로뉴博山爐鈕 라고도 함)은 서한西漢 중기中期에 유행하였으나, 서한西漢 말기末期에는 보이지 않는다. 한 때 복리뉴伏螭鈕, 어형뉴魚形鈕가 있었으나 일부 소수이다. 동한東漢 시기의 경뉴鏡鈕는 대부분이 반구형半球形 형태이며, 점차 크기가 커진 것을 알 수 있다.

뉴좌鈕座의 변화를 보면 서한西漢 초기初期 뉴좌鈕座의 형태는 원형圓形, 방형方形, 사엽형四葉形, 연주문뉴좌連珠紋鈕座 등 형태가 다양하다. 서한西漢 중기 이후 원형圓形과 연주문뉴좌連珠紋鈕座가 유행되었고, 신망新莽 시기 이후부터는 주로 원형圓形 형태 위주이다.

경연鏡緣의 형태를 살펴보면 서한西漢 초기에는 전국戰國 시기 특징을 그대로 보인다. 평연平緣 이외에도 내요식권연內凹式圈緣이 상당히 많다. 중기 이후부터 절평고연折平高緣의 형태에서 평연平緣 형태로 연변沿邊되었다. 동한東漢 초기 이후 경연鏡緣은 사면斜面의 특징을 보이며, 동한東漢 말기에는 삼각연三角緣 형태를 보이기도 하였다. 경면鏡面: 서한西漢 초기부터 중기까지 비교적 평직平直에서 약간 바깥쪽으로 돌출된 형태를 보이고, 서한西漢 말기 이후부터 볼록한 호면弧面 형태가 동한東漢 말기까지 유행하였다.

문양은 동경을 구분하는 가장 차별적 요소이기도 하다. 동경의 주요 문양은 뚜렷한 변화가 있음을 알 수 있다. 서한西漢 초기에는 주문主紋에 지문地紋을 부차적으로 결합한 특징을 보이나, 서한西漢 중기 이후 단일한 주문主紋을 장식하는 것으로 변화하였다. 서한西漢 초기, 주문主紋은 전국戰國 시기의 전통을 이어 받아, 소면素面, 연호連弧, 반리蟠螭, 반훼문蟠虺紋이 유행하였다. 서한西漢 초기부터 지문地文은 점차 단순화되어 전요식纏繞式 도안이 성행하였고, 간격식間隔式 도안이 유행하기 시작하였다.

전국戰國 시기에 채회경彩會鏡이 출현하였는데, 서한西漢 시기에 이르러 그 문양이 더욱 복잡해졌다. 1963년 서안西安 외곽 홍묘파紅墓坡에서 인물人物, 분마奔馬 및 수목樹木 등의 도안을 채회彩會한 동경이 출토되었다. 서한 중기에 이르러서는 지문은 점차 사라지고, 화훼, 초엽문, 박국문, 성운문, 연호문이 유행하였다. 서한 말기에는 사유사훼문이 유행하였고, 명문연호문 장식이 가장 많이 유행하였다. 네 개의 꼭지(사유정四乳釘) 사이에 장식한 금수신선문禽獸神仙紋이 유행하기 시작하였다. 신망 시기에는 박국문博局紋이 유행하였으며, 조금鳥禽, 우인羽人, 사령명문四靈銘文 등 무늬와 함께 장식 되었다. 동한 초기에는 박국문이 성행하였으나 점차 사라지는 양상을 보이며, 단순한 기하박국문幾何博局紋으로 장식하였다. 가장 유행한 문양은 운뢰문雲雷紋이고, 연호사엽문連弧四葉紋이 점차 유행되기 시작하였다. 동한 말기에는 변형사엽문變形四葉紋이 성행하였다. 사엽四葉 사이에 금조선수禽鳥仙獸 장식을 하고 부조浮雕 수법으로 신수문神獸紋, 화상문畵像紋 장식하는 것이 유행하였다. 이 밖에도 기봉문夔鳳紋도 유행하였다. 경연鏡緣의 문양 변화는 서한 시기에는 소연素緣 위주의 경연鏡緣 장식이 유행하였다. 신망 시기부터 운문雲紋, 거치문鋸齒紋, 파절문波折紋이 유행하기 시작하였다. 동한 시기에는 변형된 운문雲紋 장식이 가장 많았고, 연호능형문連弧菱形紋, 금수문禽獸紋, 사신문四神紋 및 명문대연銘文帶緣이 유행하였다. 한대漢代에 이르러 동경의 문양 배치에 중요한 변화가 있다.

1. 서한 초기~서한 중기의 경뉴鏡鈕를 중심으로 둘러싸는 장식 배치는 전국 시기의 특징을 그대로 계승한 것이다.

2. 서한 중기 무제武帝 시기 전후로 시작된 사분법四分法(사유四乳를 중심으로 사등분하는 형식) 문양은 신망 시기까지 지속적으로 유행하였으며, 점차 오분법五分法, 칠분법七分法의 형태도 보인다.

3. 서한 중기 이후 지문地紋은 점차 사라지고, 주문主紋을 돌출 부각시키는 특징을 보인다.

4. 문양의 소재가 점차 다양해졌다. 단조로운 반리문蟠螭紋에서 초엽草葉, 성운星雲, 명문銘文, 금조禽鳥, 신수神獸, 화상畵像 등 다양화된 특징을 보인다.

5. 동한 중기 이후 부조浮雕 기법과 축대칭軸對稱 배치 등의 새로운 문양 표현 기법이 출현하기 시작하였다.

6. 기년명문경紀年銘文鏡은 동한 시기에 크게 유행하였는데, 이는 동경의 시대 구분의 중요한 근거 자료가 되고 있다.

IV. 한대漢代 동경銅鏡의 분기

출토 및 기년명문紀年銘文 자료를 종합하여 볼 때 한대漢代 동경의 중요한 변화는 한무제漢武帝 시기, 서한말기西漢末期~왕망시기王莽時期 및 동한東漢 중기中期에 주로 확인되며 전체적인 변화단계는 4시기로 나눌 수 있다.

제1기 : 서한西漢 조기. 한고조漢高祖~한경제漢景帝 시기로 BC3세기~BC2세기 중엽이다. 전국戰國 시기 동경銅鏡의 형태 특징을 유지하면서 점차 변화 양상을 보인다. 즉, 전국경戰國鏡과 한경漢鏡의 교체 시기라고 할 수 있다. 반리문경蟠螭紋鏡, 반훼문경蟠虺紋鏡이 대표적이다. 서한西漢 초기에는 전국戰國 시기 평조平雕 방식의 가늘게 표현한 단선單線의 반리문蟠螭紋 형식을 연습하면서 점차 쌍선雙線, 삼선三線으로 발전되었다. 경연鏡緣은 권연圈緣이다. 다선반리(훼)문경多線蟠螭(虺)紋鏡에 명문 장식이 있다. 초엽문경草葉紋鏡은 문경제文景帝 시기에 처음 출현한 유형으로, 그 중 A형인 사유초엽문경四乳草葉紋鏡과 B형인 사유화판초엽문경四乳花瓣草葉紋鏡은 그 이전부터 이미 출현하였다. 경뉴鏡鈕는 원뉴圓鈕 이외에도 현뉴弦鈕, 복리뉴伏螭鈕가 있다.

제2기 : 서한西漢 중만기. 한무제漢武帝~선제宣帝 시기로 BC2세기 중엽~BC1세기 중엽이다. 이 시기의 동경은 다양한 형태를 보인다. 초엽문경草葉紋鏡의 유행과 더불어 성운문경星雲紋鏡, 연호문명문경連弧紋銘文鏡, 중권명문경重圈銘文鏡, 사유사훼문경四乳四虺紋鏡이 처음 출현하여 유행되기 시작했다. 네 개의 꼭지(사유정四乳釘)을 기본 주요 문양으로 하며 사분법四分法 배치 방식은 이 시기에 정형화 되고 가장 광범위하게 유행되었다. 또한, 주문主紋이 돌출 부각되게 장식한 것이 특징이고, 지문地紋은 점차 사라지는 경향을 보인다. 주요 문양의 구조 및 배치가 단순화고 소박한 특징은 전국戰國 시기의 세밀한 풍격의 변화를 보여준다. 명문銘文은 점차 문양의 주요 구성 부분이 되었다.

"일광日光"명銘, "소명昭明"명銘이 가장 유행하였다. 동경의 형태에도 많은 변화가 있다. 반원구球 형태의 뉴鈕는 전국戰國 시기의 현문뉴弦紋鈕를 완전히 대체하였다. 원뉴좌圓鈕座 이 외에도 사엽문뉴좌四葉紋鈕座, 연주문뉴좌連珠紋鈕座도 유행하였다. 또한 안으로 향하는 연호문連弧紋 도안이 광범위하게 사용되어 초엽문경草葉紋鏡, 성운경星雲鏡의 외연外緣은 대부분 안으로 향하는 연호문연連弧紋緣 장식이다. 연호문명문경連弧紋銘文鏡은 뉴좌鈕座 바깥쪽에 안으로 향하는 연호문連弧紋 장식이 있다.

제3기 : 서한말 왕망王莽~동한 전기前期. 서한西漢 원제元帝~동한東漢 광무제光武帝 시기로 B.C. 1세기 중엽~A.D. 1세기 초엽이다. 제2기 시기의 연호문명문경連弧紋銘文鏡, 중권명문경重圈銘文鏡, 사유사훼문경四乳四虺紋鏡이 지속적으로 유행되면서 동시에 박국문경博局紋鏡, 사유금조경四乳禽鳥鏡이 출현하기 시작하였다. 문양의 제재題材가 사신四神을 중심으로 금조禽鳥, 서수瑞獸를 동경의 주요 무늬로 장식한 것은 큰 변화라고 할 수 있다. 명문의 내용과 종류가 다양하고 풍부해졌다. "상방尙方"명銘이 가장 많고, "선동善銅",

"가경佳鏡"명銘 및 기년명紀氏銘, 기년경紀年鏡이 점차 출현하였다. 이 시기에 유행한 경鏡류는 주요 문양이 정교할 뿐만 아니라, 이전 시기의 관소연寬素緣 형식에 변화를 주어 동경의 변연邊緣 장식을 중시하였다. 운문연雲紋緣, 삼각거치문연三角鋸齒紋緣, 쌍선파문연雙線波紋緣 등이 있다.

제4기: 동한東漢 중만엽中晚期. 한漢 명제明帝~한漢 헌제獻帝 시기로, AD1세기 중엽~AD3세기 초엽까지 이다. 박국문경博局紋鏡이 단순화된 간화박국경簡化博局鏡으로 발전하였고, 연호문경連弧紋鏡, 기봉문경夔鳳紋鏡이 유행하였다. 남방南方 장강長江 유역에는 신수경神獸鏡과 화상경畫像鏡이 광범위하게 유행하였다. 동한東漢 말기에는 연호문경連弧紋鏡류(주로 장의자손연호문경長宜子孫連弧紋鏡), 기봉문경夔鳳紋鏡류와 남방南方 지역의 신수경神獸鏡, 화상경畫像鏡이 지속적으로 유행하였을 뿐만 아니라 변형사엽문경變形四葉紋鏡, 용호문경龍虎紋鏡류도 유행하였다. 신수경神獸鏡, 화상경畫像鏡의 주요 제재題材는 중국 동경이 새로운 발전 단계에 진입한 것을 의미한다. 신수경神獸鏡, 화상경畫像鏡, 용호경龍虎鏡 등은 부조식浮雕式 수법을 채용하여 주요 문양이 돌출 부각되게 하였는데, 이는 후대 동경의 고부조高浮雕의 제작 수법의 시작이라 할 수 있다. 동경 문양의 배치에 있어서는 "심대칭식心對稱式" 문양 배치에 변화를 주어 중열식신수경重列式神獸鏡, 쌍두용봉문경雙頭龍鳳紋鏡, 직행명문쌍기경直行銘文雙夔鏡 등 "축대칭軸對稱" 방식이 새롭게 나타났다. 기년紀年, 기씨紀氏의 동경銅鏡 명문銘文이 성행하였다.

「한漢대 동경의 유형과 편년」에 대한 토론문

조 윤 재 (인제대학교)

1. 발표자는 발표문에서 서한중기 이후부터 동경의 뉴鈕가 반구형으로 변화한다고 설명하고 있다. 뉴의 크기도 전대에 비해 더욱 커진다고 서술하고 있다. 토론자는 평소부터 한대동경의 경뉴鏡鈕 변화가 궁금하였다. 변화의 동인動因이 동경제작기술과 관련된 것인지, 아니면 동경을 부착하거나 고정하는 방식의 변화 때문인지? 이점에 대한 설명을 부탁드린다.

2. 漢代 이래로 중요 동광은 대부분 남방지역과 장강유역에 분포하였다.[1] 그러나 동한시기 북방지역 및 중원지역의 동경은 주로 수도 낙양에서 제작되었던 것으로 보인다. "尙方" 혹은 후일의 "右尙方" 등의 관영 동경제작 부서에서 銅의 수급과 이를 저장하고 관리했던 유적이 확인되고 있는지 궁금하다.

1) 夏湘蓉, 1980,『中國古代鑛業開發史』, 地質出版社.

「한漢대 동경의 유형과 편년」에 대한 토론문

이 양 수 (국립김해박물관)

1. 한경의 분류에 대해 새롭게 자세한 분석을 하여, 토론자에게 대단히 공부가 되었다. 그런데 이러한 세분된 형식이 단순히 시기적으로 나누어지고 있는데 혹시 중국 내에서 지역적으로 의미를 가지지는 않는지 궁금하다.

이곳 가야의 경우 신수경, 화상경, 기봉문경, 용호문경 등은 출토된 사례가 없기 때문에 이것이 단순한 시기적인 문제인지, 아니면 교류에 있어 지역적인 차이인지에 대해서도 논의가 될 수 있을 것이다. 중국 내에서 한경의 지역적 양상이 확인된다면 이에 대한 추가 설명을 부탁드린다.

從"狗邪"到"加羅"
－ 對朝鮮半島南部早期歷史的思考 －

張學鋒*

目 次

一、緒言

標題所稱"加羅", 韓國和日本史學界通常用"加耶"之名。因"加耶"之名出現得較晚,[1] 本文探討的對象主要是公元三至六世紀朝鮮半島南部的歷史問題, 因此, 採用這一時期中國史籍中一以貫之的稱呼"加羅"。所謂"加羅", 指的是公元五六世紀朝鮮半島南部的一群小國, 即加羅諸國。[2]

加羅诸国始終沒有形成統一的國家組織, 最終在百濟和新羅的蠶食下逐漸消亡。

* 南京大學歷史學院考古與文物系

1) "加耶"的稱呼最早出現在12世紀編撰的《三國史記》和13世紀編撰的《三國遺事》。前者主要寫作"加耶", 但也有伽耶、加良、伽落、駕洛等其它寫法;後者主要寫作"伽耶", 但又有呵囉、駕洛等寫法。

2) 與加羅諸國相關的記載非常稀少。"加羅"之稱最早見於高句麗《廣開土王碑》, 所載事件發生在公元400年, 之前的歷史文獻無徵。

加羅歷史的相關研究，韓國學者和日本學者做出了很大的貢獻，積累了豐富的成果。作為朝鮮半島歷史不可分割的一部分，加羅歷史的研究自然受到了韓國學者極大的重視。日本學者則基於長年對朝鮮半島歷史學和考古學研究的傳統，加之加羅諸國與古代日本之間存在著密切的交往關係，同樣做出了不凡的業績。[3)]

然而，作為東亞世界一員的中國，學術界對加羅諸國歷史、文化的認識和探討，目前還處於起步階段，雖然個別論文已有所涉及，但專文探討就筆者管見，僅曹中屏先生《駕洛國史研究與其意義》[4)] 和王志高先生《關於朝鮮半島古國加耶與南朝交流的兩個問題》一文。[5)]

曹文是中國學界首篇關於加羅(曹文採用“駕洛”、“加耶”等名)歷史的專論，在梳理相關文獻的基礎上敘述了加羅的歷史發展脈絡，對加耶文化的集中代表古墳文化進行了強調。曹文指出，以“三國時代”作為朝鮮上古史研究的斷代體系，與歷史的原貌不符，這一認識非常重要。然而，曹文在探討加羅歷史發展脈絡時所用的文獻史料，大多為《三國史記》、《三國遺事》、《駕洛國記》、《高麗史》等11世紀後出史料，這些史料追述的成分較多，因此其歷史發展的脈絡真假難辨。王文基於考古學的觀察，通過出土文物的比較，對加耶與中國南朝之間物質文化交流的可能性進行了展望。但由於可供比較的文物資料過於稀少，王文也不得不承認“迄今發現的加羅文物中能夠確認

---

3) 近期的主要成果，可參見田中俊明《古代の日本と加耶》(東京:山川出版社，2013年)所列參考文獻。

4) 曹中屏:《駕洛國史研究與其意義》，《韓國研究論叢》第二十五輯(2013年第一輯)。此外，曹中屏尚撰有《任那“官家”與朝、日關係》一文，載《南開大學學報(哲學社會科學版)》1984年第3期。

5) 王志高《關於朝鮮半島古國加耶與南朝交流的兩個問題》，該文曾在2013年8月29日~9月1日韓國金海市及仁濟大學加耶文化研究所聯合舉辦的大城洞古墳博物館成立10周年國際學術研討會上部分宣講，後經增補，載《文物研究》第21輯，北京:科學出版社，2014年9月。

與南朝相關者不多”，并認為這與兩國之間僅有一次外交往來的文獻記載相吻合。然而，除文物資料的類比外，基於中國現存的歷史文獻，是否可以對加羅諸國的早期歷史勾勒出一些粗線條來呢？

筆者對朝鮮半島古史的探討，始於《四五世紀東亞世界的形成與東晉南朝》一文。[6)]

文中，筆者考察了中國秦漢以後的政治、社會變動對周邊地區的影響，認為秦漢文化的對外發展，促使周邊民族自我意識的覺醒，開始踏上了初期國家的發展道路，在東亞世界的高句麗、百濟、新羅和倭國的國家形成過程中，東晉南朝的冊封體制起到了重要作用。

然而，這一考察的對象主要是四五世紀的東亞世界，此時朝鮮半島上已經基本形成了高句麗、百濟、新羅三大勢力，立足于三大勢力角逐的基礎上觀察朝鮮半島古史的立場，或許可以稱之為“三國史觀”。在此後的研究中，筆者漸漸意識到，“三國史觀”往往忽視高句麗、百濟、新羅三大勢力形成之前的半島古史，[7)] 如很多研究將五世紀末以前半島西南部馬韓地區的歷史與百濟混為一談，此外，水稻種植由北向南經高句麗傳往半島南部等觀點亦是典型事例。

其實，百濟政權從漢江下游地區逐漸擴展到半島西南部的榮山江流域，到最終徹底控制半島西南部，其間經歷了好幾個世紀。那麼，在百濟勢力完全控制馬韓地區之前，榮山江流域又呈現出了一種什麼樣的歷史、文化面貌呢？筆者因此撰寫了《卑離、夫里與buri》一文，[8)] 以羅州紫薇山城出土陶片

---

6) 拙稿《四至五世纪东亚世界的形成与东晋南朝》，载拙著《汉唐考古与历史研究》，北京：三联书店，2013年。初见《四—五世紀における東アジア世界の形成と東晋南朝——中国側の史料を中心として——》，載田中良之、川本芳昭编《東アジア古代国家論》，東京：すいれん舍，2006年。

7) 前引曹中屏《駕洛國史研究與其意義》一文也同時意識到了這一問題。

8) 拙稿《“卑離”·“夫里” 그리고 “buri”——馬韓 早期社會의 百越文化요소 검토——》(卑離、夫里與buri——馬韓早期社會中百越文化因素的探討之一)，载《전남지역 마한

所見"芈乃夫里"銘文為線索，通過對《三國志·東夷傳》中出現的馬韓地名"卑離"、《三國史記·地理志》中出現的舊百濟地名"夫里"、今泰國北部地名中的"buri"以及中國江南地區歷史上出現的"甫里"、"藩離"、"武里"等古地名語源的探討，揭示了半島古地名"卑離"、"夫里"源自百越語的可能性。

該文結合光州新昌洞公元前後的聚落遺址所展現出來的炭化稻粒、水稻植硅體、木制生產工具與生活用具以及環壕聚落、干欄式建築等遺存，指出在半島進入三國時代以前，西南部榮山江流域的馬韓早期社會中存在著比較濃厚的百越文化因素，這種因素是隨著今中國大陸東南沿海百越人的遷徙帶來的。那麼，與榮山江流域的馬韓諸國相比，位於其東部洛東江流域的加羅地區，其早期的歷史、文化又是一種什麼樣的面貌呢？本文想對這個問題闡述一些不成熟的看法。

二、關於"狗邪"

"加羅"有多種寫法。朝鮮古代史的基本史料《三國史記》中，主要寫作"加耶"，但也有"伽耶"、"加良"、"伽落"、"駕洛"等其它寫法。同樣作為朝鮮古代史基本史料的《三國遺事》中，主要寫作"伽耶"，但又有"呵囉"、"駕洛"等寫法。在中國史書中，《宋書》、《南齊書》、《南史》、《通典》作加羅，《梁書》作"伽羅"，《隋書》作"迦羅"。《日本書紀》作"加羅"，又作"柯羅"。《續日本紀》作"賀羅"。儘管如此，這麼多種的漢字寫法，其實都是對當地同一語音的譯寫，表現了同一語音kɑ－lâ。

在以上各種表述中，存在著"加耶"(kɑ－iɑ)和"加羅"(kɑ－lâ或kɑ－ləʊ)兩類

제국의 사회 성격과 백제》(全南地区马韩诸国的社会性质与百济)，학연문화사(学研文化社)，2014年。

讀音。一般認為，加耶的"iɑ"是加羅的"lâ／ləʊ"去"l"後轉化而來，因為這種轉化在朝鮮語中是常見的現象。[9] 然而，公元三至五六世紀前後的古語中是否也存在著同樣的現象，則無法斷言。

加耶、加羅等語音，都是通過漢字的讀音表現出來的，因此，當時記錄這些語音的漢字讀音就顯得比較重要了。漢字的語音發展非常複雜，就《三國志》、《宋書》等文獻中留下的半島南部古地名而言，縱向地看，存在著上古音與中古音之別，橫向地看，則有受漢語方言影響的可能性。

後來成為加羅諸國勢力範圍的洛東江流域，最早出現在中國史籍中的地名是"狗邪國"和"狗邪韓國"，前者見於《三國志》卷三〇《東夷傳》弁辰條，後者見於同書同卷倭人條。倭人條稱，從帶方郡海行往倭國去的途中，"從郡至倭，循海岸水行，歷韓國，乍南乍東，到其北岸狗邪韓國，七千餘里，始度一海，千餘里至對馬國。"

《東夷傳》倭人條列於韓條之後，因此，"歷韓國"的"韓"指的是"三韓"，"狗邪"位於弁韓範圍內，故稱"狗邪韓國"。其實從古漢語的行文習慣上來看，這裡的"韓"字完全沒有必要，很可能是衍字，因此據《三國志·東夷傳》弁辰條直接稱"狗邪國"即可。

《三國志》成書於公元三世紀，從漢語音韻發展的歷程上來看，正是上古語音向中古語音轉變的關鍵時期，但大部分語音都還保留著濃厚的上古音特征。基於上古音擬音的基本原則，"狗"可擬音為ku或kəʊ。"邪"的上古擬音有二，一是ia，另一是ziɑ，前者多用作虛詞，後者是實詞，在取字用作地名時，取實詞的可能性更大，因此，狗邪的讀音更大的可能性ku－zia或kəʊ－zia。一般認為"狗邪"就是今天的金海，金海海灣外側的巨濟(Geo－je)島似乎應該是狗邪國的重要組成部分，"巨濟"與"狗邪"的讀音也非常相近。

9) 參照前引田中俊明著書，第3頁。

三世紀洛東江下游出現的“狗邪”，在六世紀成書的《宋書》、《南齊書》中消失了蹤影，代之而起的是“加羅國”。由於後世的朝鮮史料中“加羅”又寫作“加耶”，且兩者語音相近，學界一般認為“狗邪”就是“加耶”，即“加羅”。加羅的“加”字以及其它異寫“伽”、“駕”、“迦”等字，上古音擬音為ku，進入中古以後，逐漸變成了ka或k'a，與“狗”的中古音kəʊ依然相近。

然而，加羅(ka-lâ / ləʊ)與狗邪(ku-zia)之間儘管語音上雖然比較相近，但似乎又很難相通。那麼，從“狗邪”到“加羅”這一變化的背後，是否存在著一些特殊的歷史背景呢？

三、《三國志·東夷傳》所見三韓古國名的分析

在《三國志·東夷傳》中，狗邪國被列為弁韓十二國之一。《東夷傳》在馬韓之後將辰韓、弁韓合在一起敘述，而且還在多處將應該寫成“弁韓”的地方誤成了“弁辰”。辰韓、弁韓各十二國，合計二十四國，在列記二十四國國名時，在國名前加上“弁辰”二字以示區別。辰韓十二國為：已柢國、不斯國、勤耆國、難彌離彌凍國、冉奚國、軍彌國、如湛國、戶路國、州鮮國、馬延國、斯盧國、優由國。弁韓十二國為：弁辰彌離彌凍國、弁辰接塗國、弁辰古資彌凍國、弁辰古淳是國、弁辰半路國、弁辰樂奴國、弁辰彌烏邪馬國、弁辰甘路國、弁辰狗邪國、弁辰走漕馬國、弁辰安邪國、弁辰瀆盧國。

《三國志·東夷傳》序稱：“(魏)景初中，大興師旅，誅(公孫)淵，又潛軍浮海，收樂浪、帶方之郡，而後海表謐然，東夷屈服。其後高句麗背叛，又遣偏師致討，窮追極遠，逾烏丸、骨都，過沃沮，踐肅慎之庭，東臨大海。長老說有異面之人，近日之所出，遂周觀諸國，采其法俗，小大區別，各有名號，可得詳紀。”這裡我們關注到“遂周觀諸國，采其法俗，小大區別，各有名號”

這句話，可以推斷《三國志·東夷傳》的內容是有人遍歷東夷諸國後記錄下來的，因此所言基本可信。

在辰韓、弁韓二十四國的國名中，基本上可以分辨出兩組特色鮮明的群組來。

(1)比較明確的以聲母齒音或牙音(z、s、k')字或音近字結尾的國名，有已柢國、不斯國、勤耆國、冉奚國、如湛國、州鮮國、弁辰古淳是國、弁辰狗邪國、弁辰安邪國等9國。

(2)比較明確的以聲母舌音半舌音(n、l)字或音近字結尾的國名，如戶路國、斯盧國、弁辰半路國、弁辰樂奴國、弁辰甘路國、弁辰瀆盧國等6國。這兩類國名在弁韓、辰韓二十四國中佔了大多數。

其實，馬韓五十四國中，除筆者舊稿中關注的以"卑離"或與之相近讀音的漢字結尾的近10個國名外，其它國名中也存在著上述現象。其中比較明確的以聲母齒音或牙音(z、s、k')字或音近字結尾的國名有:小石索國、大石索國、優休牟涿國、伯濟國、速盧不斯國，古誕者國、月支國、素謂乾國、支侵國、致利鞠國、感奚國、半支國、狗素國、臣雲新國、狗奚國、不斯濆邪國、爰池國等17國;以聲母舌音半舌音(n、l)字或音近字結尾的國名有:咨離牟盧國、莫盧國、狗盧國、冉路國、駟盧國、萬盧國、捷盧國等7國。以上這三類國名在馬韓五十四國中也佔了大多數。

通過對《三國志·東夷傳》所載三韓諸國漢字國名語音的分類，可以發現以下一些特征。(1)如舊稿《"卑離"、"夫里"與"buri"》所述，"卑離"僅見於錦江以南的馬韓地區。(2)"邪"、"支"、"是"等以聲母齒音或牙音(z、s、k')字或音近字結尾的國名普遍存在於馬、弁、辰三韓，且數量眾多。(3)"盧"、"路"等以聲母舌音半舌音(n、l)字或音近字結尾的國名也見於馬、弁、辰三韓。雖然數量相對較少，但依然可以看出，其在馬韓地域所佔比例較低(約佔13%)，而在弁辰地區所佔比例相對較高(約佔25%)。

以上這三個特征說明了什麼？如果我們做一個大膽的推測，這就是，就三世紀前後朝鮮半島南部三韓地區而言，與以上三個特征相對應的歷史現象是：

(1')如舊稿所述，帶有"卑離"語音的國名具有濃厚的百越文化因素，其主要成員是來自中國大陸東南部的百越人以及與當地土著的混血。百越人帶來了先進的稻作文化，因此，在公元前後的光州新昌洞遺址中表現出了顯著的稻作文化特征。

(2')"邪"、"支"、"是"等以聲母齒音或牙音(z、s、k')字或音近字結尾的國名，是來自中國大陸東南的百越及來自北方的通古斯語族東胡(騎馬民族)[10] 文化傳入三韓地區之前已經形成的土著邑落，數量最多，廣泛分佈於三韓各地，"狗邪國"就是其中的一國，因其位於從半島渡航列島的交通要口，因此，在《三國志·東夷傳》倭人條中留下了特殊的記載。到了三世紀前後，這些邑落中應該已經雜居了部分外來人口。

(3')"盧"、"路"等以聲母舌音半舌音(n、l)字或音近字結尾的國名，其主要成員是來自中國大陸東北或半島最北部、經半島東部海岸南下的所謂"騎馬民族"，經過一兩個世紀的不斷南遷，到公元三世紀前後，已經在三韓地區尤其是東部的弁辰地區與土著錯居，并形成了自己的邑落。而這些南下的"騎馬民族"在接下來的幾個世紀中取得了較大的發展，融合了不同文化，最終形成了舊三韓地區的文化主體。

10) 这里借用了江上波夫《騎馬民族国家—日本古代史へのアプローチ—》(中公文库，1984年)的概念，以示与农耕民族相对。又见江上波夫、佐原真对谈录《騎馬民族は来た！？来ない！？》，小学館，1990年。

四、諸“羅”的發展

“盧”、“路”及加羅、新羅之“羅”，均是lâ、ləʊ或與之相近語音的漢字標音。lâ或ləʊ音的意思，通常認為是古朝鮮語中國家(nara)意思，雖然這個推論是站在朝鮮語和日語的歷史和現狀上做出的解釋，但基本能夠成立。不過，“國家”這個概念似乎很難用在朝鮮半島早期歷史的研究上，因為至少到高句麗、百濟、新羅三個政權基本確立之前，所謂“諸國”，其實都還處於早期國家階段，是以一城一邑為中心形成的國家雛形，這種形態可以稱之為“邑落國家”，規模較小，《三國志·東夷傳》馬韓條所謂“大國萬餘家，小國數千家”，弁辰條所謂“大國四五千家，小國六七百戶”，描述的就是這種狀態。因此，羅(nara)應該就是以一個較大城邑為中心形成的早期政權形態。其實，這在中國史書《梁書》卷五十四《諸夷傳》新羅條中找到線索。傳稱：“其俗呼城曰健牟羅，其邑在內曰啄評，在外曰邑勒，亦中國之言郡縣也。國有六啄評，五十二邑勒。”這當然是新羅已經基本統一半島東南部以後的情況，但不難發現，所謂“俗稱”，應該是新羅尚未受到漢語影響之前的自身的語音，其君主所在的最大城邑稱“健牟羅”(kiəmlâ)；原屬新羅的小邑落稱“啄評”，所以被中國人理解為“內”；“邑勒”的“勒”，與“盧”、“路”、“羅”音同或音近，應該是原先獨立的、後被新羅吞併的其它邑落國家，故中國人將之理解為“外”。也就是說，到中國蕭梁時期，正像《梁書》卷五十四《諸夷傳》對百濟政權“後漸強大，兼諸小國”那樣，新羅也已吞併了數十個原弁韓和辰韓的邑落(kiəmlâ或簡稱lâ／ləʊ)，而位於蟾津江以東的洛東江、南江流域的五個kiəmlâ或ka－lâ／ləʊ(加羅)，以“五加羅”(即“五加耶”，或稱“六加耶”)的名稱保持著相對獨立，直到六世紀被新羅和百濟徹底吞併。

據研究，五加羅之間存在著一定的聯盟，並且力圖在新羅和百濟這兩大勢力之間保持獨立，在當時國際政治中被視為一個“加羅”。為了保持獨立，其所採取的手段之一，就是向百濟、倭學習，積極與中國南朝政權展開外交關係，希望得到南朝政府的支持。《南齊書》卷五十八《東南夷傳》加羅國條稱："加羅國，三韓種也。建元元年(479)，國王荷知使來獻。詔曰:'量廣始登，遠夷洽化。加羅王荷知款關海外，奉贄東遐。可授輔國將軍、本國王。'"這是加羅唯一一次與中國王朝之間的往來。

然而，當時處於從早期國家向成熟國家發展過程中的朝鮮半島、日本列島的國際關係錯綜複雜，在加羅遣使南朝、受封"輔國將軍、本國王"的同時，百濟、新羅通過實際的軍事行動兼併著舊三韓諸國。倭國也在觀念上佔有這些地區，劉宋元嘉二年(425)、元嘉二十八年(451)、昇明二年(478)、蕭齊建元元年(479)，倭國三番五次上表南朝政府，要求"都督倭百濟新羅任那秦韓慕韓六國諸軍事"，雖然南朝政府認識到百濟已是強大的政權，不允許列入倭國的軍事都督範圍，但還是認可了"都督倭新罗任那加罗秦韩慕韩六国诸军事"，用"任那"置換了"百濟"。即使在加羅遣使南朝，被授予"輔國將軍、本國王"的同時，南朝政府依然認可了倭國對加羅的都督權。這些現象說明，通觀整個五世紀，百濟、新羅雖然有了重大的發展，但包括加羅在內的舊三韓地區依然存在著一些相對獨立的小國或小國聯盟，隨著半島和列島之間的貿易往來和軍事衝突，這些小國成為倭國覬覦的對象，而中國南朝政府對其中的詳情或細節是不了解的。因此，到了五世紀末，雖然在一定程度上還保持著相對獨立，但在國家形成過程中處於相對落後的加羅、馬韓、辰韓等小國，已經成為百濟、新羅、倭等政權的盤中餐或覬覦對象，很難再有機會擺脫被徹底吞併的命運。

五、結語

通過對“狗邪”、“加羅”這些國名語音上的分析，結合舊稿對“卑離”國名的探討，我們似乎可以描繪出朝鮮半島南部進入三國時期之前的部分面貌。

(一)史前即生息在半島南部的土著，其生產、生活的據點稱作“邪”或與“邪”音同或音近的“者”、“是”、“支”，如狗邪、安邪等。經過長期的發展，這些“邪”逐漸出現階級分化，朝著邑落國家的方向緩慢發展。

(二)從公元前五六世紀開始，隨著中國大陸東南部的吳越爭戰、楚滅越等政治、社會變動，百越人開始向海外遷徙。隨著百越人的遷徙，在東亞世界範圍內，稻作及其相關的生產工具、居住形態、社會習俗等跡象開始出現在朝鮮半島西南部和日本列島的九州。秦統一中國後，大陸東南部的越人掀起了更大規模的遷徙，稻作文化在半島西南部和九州等地呈現出了快速的發展，公元前後的光州新昌洞遺址、佐賀吉野里遺址是最具代表性的遺址。出現在中國文獻中的“徐福東渡”故事，與其說是“徐福”一個人與五百童男童女的故事，毋寧說是長達幾個世紀大陸沿海居民向半島、列島遷徙的一個縮影。百越人在半島西南部登陸後，帶來了自己的生活習慣和語言習慣，出現了被稱作“卑離”的邑落。百越人與當地土著通婚，并逐漸往東滲入土著人的邑落“邪”，由此逐漸形成了一個相對統一的區域名稱“馬韓”。由於先進的稻作農業在當時經濟上有著絕對的優勢，因此，馬韓社會的發達程度西部高於東部。

(三)公元前後，隨著東北亞民族文明程度的提高，加之王莽民族政策的失敗，東北亞民族的覺醒非常醒目，烏丸、鮮卑、挹婁、沃沮、獩、貊等族群登上歷史舞台，高句麗崛起，扶餘南遷等等，原屬通古斯語族的“東胡”族群(騎馬民族)開始大規模進入半島，并進而進入列島。由於半島西北部有漢朝的樂浪郡，因此，沿半島東部南下成了他們遷徙的主要途徑。南下的族群進入半島南部後，先於他們已經在此定居的土著和百越後裔(馬韓)接納了他們，并讓他們在半島東南部定居了下來，因此《三國志·東夷傳》稱"辰王常用馬韓人作之，世世相繼。辰王不得自立為王"。[11] 很明顯，直到三世紀前後，弁韓、辰韓作為後來移民，主權尚未確立，因其定居在馬韓之地，故稱辰韓、弁韓。弁辰"合二十四國，大國四五千家，小國六七百家，總四五萬戶"，與馬韓"凡五十餘國，大國萬餘家，小國數千家，總十餘萬戶"相比，其社會、經濟等各領域的發達程度遠遠落後於馬韓。

從"健牟羅"、"邑勒"、"加羅"、"新羅"等城邑國名來看，帶有"羅"或與之音近的"盧"、"路"等字的國名，應該是南下的東胡(騎馬民族)建立的邑落。公元三世紀前後，這些邑落雖然部分已經出現在了半島西南部的馬韓，但更多地集中在半島的東南部，呈現出與土著邑落諸"邪"錯居的狀態。

作為後來移民的東胡族群，其發展勢頭超越了土著族群及越人後裔，主要原因之一應該是他們掌握了有别于稻作技術的另一項先進技術——冶鐵。原始水稻生產的主要工具是木、石、骨製農具，遷往半島西南部和列島的百越人，他們在中國大陸時期就沒有掌握冶鐵技術，因此在遷往半島、列島之後，依然維持著原來的技術，迄今為止，狹義的馬韓地區尚未發現冶鐵或使用鐵質農具的跡象就是一個證據。半島南部自行冶鐵的跡象出現在公元二世紀左右，三至四世紀則進入了大規模的冶製階段，發現的遺物中，除被視為原料的鐵鋌外，主要是用於土地開發的厚重鐵斧和農業生產工具鐮刀等。[12]

這些冶鐵遺址幾乎全部發現在辰韓、弁韓地區，充分說明憑藉先進的冶鐵技術和鐵製工具，南下的東胡族群在不長的時間內就掌握了半島南部開發

11) 關於"辰王"，田中俊明結合《後漢書·東夷傳》、《三國志·魏書·東夷傳》的相關記載有過討論，可資參考。見武田幸男編《古代を考える 日本と朝鮮》，吉川弘文館，2005年

12) 參考松井和幸编《東アジアの古代鉄文化》(雄山阁，2010年5月)等。

的主動權，“狗邪”變成了“加羅”，“安邪”變成了“安羅”，最終，同屬東胡族群高句麗、百濟、新羅三個勢力完全控制了整個半島的主動權。權力階層的東胡性格和社會底層的百越因素(含其與土著的結合)，對此後朝鮮半島政體、經濟、語言、習俗的形成產生了重要影響。

如果說以“卑離”為代表的國名，反映了百越文化進入半島南部這一歷史史實的話，那麼，從成書於公元三世紀的《三國志·東夷傳》到成書於六七世紀的《宋書》、《南齊書》、《梁書》等關於半島南部歷史記載的變化中，我們不難發現，從以“狗邪”為代表的國名的消失，到以“加羅”為代表的國名的普遍化，這正是北方東胡族群南下、發展，最終控制半島這一段歷史的縮影。

"구야狗邪"에서 "가라加羅"로
- 한반도 남부지역 초기 역사에 대한 고찰 -

張學鋒*
번 역 : 조윤재**

目 次

Ⅰ. 서언

이 글의 제목에서 말하는 "가라加羅"는 일반적으로 "가야加耶"라고 칭하고 있으며 5~6세기 한반도 남부의 가야제국加耶諸國을 의미하고 있다.[1] 가야제국加耶諸國은 최종적으로 통일된 국가를 이루지 못하고 백제와 신라와의 각축 속에서 힘을 잃고 멸망하였다.

가야사연구는 한국학자와 일본학자의 지속적인 관심으로 상당한 축적

* 南京大學歷史學院考古與文物系
** 인제대학교

1) 가야제국과 관련된 문헌 기록은 대단히 영성하다. "加耶"의 명칭은『廣開土王碑文』에서 가장 먼저 보이고 있는데 기록의 내용은 기원 400년에 발생한 정황을 담고 있으며 이전의 문헌기록은 전무한 형편이다.

이 이루어졌다. 한반도 고대사의 한 구성요소로써 가야사연구는 한국 학계의 비상한 주목을 받았다. 일본학자의 경우 장기간 한반도 고대사 연구 및 고고학 연구에 관심을 가져온 일본 내의 전통으로 고대 한일관계사 연구에 대한 적지 않은 성과를 이루었다.[2] 그러나 동아시아의 한 일원인 중국의 경우 가야제국에 대한 역사, 문화에 대한 연구와 탐색이 여전히 초보적인 단계에 머물고 있다. 비록 일부 논고에서 간략한 언급을 한 예는 있으나 가야를 중심 주제로 작성된 논고는 최근 王志高[3]의 논문이 유일한 실정이다. 王志高는 고고학적인 고찰을 통해 가야와 남조의 물질문화상의 교류를 추정하고 그 가능성을 타진하였다. 그러나 관련 자료의 부족으로 인해 부득이하게 확연한 물적 증거를 제시할 수 없었다. 이는 문헌기록에서 보이듯이 가야와 남조의 교류가 단 1회만 보이는 것과 무관하지 않을 것이다. 그렇다면 과연 물질자료의 비교 외에 중국 현존의 역사문헌을 통한 초기 가야사에 대한 접근 방법은 없을까?

필자의 한반도 고대사에 대한 관심은 『四五世紀東亞世界的形成與東晋南朝』라는 논문으로 출발하였다.[4] 이 논문에서 필자는 중국의 진한시기 이후의 정치, 사회변동이 주변지역에 끼친 영향에 대한 고찰을 진행하였다. 당시 진秦·한문화漢文化의 대외적 파급은 주변 세력의 정치사회적 자아 의식화를 촉발하게 함으로써 초기국가의 형성에 큰 영향을 미쳤을 것이라고 판단된다. 이후 동아시아 세계의 일원인 고구려, 백제, 신라 및 왜 등의 국가 형성 과정 중 동진남조의 책봉체제는 중요한 계기로 작용했을 것이다.

이러한 고찰의 시기와 대상은 주로 4~5세기 동아시아 세계에 초점을 맞

2) 최근의 저작으로는 田中俊明의 『古代の日本と加耶』(東京:山川出版社, 2013年)을 들 수 있다.

3) 『關於朝鮮半島古國加耶與南朝交流的兩個問題』, 대성동고분박물관10주년기념국제학술대회, 2013년.

4) 『漢唐考古與歷史研究』, 三聯書店, 2013年.

추고 있는데 이 시기 한반도에는 이미 고구려, 백제 및 신라가 기본적으로 세력을 형성한 시점으로 삼국이 서로 각축하는 과정에 포커스를 맞춘 즉 "삼국사관三國史觀"에 입각한 시각을 견지하였다. 이후 필자는 점점 이러한 "삼국사관"이 고구려, 백제, 신라 삼국의 형성 이전 시기의 한반도 고대사를 왕왕 홀시한다는 생각을 가지게 되었다. 실례로 많은 연구 성과들이 5세기 이전 한반도 서남부의 마한과 백제를 혼용하여 논의한다는 점, 수도작水稻作의 전파가 북에서 남으로 내려가 고구려를 거쳐 한반도 서남부에 유입되었다는 관점 등을 들 수 있다. 사실, 백제의 팽창은 한강하류지역에서 점점 서남부지역인 영산강유역으로 확장되어 최종적으로 한반도 서남부 전역을 통제하게 되는데 이러한 세력 확장과정은 수세기의 시간이 소요되었다. 그렇다면 백제가 마한지역을 통합하기 이전 영산강유역은 어떠한 성격의 역사와 문화가 존재하였는가? 필자는 일전 이러한 화두에 착안하여 『비리, 부리 및 buri』라는 논문을 작성하였다.[5] 이 논문은 구체적으로 나주羅州 자미산성紫薇山城에서 출토된 "반내부리半乃夫里(?)"명문銘文 토기편이 단서가 되었다. 『삼국지三國志』 동이전에서 출현하는 마한의 한 지명인 "비리卑離", 『삼국사기三國史記·지리지地理志』에서 보이는 구백제舊百濟의 지명인 "부리夫里", 현재 진국泰國 북부지역 지명중의 하나인 "buri" 및 중국 강남지역에서 역사적으로 출현하는 "보리甫里", "번리藩離", "무리武里" 등의 고지명古地名에 대한 고찰을 통해 한반도 한반도의 고지명인 "부리", "비리" 등의 어원적 출자가 백월어百越語에서 기인했을 가능성을 타진하였다. 또 기원 전후 경의 취락인 광주 신창동유적에서 출토된 탄화미, 수도규산체, 목기, 생활용구, 환호취락, 난간식欄干式 건물 등 삼국시대 진입 이전 영산강유역의 마한 초기사회에서 보이는 비교적 농후한 백월문화의 요소는 중국

5) 『전남지역 마한제국의 사회성격과 백제』, 학연문화사, 2014년.

동남 연안의 백월인들이 이주함으로써 유입된 물질자료일 가능성도 제기하였다. 그렇다면 영산강유역의 마한제국과 비교해 볼 때 낙동강유역의 가야지역은 어떠한 형태의 초기문화가 전개되었을까? 본문에서는 이러한 의문점에서 출발한 다소 초보적인 생각들에 대한 정리를 시도해 보았다.

II. "구야狗邪"에 관하여

가야加耶는 여러 가지 이름으로 불린다. 『삼국사기三國史記』에서는 주로 "가야加耶"로 기록하고 있으나, 가야伽耶, 가양加良, 가락伽落, 가락駕洛 등의 표기도 보인다. 한편 『삼국유사三國遺事』에서는 주로 "가야伽耶"로 기록하고 있으나 역시 가라呵囉, 가락駕洛 등의 표기도 보인다. 중국中國의 사서史書 중에는 『송서宋書』, 『남제서南齊書』, 『남사南史』, 『통전通典』 등에서 가라加羅로 기재하고 있으며 『양서梁書』는 가라伽羅로, 『수서隋書』는 가라迦羅로 표기하고 있다. 일본의 사료인 『일본서기日本書紀』에서는 가라加羅, 가라柯羅로 표기하였으며 『속일본기續日本記』는 하라賀羅로 적고 있다. 비록 여러 형태의 한자표기로 가야를 표현하고 있지만 모두 동일 어음인 ka-la의 발음을 표기한 음역표기들이다. 이러한 표기들의 독음은 가야(ka-ia)와 가라(ka-la)로 대별된다. 일반적으로 가야의 "ia"는 가라의 "la"에서 "l"음이 소거되어 전화된 음이다. 이러한 음화현상은 한국어에서 자주 보이는 현상이다.[6] 그러나 기원 3~5세기 전후의 고대 한국어에서도 이러한 현상이 존재했는지는 단언할 수 없다.

가야, 가라 등의 발음은 모두 한자의 독음을 빌려 표현한 표기한 예이다.

---

6) 田中俊明, 2013, 『古代の日本と加耶』, 山川出版社, 東京.

그래서 당시 이러한 표기의 한자독음은 매우 중요할 수밖에 없다. 한자의 어음발전語音發展 과정은 매우 복잡한데 『삼국지三國志』, 『송서宋書』 등의 문헌기록에 남아 있는 한반도 고지명의 경우 통시적으로 볼 때 상고음上古音과 중고음中古音의 구별이 가능하고 언어적 공간성으로 볼 때는 한어漢語 방언方言의 영향을 받았을 가능성이 크다. 후일 가야제국의 세력권인 낙동강 유역은 중국 문헌에서 가장 이른 시기에 출현하는 지명으로는 "구야한국狗邪韓國"으로 『삼국지三國志』 권30 동이전東夷傳 왜인조倭人條에 등장하고 있다. 대방군에서 해로를 통해 왜로 가는 교통로를 서술하는 중에 "구야한국狗邪韓國"이 언급되는데, "從郡至倭, 循海岸水行, 歷韓國, 乍南乍東, 到其北岸狗邪韓國, 七千餘里, 始度一海, 千餘里至對馬國."라고 적고 있다. 『삼국지三國志』 동이전 왜인조는 한조韓條 다음에 순서를 하고 있는데 이는 "역한국歷韓國"에서 "한韓"은 "삼한三韓"을 지칭하는 것이며 "구야狗邪"는 변한의 범위 내에 위치했기에 "구야한국狗邪韓國"으로 표기하였을 것이다. 사실 고한어古韓語의 행문行文 관습상慣習上 여기에서의 "한韓"은 없어도 무방하여 연자衍字일 가능성이 크다. 즉 『삼국지三國志』 동이전 변진조에서는 "변진구야국弁辰狗邪國"이라 표기하고 있어 직접적으로 "구야국狗邪國"이라 표기해도 가능하다는 것이다.

『삼국지三國志』는 3세기에 편찬된 사서인데 이 시기는 한어漢語 음운사音韻史의 관점에서 볼 때 상고어음上古語音에서 중고어음中古語音으로 변환되는 중요한 시점이다. 그러나 대부분의 어음은 여전히 상고음의 음운적 특징을 그대로 답습하고 있다. 상고음의 음상사 기본원칙으로 보면 "구"는 ku 혹은 kəu라고 발음된다. 일반적으로 "구야狗邪"는 지금의 김해를 김해로 보고 있는데 김해만 외측의 거제도 구야국의 중요한 요충이었을 것이다. "거제巨濟"와 "구야狗邪"의 독음이 매우 유사한 것은 주목할 만하다.

3세기 낙동강 하류에 출현한 "구야狗邪"는 6세기에 편찬된 『송서宋書』, 『남제서南齊書』 등에서는 더 이상 보이지 않고 있는데 이를 대신하여 "가라국加羅國"이 등장하고 있다. 후일 한국의 고대 문헌 중 "가라加羅" 또는 "가야加耶" 라고 기술하고 있으며 양자는 그 독음도 매우 유사하여 학계에서는 일반적으로 "구야狗邪"를 "가야加耶"로 이해하고 있다. 즉 "가라加羅"를 말하는 것이다. 가라加羅의 "가加"자와 그 외 이서異書하는 "가伽", "가駕", "가迦" 등의 글자는 상고음上古音이 모두 ku로 발음되며 공주시기中古時期로 오면서 점차 ka 혹은 k'a로 변화하였다. 이는 "구狗"의 중고음中古音 kəu와 여전히 매우 근접하고 있다. 그러나 가라加羅(ka-la)와 구야狗邪(ku-zia) 간에는 비록 어음상 비교적 근접하고 있으나 상통한다고 보기는 어렵다. 그렇다면 "구야狗邪"에서 "가라加羅"로의 이 변화는 어떠한 역사적 배경 속에서 진행되었을까?

III. 『삼국지三國志』「동이전東夷傳」에서 보이는 삼한三韓 고국명古國名

『삼국지三國志』 동이전에서 구야국狗邪國은 변한십이국弁韓十二國 중의 하나로 적고 있으며 마한馬韓에 대한 서술 다음에 변한弁韓과 진한辰韓을 함께 기술하고 있다. 이 과정에서 여러 차례 "변한弁韓"으로 표기해야할 부분을 "변진弁辰"으로 잘못 적고 있다. 진한과 변한은 각각 십이국이므로 모두 24국이다. 24국의 국명을 열기하면서 국명 앞에 "변진弁辰" 두 자를 가기加記하여 서로 구별하고 있다. 진한십이국辰韓十二國은 이저국已柢國, 불사국不斯國, 근기국勤耆國, 난미리미동국難彌離彌凍國, 염해국冉奚國, 군미국軍彌國, 여담국如湛國, 호로국戶路國, 주선국州鮮國, 마연국馬延國, 사로국斯盧國, 우유국優由國 등이며 변한십이국弁韓十二國은 변진미리미동국弁辰彌離彌凍國, 변진접도국弁辰接

塗國, 변진고자미동국弁辰古資彌凍國, 변진고순시국弁辰古淳是國, 변진반로국弁辰半路國, 변진악로국弁辰樂奴國, 변진미오야마국弁辰彌烏邪馬國, 변진감로국弁辰甘路國, 변진구야국弁辰狗邪國, 변진주조마국弁辰走漕馬國, 변진안야국弁辰安邪國, 변진독로국弁辰瀆盧國 등의 12국이다.

『삼국지三國志』 동이전 서序에서는 "(魏)景初中, 大興師旅, 誅(公孫)淵, 又潛軍浮海, 收樂浪·帶方之郡, 而後海表謐然, 東夷屈服. 其後高句麗背叛, 又遣偏師致討, 窮追極遠, 逾烏丸·骨都, 過沃沮, 踐肅愼之庭, 東臨大海. 長老說有異面之人, 近日之所出, 遂周觀諸國, 采其法俗, 小大區別, 各有名號, 可得詳紀."라고 적고 있는데 여기에서 주목할 대목은 "遂周觀諸國, 采其法俗, 小大區別, 各有名號"라고 볼 수 있다. 즉 『삼국지三國志』 동이전의 내용은 적어도 동이제국을 실지답사한 후 기록했기에 사실에 입각한 기재라고 판단된다.

변·진한 24국의 국명은 기본적으로 특성이 다른 두 부류의 국가들로 분류가 가능하다. 첫째, 비교적 명확한 치음齒音, 아음牙音(z, s, k) 혹은 유사한 독음으로 국명의 끝 글자를 기재한 경우인데, 이저국已柢國, 불사국不斯國, 근기국勤耆國, 염해국冉奚國, 여담국如湛國, 주선국州鮮國, 변진고순시국弁辰古淳是國, 변진구야국弁辰狗邪國, 변진안야국弁辰安邪國 등 9개 국명이다. 두 번째는 비교적 명확한 설음, 반설음(n, l) 혹은 유사한 독음으로 국명의 끝글자를 기재한 경우로서 호로국戶路國, 사로국斯盧國, 변진반로국弁辰半路國, 변진악노국弁辰樂奴國, 변진감로국弁辰甘路國, 변진독로국弁辰瀆盧國 등 6개 국명이다. 이러한 두 부류의 국명은 변·진한 국명 중 다수를 점하고 있다. 사실 마한의 54국명 중에서도 이러한 현상이 존재하고 있다. 비교적 명확한 치음齒音, 아음牙音(z, s, k) 혹은 유사한 독음으로 국명의 끝글자를 기재한 국명으로 소석삭국小石索國, 대석삭국大石索國, 우휴모탁국優休牟涿國, 백제국伯濟國, 속로불사국速盧不斯國, 고탄자국古誕者國, 목지국目支國, 소위건국素謂乾國, 지침국支侵國, 치리국국致利鞠國, 감해국感奚國, 반지국半支國, 구소국狗素國, 신운신국臣雲新國, 구해국狗奚國, 불사분야국不斯濆邪國, 원지국爰池國 등 17개 국이며 비교적 명확한 설음, 반설음(n, l) 혹은 유사한 독음으로 국명의 끝글자를 기재한 경우, 자리모로국咨離牟盧國, 막로국莫盧國, 구노국狗盧國, 염로국冉路國, 사로국駟盧國, 만로국萬盧國, 첩로국捷盧國 등 7개 국이다. 이들 역시 마한 54국 중 다수를 차지하고 있다.

『삼국지三國志』 동이전에 기재된 삼한제국의 한자국명의 어음을 분류해 본 결과 다음과 같은 특징을 확인할 수 있었다.

1. "비리"의 국명은 금강 이남의 마한지역에서만 보이고 있다.
2. "야邪", "지支", "시是" 등 치음齒音, 아음牙音(z, s, k) 혹은 유사한 독음으로 국명의 끝글자를 기재한 국명은 마한, 변한 및 진한 국명에 모두 존재하고 있으며 그 수량 또한 적지 않은 편이다.
3. "로盧", "로路" 등과 같이 설음, 반설음(n, l) 혹은 유사한 독음으로 국명의 끝글자를 기재한 국명이 마한, 변한 및 진한에서 공히 확인되고 있다는 점이다. 비록 그 수량이 상대적으로 적지만 마한지역(약 13%)에서는 그 비율이 낮은 반면 변진한지역(약 25%)에서는 비교적 높은 비율을 보여주고 있다.

이러한 특징은 무엇을 의미하는 것일까? 만약 다소 과감한 추측을 해본다면 3세기 전후 한반도 남부의 삼한지역에서는 다음과 같은 역사적 상황이 전개되었을 수도 있을 것이다.

1. "비리卑離"와 같은 국명은 농후한 백월계통의 문화를 수용했을 가능성이 있으며 그들의 주요 구성원은 중국 대륙 동남부의 백월인 및 재지계 주민과의 혼혈을 거친 세력일 가능성이 예견된다. 백월인들이 상대적

으로 발달된 도작문화를 유입시킴으로서 기원 전후 시점의 유적인 광주 신창동유적에서 돌출적인 남방의 도작문화가 발현했을 것이다.

2. "야邪", "지支", "시是" 등의 치음齒音, 아음牙音(z, s, k) 혹은 유사한 독음으로 국명의 끝글자를 기재한 국명은 중국 동남부의 백월 및 북방의 기마민족(동호)문화가 유입되기[7] 전 이미 형성된 재지의 읍락으로 삼한사회 각지에 존재하였다. 구야국도 그 중의 하나였을 것이다. 더욱이 한반도에서 일본열도로 통하는 교통로의 요충이기에 『삼국지三國志』 동이전 왜인조에서 특별히 기재하였을 것이다, 3세기 전후 시점으로 접어들면서 이러한 읍락 가운데 일부지역은 이미 외래인들과의 잡거가 이루어졌을 것이다.

3. "로盧", "로路" 등과 같이 설음, 반설음(n, l) 혹은 유사한 독음으로 국명의 끝글자를 기재한 국명의 경우 이들 소국의 구성원은 중국의 동부지역 혹은 한반도의 북부에서 동부해안을 경유해서 남하한 소위 "기마민족"일 가능성을 생각할 수 있으며 약 2세기간의 지속적인 남하로 기원 3세기 전후 시점에는 이미 삼한지역의 동부인 변진한지역의 재지인들과 잡거하면서 서서히 독자적인 읍락을 형성했을 것이다.

Ⅳ. 제諸"라羅"의 발전

"로盧", "로路" 및 가라加羅, 신라新羅의 "라" 는 모두 la, ləu 혹은 이와 유사한 어음의 한자표음漢字標音이다. la 혹은 ləu 음의 의미는 일반적으로 고한국어에서 나라(nara)의 의미로 이해하고 있다. 비록 한국어와 일본어의 역

7) 江上波夫, 1984, 『騎馬民族國家一日本古代史へのアプローチ一』, 中公文庫.
江上波夫 · 佐原眞, 1990, 『騎馬民族は來た！？來ない！？』, 小學館.

사적 맥락과 현상에서 도출된 해석이지만 이러한 추론은 기본적으로 성립할 수 있다고 본다. 그러나 "국가國家(나라)"라는 개념은 한반도의 초기 역사 연구에는 적용되기가 어려울 것이다. 왜냐하면 적어도 고구려, 백제 및 신라 삼국의 정권이 기본적으로 정립되기 이전, 소위 "제국諸國" 은 모두 초기국가단계에 머물러 있었기 때문이다. 이들은 일성일읍一城一邑으로 형성된 국가의 추형雛形으로 규모가 상대적으로 작은 읍락국가로 판단된다. 『삼국지三國志』 동이전 마한조馬韓條와 변진조弁辰條에 의하면 각각 "大國萬餘家, 小國數千家", "大國四五千家, 小國六七百戶"라고 기재하고 있다. 그래서 라(nara)는 비교적 규모가 큰 성읍을 중심으로 형성된 초기 정권의 양상을 지녔을 것으로 판단된다. 사실 이러한 판단은『양서梁書』 권54·제이전諸夷傳·신라조新羅條에서 "其欲呼城曰健牟羅, 其邑在內曰啄評, 在外曰邑勒, 亦中國之言群賢也. 國有六啄評, 五十二邑勒"이라고 기재한데서 그 단서를 찾을 수 있다. 물론 이는 신라가 한반도 동남부 일대를 통일한 후의 상황이지만 소위 "속호屬戶"라는 표현에서 알 수 있듯이 당연히 신라가 한어漢語의 영향을 받기 전에 구사되었던 신라의 고어古語로 표현된 명칭을 의미하는 것이다. 수장 혹은 지배자가 주거하는 대읍성大邑城을 "건모라健牟羅(kiəmla)"라 부르고 원래부터 신라에 속했던 소읍락을 "탁평啄評"이라 칭하고 있는데 당시 중국인들은 이를 "내內"의 의미로 이해하였던 것으로 보인다. 반면 "읍륵邑勒"의 "륵勒"은 "로盧", "로路", "라羅" 등과 음이 매우 근사한 것으로 보아 원래는 독립적인 세력이었다가 후일 신라에 병합된 기타 읍락국가로서 당시 중국인들은 "외外"의 의미로 이해했을 것이다. 이는『양서梁書』 권54·제이전諸夷傳의 기록처럼 중국의 소양시기蕭梁時期 백제정권에 대해 "後漸强大, 兼諸小國"이라 표현한 상황과 흡사하다 즉 신라도 수십 개의 변한 및 진한의 읍락을 병합하였다. 한편 섬진강蟾津江 이동의 낙동강 및 남강유역의 "오가야五加耶"는 상대적으로 독립된 세력을 한 동안 유지하다가 6세기 즈음이 되어서야 신라와 백제에게 병합되었다.

기존의 연구에 의하면 오가야五加耶 간에는 일정한 연맹관계가 존재했으며 신라와 백제의 세력 각축에서도 상당한 독립성을 유지함으로서 당시 국제사회에서 하나의 "가라加羅"로 인식되었다. 신라 및 백제 양국의 경쟁관계 속에서 정치·군사적 독립을 유지하기 위해 백제百濟와 왜倭의 문물을 수용하고 남조南朝와 적극적인 외교관계를 구축함으로써 남조정권南朝政權의 지지를 모색하였다. 『남제서南齊書』 권58·동남이전東南夷傳·가라국조加羅國條의 "加羅國, 三韓種也. 建元元年(479年), 國王荷知使來獻. 詔曰 量廣始登, 量廣始登, 遠夷洽化. 加羅王荷知款關海外, 奉贄東遐. 可授輔國將軍, 本國王." 기록은 유일한 가라와 중국 왕조의 교섭 사례이다.

당시 초기 국가에서 국가형성 단계로 발전해가는 과정이었던 한반도와 일본열도의 국제관계는 매우 복잡하게 착종되어 있었다. 가라는 남조에 견사遣使하여 "보국장국본국왕輔國將軍本國王" 작호를 책봉 받았으며 이와 동시에 백제 및 신라는 실질적인 군사행동을 통해 구 삼한제국을 병합하기에 이르렀다.

V. 결어

"구야狗邪", "가라加羅" 등의 국명에서 보이는 어음학적 고찰과 "비리卑離" 국명에서 고어상의 특징에 대한 검토를 통한 결과 고대 한반도 남부의 삼국시대 진입 이전의 상황을 부분적으로 이해할 수 있었다.

첫째, 선사시기부터 한반도 남부지역에 거주하던 재지주민의 생산과 생활의 거점을 "야邪" 혹은 "사邪"와 음상사音相似를 보이는 "자者", "시是", "지支" 등으로 칭하고 있음을 알 수 있다. 예로 구야狗邪, 안야安邪 등의 국명을 들 수 있다. 이들은 장기간의 발전을 거쳐 서서히 계급화 된 사회를 이루면서 읍락국가로 완만히 발전해 나갔다.

둘째, 기원전 5세기를 기점으로 중국 대륙 동남부는 오월전쟁吳越戰爭, 초의 굴기와 월의 패망 등 정치사회적 변동이 급격해지면서 현지 백월인百越人의 이탈이 가속화 되었다. 적어도 동아시아라는 공간적 범주 내에서 백월인의 이주로 인해 한반도 서남부와 일본열도의 구주지역에는 도작농경과 그와 관련된 생산도구, 주거형태 등이 출현하기 시작하였다. 진의 통일 이후 중국 동남부의 월인집단은 더욱 큰 규모의 이주를 단행하였다. 도작문화가 한반도 서남부 및 구주 등지에 바른 속도로 파급되기 시작하였다. 대표적으로 기원전후의 광주 신창동유적, 일본 佐賀 吉野里遺蹟 등이 그 예가 될 것이다. 중국문헌에 출현하는 소위 "서복동도徐福東渡"의 고사故事는 서복徐福과 오백여명 동남동녀童男童女의 고사故事라기보다는 대륙 연해지역의 주민이 수세기에 걸쳐 한반도와 일본열도로 이루어졌던 누대적累代的 이주의 반영이라고 보는 편이 더 타당할 것이다. 백월인들이 한반도 남부지역에 이주하면서 자신들의 생활방식과 언어를 고수하면서 일정한 규모의 세력을 이룬 것이 소위 "비리卑離"라고 불리는 읍락이었을 것이다. 백월인들은 재지의 주민과 통혼通婚과 잡거雜居를 거쳐 후일 점차 동쪽의 읍락인 "야邪"지역으로도 편입되어 갔을 것이며 이로써 상대적으로 통일된 지역의 명칭인 "마한馬韓"으로 성장하였을 것이다. 선진적인 농업문화는 당시 한반도 고대 사회에서 경제적으로 매우 절대적인 우위를 점할 수 있기에 마한 사회의 발전은 서부지역이 동부지역보다 우월하였을 것이다.

셋째, 기원 전후 동북아지역의 문명화 진전과 왕망의 민족정책 실패로 동북아지역 민족의 정치·사회적 각성과 의식의 전환이 매우 가속화됨으로써 오환, 선비, 읍루, 옥저, 예, 맥 등의 세력이 역사의 무대로 등장하게 될 뿐 아니라 고구려의 굴기 및 부여의 남천 현상 등도 확인되고 있다. 이와 같이 원래 퉁구스어족으로 분류되는 동호(기마민족)계 다수 민족들이 대규모로 한반도로 진입하였으며 나아가 일본열도까지 이주한 흔적이 포착되고 있다. 한반도 서북부에는 한정권인 낙랑군이 진출하고 있었기에 그들은 한반도 동부연안을 따라 남하하는 교통노선을 활용하였을 것이다. 이들은 남하한 후 자신들보다 앞서 이 지역에 정주하던 재지주민 및 백월계 후예(마한馬韓)와 서로 혼융하면서 한반도 동남부에 정착하였다. 이는 문헌에서도 확인되고 있는데 『삼국지三國志』 동이전에서 "辰王常用馬韓人作之, 世世相繼. 辰王不得自立爲王"라고 서술한 부분을 주목할 필요가 있다.[8] 분명한 것은 3세기 전후 시점 변한과 진한이 後來한 이주세력인 관계로 그 세력은 여전히 공고하지 못한 상황이었다. 이는 그들이 마한의 영역에서 정착함으로써 "진한辰韓", "변한弁韓" 등으로 표현된 것에서도 그 배경 의 일단을 감지할 수 있다. 弁辰 "合二十四國, 大國四五千家, 小國六七百家, 總四五萬戶"의 기록과 馬韓 "凡五十餘國, 大國萬餘家, 小國數千家, 總十餘萬戶"의 기록을 비교해 보았을 때 당시 사회, 경제 등 각 영역의 발전정도는 마한사회에 비해 상당히 낙후되었던 것으로 판단된다.

"건모라健牟羅", "읍륵邑勒", "가라加羅", "신라新羅" 등의 성읍국명으로 보아 "라羅" 혹은 이와 음상사音相似를 보이는 "로盧", "로路" 등 글자를 포함하는 국명國名은 남하한 동호계東胡系 민족民族이 건립한 읍락邑落으로 보아야 할 것이다. 기원 3세기 전후 이러한 읍락은 비록 한반도 남부의 마한지역에 이미 출현하고 있지만 이보다는 한반도의 동남부 지역에 더욱 집중 분포하고 있어 재지읍락인 제諸 "야邪"와 잡거하고 있었음을 알 수 있다.

후래後來한 이주세력인 동호계東胡系 주민은 재지주민 및 월인의 후예들에 비해 더욱 신속한 발전을 이루는데 그 주요 원인은 도작농경 기술과는 성

---

8) 田中俊明은 "辰王"에 대해 『後漢書』와 『三國志』의 東夷傳 기록을 제시하며 고찰을 행한 바 있다. 참조 武田幸男編, 2005, 『古代を考える日本と朝鮮』, 吉川弘文館.

격을 달리하는 새로운 선진기술, 즉 야철기술冶鐵技術을 장악했다는 것이 될 것이다. 원시 수도작 농경의 주요 생산도구는 목제, 석제 및 골각제 농구들이다. 한반도 서남부 및 일본열도로 이주한 백월인들은 중국 대륙에서 거주할 때 야철기술을 접해보지 못하였다. 그래서 한반도와 일본열도에 이주한 후에도 이들은 여전히 원래의 기술적 전통을 유지하고 있었다. 현재까지 좁은 의미의 마한지역에서 야철 혹은 철제 농공구의 고고자료가 출현하지 않고 있는 점이 이를 시사하고 있다. 한반도 남부지역이 자체적으로 야철을 행한 자료가 출현하는 시점은 기원 2세기경이며 이후 3~4세기경 본격적인 야철단계에 진입한다. 확인된 유물 중 철정을 제외한 주요 사례로는 굴지구인 철부鐵斧와 농공구인 철겸鐵鎌이 대표적이다.[9] 이들 유물과 관련된 야철유적은 거의 대부분 진한 및 변한지역에서 확인되고 있는데, 이는 남하한 동호계 주민이 야철기술과 철제농구를 바탕으로 단기간에 한반도 남부지역의 개발을 주도한 정황을 유력하게 설명해주고 있다. "구야狗邪"는 "가라加羅"로 성장했으며 "안야安邪"는 "안라安羅"로 도약하였고 해도海島인 "주호州胡"도 "탐라耽羅"로 변모하였다. 최종적으로 동호계인 고구려, 백제, 신라의 개별 세력은 전체 한반도를 완전히 장악하게 된다. 상위계층의 구성원인 동호계와 하위계층의 백월계 문화요소는 이후 한반도의 정치, 경제, 언어, 습속의 형성에 중요한 영향을 미친다.

만약 "비리卑離"를 대표로 하는 국명이, 백월문화가 한반도에 남부에 유입되었다는 사실을 반영하는 것이라면 기원 3세기에 편찬된 『삼국지三國志』 동이전과 기원후 6~7세기에 편찬된 『송서宋書』, 『남제서南齊書』, 『양서梁書』 등의 중국 사서에서 관찰되는 한반도 남부지역에 대한 기술의 변화에서 다음과 같은 사실을 발견하는 것은 결코 어려운 일이 아닐 것이다. 즉 "구야狗

9) 松井和幸, 2010, 『東アジアの古代鐵文化』, 雄山閣.

邪”를 대표로 하는 국명의 소멸에서 “가라加羅”를 대표로 하는 국명의 보편화 현상은 바로 북방 동호계 주민의 남하南下, 성장成長, 나아가 최종적으로 한반도 남부를 장악하는 역사발전의 과정을 여실히 증명하고 있다.

「"구야狗邪"에서 "가라加羅"로 – 한반도 남부지역 초기 역사에 대한 고찰 – 」에 대한 토론문

권 오 영 (서울대학교)

발표자는 이미 다른 학회에서 중국 남방의 백월이 마한사회에 유입되었을 가능성을 피력하신 적이 있다. 이번에는 북방의 기마민족이 한반도 남부에 유입되었을 가능성을 이야기하고 계신다. 발표문만으로는 그 내용을 정확히 알 수 없는데 기마민족을 곧 동호로 보고 계신 근거에 대해 듣고 싶다.

「“구야狗邪”에서 “가라加羅”로 – 한반도 남부지역 초기 역사에 대한 고찰 – 」에 대한 토론문

조 윤 재 (인제대학교)

1. 발표자의 발표문에 대한 질문이 되겠다. “金海海灣外側的巨濟(Geo-je)島似乎應該是狗邪國的重要組成部分, “巨濟”與“狗邪”的讀音也非常相近.” 에서 거제지역의 중요성과 요충적 기능을 지적한 것에는 동의하지만 “巨濟”와 “狗邪”의 독음은 상통한다고 볼 수 없을 것 같다. 거제의 지명에 대한 기원이나 출현시점을 검토해볼 필요가 있다. 新羅 景德王 757년에 개정한 지명 중에 “巨濟”, “鵝洲”, “溟珍” 등의 지명이 보이고 있는데 이 시점을 감안한다면 이전 시기 거제의 지명은 달리 보아야 할 것이다. 어떤 말의 구조를 잘못 분석하여 종국에는 그 말의 어형까지 바꾸는 현상을 “오분석”이라고 한다. 音相似에 대한 접근은 오분석에 대한 위험을 먼저 제거해야 할 필요가 있다. 이에 대한 발표자의 의견을 듣고 싶다.

2. 발표자의 발표문에서 국명의 특징을 들어 이주민의 출자를 제시한 대목이 보인다. 즉 『“盧”, “路” 등과 같이 설음, 반설음(n, l) 혹은 유사한 독음으로 국명의 끝글자를 기재한 국명의 경우 이들 소국의 구성원은 중국의 동부지역 혹은 한반도의 북부에서 동부해안을 경유하여 남하한 소위 “기마민족”일 가능성』을 추정하고 있는데 이에 대한 좀 더 구체적인 근거와 배경에 대한 설명을 듣고 싶다.

종합토론

■ 일시 : 2015.5.2. 16:00~17:40

■ 장소 : 국립김해박물관 대강당

이영식 : 다 오셨으면 시작할까요? 여러분 이틀 동안 발표 여덟 개 들으시느라고 수고가 많으셨습니다.

발표자들은 사전에 소개가 됐습니다. 그래서 토론자 분들 먼저 소개를 드릴까 합니다. 제 옆에 서울대학교에 권오영 교수님 오셨습니다. 두 번째 인제대학교에 조윤재 교수님 오셨습니다. 세 번째 진행, 사회를 맡느라 고생 하신 국립김해박물관 이양수 선생님입니다. 원래 한 네 사람 정도 토론자를 정하면 좋았는데, 저도 문헌을 중심으로 해서 가야사를 공부하는 사람이기 때문에 문헌 발표에 관해서는 제가 토론자 임무도 담당하려고 합니다.

대개 두 시간 동안 토론 진행 순서는 이렇게 하겠습니다. 우선 간단히 머리말이라 할까요? 제가 한 말씀 하고 그 다음에 권오영 선생님부터 준비하신 내용을 발표문에 의거해서 질문 또는 토론을 하도록 하겠습니다. 다음으로 구야국에 대해 구야국의 실체 또는 구야국의 주민구성, 구야국과 금관가야라의 등을 공통주제로 다뤄보려 합니다. 그런 다음에 청중석에서 질문, 토론할 내용도 있을 것으로 보입니다. 오늘 종합토론은 이러한 순서로 진행할까 생각을 합니다.

월요일 날인가요? 월요일에 전화가 갑자기 왔습니다. 와서 '관장님 큰일 났습니다' 그러는 겁니다. 제가 학교에서는 박물관을 맡고 있기 때문에 관장입니다. 그래서 왜요? 그랬더니 '시내에 플랜카드가 걸렸는데 그거 글자가 잘못됐어요. 구야국이라고 쓰여 있는데 가야국이 맞는데 왜 구야국이라고 썼다고 큰일 났다'고 걱정을 하세요. 그래서 고맙습니다. 잘 봐주셨는데 오자는 아닌 것 같습니다. 나중에 여기 오셔서 우리 말씀 나누십시다. 이렇게 말씀을 드렸어요.

구야국이라고 하는 게 삼국지에 나와 있는 아마도 우리가 앉아있는 이 김해지역에 역사를 기록한 특별한 명명법이라고 생각이 됩니다. 제가 특별한 이라고 말씀드린 건 삼국유사에도 없고, 삼국사기에도 없고, 뭐 그렇다고 일본서기에도 있는가 하면 일본서기에도 없습니다. 삼국지에만 구야국이라고 해서 아까 그런 혼동이 있을 법도 하다는 생각이 듭니다. 사실은 그래도 무리가 아닙니다. 우리 연구자들도 여러분들 자료집 보시면 '구'자 많이 틀려있습니다. 지금 '개 구'자를 써야 하는데 '개 견'변에 '개 구'자를 써야 되는데 '손 수'변을 써서 '잡을 구'자가 되어 있는 게 한두 개가 아닙니다. '야'자두요, 어떤 원고에는 사악하다, 나쁘다 할 때 '사'자, 우리가 '야'로 발음하고 있습니다마는 '사'라고 안 쓰시고 또 '가야'할 때 조선 시대 표기죠. 조선 시대 '사람 인'변이 붙어있는 '야'로 표기된 것도 있습니다. 그러니까 우리 전공자들도 한자표기를 하는데 이런 틀림이 있으니까 일반 분들이 내가 구야국하고 가야국하고 착각했다고 해서 너무 속상해하실 것은 없습니다.

저희가 올해에 구야국이라고 하는 것을 주제로 정한 이유는 사실은 학계에서는 단적으로 말하면 전기론, 전사론이라고 하는 두 개의 관점이 맞부딪히고 있는 것과 관련이 있습니다. 분명히 구야국이라고 해서 김해에 관한 일들을 적었는데 그것을 가야로 볼 것인지 아니면 가야 전 단계로 볼 것인지, 가야와는 다른 가야 전대의 역사다, 그러면 그것은 전사론에 들어가겠고요. 아니다, 특별한 변동 없다, 구야국에서 가야국, 구야국 시작 자체가 가야국이다 하면 가야 전기로 말하는 전기론 이렇게 됩니다.

사실 그런 문제도 있어서 우리 가야사 학술회의에서 그 앞부분을 다루지 않았다, 그래서 이번에 한번 구야국을 다루자, 다만 학술회의 성격도 국제학술회의 이기도 하고 그러다 보니까 인접한 나라들의 연구자도 초청해서 견해도 들어보자, 정보도 들어보자, 이렇게 고대 동아시아라고 하는 주제가 더 붙게 된 것 같습니다.

사실은 구야국이라고 해서 첫 번째 발표자 선생님 같은 경우는 수로왕의 건국을 이야기하고 시작을 하고 잠정적으로는 A.D 1세기를 이야기하기 시작합니다. 그런가 하면 또 어떤 분은, 구야국은 구야국이고 그것은 금관가야의 모체이지 이건 금관가야하고는 다른 단계다, 모체입니다. 모체라고 해서 같은 게 아니고요. 그렇다고 하는 기술도, 발표도 이루어졌습니다. 다만 문헌적으로는 조금 이상하다고 생각할 수밖에 없는데 수로왕의 등장이라고 하면 이미 삼국유사 등에서 확인하는 것은 당연히 금관가야입니다. 수로왕의 등장을 이야기하면서 그다음에 구야국을 이야기하는데 그건 금관가야와 다른 단계라고 하는 건 문헌기록에서 보는 입장에서는 사실 문제가 있습니다. 이런 걸 우리가 도입해서 처음에는 양일간에 이루어진 발표에 대해 몇 개의 의문점들을 서로 주고받기로 하겠습니다. 다만 가야사 복원에는 고고학, 문헌사가 경계가 있을 수가 없습니다. 가야사는 문헌기록도 적고 고고자료도 백제나 신라나 고구려에 비해서 엄청 적습니다. 따라서 너는 고고학이고 나는 문헌사고 그래서 벽을 둘러치고 논의를 서로 교환하지 않는 건 우리들의 아주 큰 문제가 될 수 있습니다. 따라서 여러분도 고고학도 문헌 쪽에 궁금한 게 있으시면 질문해주시고 문헌 쪽도 고고학에 질문을 해주셔서 활발한 토론을 전개해주시면 고맙겠습니다.

우선 권오영 선생님, 첫 번째니까 부탁을 드리겠습니다.

권오영 : 예, 제가 어제 발표를 못 들어서 발표문만 가지고 토론을 해야 되서 정곡을 찌르지 못하는 부분이 있더라도 양해해주시기 바랍니다. 4개의 토론문은 자료집에 실려 있고 나머지 두 개, 옆에 계신 선석열 선생님에 대한 것과 연민수 선생님에 대한 것은 따로 구두로 말씀을 드리겠습니다.

일단 박진일 선생님 발표가 제일 먼저 있었던 것 같은데 그거부터 하겠습니다. 박 선생님께서 자료들을 제시해 주시고 그다음에 양동리나 다호리에 비해서 대성동과 가야의 숲 단계에 나오는 유적들, 특히 목관묘문화의 출현이 시대가 좀 늦다고 하셨습니다. 오히려 김해 시내가 목관묘 문화의 출현이 늦을 수가 있다, 그리고 그 시점이 공교롭게도 삼국유사 가락국기에 나오는 수로왕의 건국 시점과 같다고 해서 이 양자를 오버랩을 시키고 계세요. 그런데 저는 차라리 이 이야기를 안 했으면 좋았겠다는 생각이 듭니다. 몇 년 전 김해에서 가야고고학 하는 다른 연구자께서 목곽묘의 출현을 수로왕의 사망 시점과 연결시킨 적이 있었습니다. 그때 많은 비판을 받았어요. 고고학 자료와 문헌 자료를 결합하는 것은 옳은데, 문헌비판을 하지 않고 수로왕의 죽음이라고 하는 시점을 목곽묘 연대와 연결시키는 것이 고고학적인 방법론에 타당하냐고 하는 비판이 있었습니다. 이번에는 수로왕의 건국 시점과 목관묘 문화를 연결시키는 논문이 나왔기 때문에 그 부분에 대한 해명을 다시 듣고 싶습니다.

박진일 : 네, 감사드립니다. 제가 사실 이 발표의뢰를 받고 예전부터 그런 생각을 가지고 있었습니다만 역시 자료를 모아본 결과 말씀하신 대로 현재로써는 김해시내 대성동을 중심으로 한 목관묘 자료들이 확실히 다호리와 진한지역보다 확실히 늦다는 모습을 확인했습니다. 그래서 저의 편년 안에 의하면, 기원후 1세기 대를 중심으로 한 시점에 등장하고 있어서, 사실 말씀하셨던 그런 생각을 안 해 본 것은 아닙니다. 하지만 발표문에는 그런 내용을 들키지 않도록 최대한 숨겨서 발표문을 작성하였고 그렇게 명시적으로 결부시키지 않았습니다. 머리말에 잠깐 제가 구야국 등장 시점을 제대로 논증할 능력이 없으니 삼국유사 가락국기를 근거로 해서 기원후 42년을 일단 상정하고 논지를 전개하겠다, 이런 내용이었

는데 권오영 선생님 눈에는 제 속마음이 비쳤나 봅니다. 저도 그렇게 생각하지 않습니다. 고고자료라는 것이 결국 더 빨리 나오면 더 빨리 해석해야 하는 것이고, 당연합니다. 다만 그런 여지를 남겨두었던 것은, 역시 김해시내에서 나오는 여러 지석묘집단들 중에 현재로써도 대성동 유적을 중심으로 한 근처의 지석묘집단이 가장 강성해 보이고, 그러한 것들이 늦은 목관묘 등장 시점과 연동할 가능성이 있지 않을까, 하는 식의 뉘앙스 정도라고 이해해주시면 좋을 것 같습니다. 이상입니다.

이영식 : 선생님, 상당히 짧은데 그걸로 되겠습니까? 일단 그다음 질문해주시죠. 이양수 선생님, 박진일 선생님에 대한 질문이 있습니다. 그렇죠?

이양수 : 예, 이양수입니다. 저도 간단히 토론문에 적어놨는데요, 천천히 읽어보겠습니다. 발표자는 맺음말에서 목관묘 등장 이전이 기원전 3세기에서 1세기대에 김해지역에서는 지석묘문화, 점토대토기문화, 야요이토기문화가 혼재하고 있었으나 점토대토기문화의 영향은 크지 않았다고 설명하고 있습니다. 결국에 목관묘 등장 이전에 김해지역의 중심세력을 지석묘문화로 파악하고 있다고 느껴지는데 기본적으로 저도 지석묘문화가 구야국 성립기에 일정시기 존속하고 있었다는 것은 동감을 합니다. 그러나 기원전 1세기까지 잔존하고 있었다고 하는 부분은 너무 늦게 보는 게 아닌가, 봉황대 유적 같은 경우 발굴이 전체 다 된 게 아니기 때문에 정확하지는 않지만, 최하층에서 삼각형점토대토기가 나옵니다. 삼각형점토대토기의 편년으로 봤을 때 기원전 2세기까지 단면 삼각형점토대토기가 중심이 되는 시기가 아닌가, 그렇게 생각합니다. 그 부분에 대해 자세

히 말씀을 해주시면 좋을 것 같고요. 좀 쉽게 말하면 기본적으로 내동지석묘 라든지 내동지석묘에서는 송국리문화라고 할 수 있는 지석묘 문화와 야요이토기중에서 전기에 속하는 토기문화가 섞이고 있고 점토대토기문화라고 할 수 있는, 단면원형점토대토기문화라고 할 수 있는 흑도장경호와 한국식동검이 공반하고 있습니다. 그 다음 흥동 같은 경우도 단면원형점토대토기하고 야요이전기토기, 그 다음 구산동 유적 같은 경우는 단면삼각형원형점토대토기하고 야요이중기토기가 공반하고 있습니다. 중심적으로는 송국리문화는 단면원형점토대토기와 야요이전기토기, 삼각형점토대토기는 야요이중기토기, 이렇게 시간적인 변화가 보인다는 거죠. 그런 측면에서 봤을 때는 그 부분을 어떻게 해석할 것인지 듣고 싶습니다.

박진일 : 제가 발표문을 작성하면서 용어선택 같은 부분에서 오해의 소지가 있었던 것 같습니다. 점토대토기문화가 약하다, 미미하다 이런 표현을 썼는데 사실 점토대토기문화가 분명히 있죠. 원형점토대토기도 본문에서 적시하지는 않았습니다만, 김해 대청 유적 이라든지 몇 군데 알려져 있습니다. 그리고 지적해 주신대로 삼각형점토대토기문화도 존재하고요. 그리고 어제 얘기를 들었습니다만 분산성이라든지 양동산성 등에서 점토대토기 관련 유물들이 출토되는 걸로 알고 있습니다. 그래서 점토대토기가 없었다는 표현보다는 점토대토기가 들어오기는 했지만, 우리가 흔히 점토대토기나 한국식동검 문화의 정착이 아주 성공적이라고 평가하는 마한지역과는 양상이 다르지 않느냐, 마한지역은 점토대토기문화의 등장 이후에 소위 한국식동검문화라고 하는 대전 괴정동 유적 같은 명확한 수장의 묘들이 확인되는 곳에 비해 김해지역은 원형점토대토기나 삼각형점토대토기가 들어오지만 재지의 지석묘문화를 압도하는 양상으로 존재하지는 않았을 것이다, 이렇게 판단하고 있습니다. 그리고 물론 삼각형점토대토기가 김해

지역에서도 많이 확인되죠. 그런데 과연 이 삼각형점토대토기가 이전의 원형점토대토기보다 더 강성한 세력으로 지석묘문화를 압도할만한 세력으로 성장했을까 하는 부분에서는 아직까지 그렇게 단정하기는 힘들지 않을까 생각이 듭니다. 물론 지석묘의 하한은 현재로써는 밝힐 수가 없습니다. 구산동 유적도 제가 본문 중에 최종규 선생님이나 이상길 선생님의 견해를 언급해두었습니다만, 저 역시 그렇게 생각하지만, 고고학에서 증거가 없이 생각만으로 단정할 수는 없으니까 현재로써 삼각형점토대토기문화와 지석묘문화가 공존하고 있었던 시기, 이렇게 단정해두고 싶고 굳이 따지자면 지석묘문화가 좀 더 강성했던 시기, 그렇게 생각하고 있습니다.

이양수 : 예, 그럼 그것과 연계되는 두 번째 질문은 실질적으로 박진일 선생님 생각은 송국리문화, 지석묘문화 세력과 점토대토기문화 세력, 목관묘 조영세력이 별개의 세력처럼 되는데 최근에 발굴된 대성동 같은 경우도 대성동 위에 지석묘가 있지 않습니까. 그런 걸로 본다면 하나의 세력이 조금씩 새로운 문화를 받아들이면서 발전해가는, 변화하는 것이 아닌가, 저는 그런 생각인데 지금 설명으로 이해하자면 뭔가 단절적인, 외부요인으로 인해서 사회가 발전하고 변화하는 듯 한 느낌인데 그 부분은 어떻게 생각하십니까?

박진일 : 고고학적으로 단절적인지 아니면 서로 상호 보완적이고 협조적인지는 유물을 가지고 이야기를 해야 됩니다. 현재까지 대성동 일대에서 확인된 목관묘 유적의 경우, 지석묘문화가 기원전 1세기까지 존속했다고 가정한다면, 지석묘문화와 목관묘문화가 서로 융합되는 모습, 예를 들면 목관묘에서 지석묘에서 나올법한 유물들, 석촉이나 홍도랄까 이런 것들이 출토된다면 이것을 서로 같이 병존하면서 서로 병립하는 개념으로 볼 수도

있을 것 같습니다. 하지만 현재까지 목관묘에서 지석묘 관련 유물들이 나오지는 않더라고요. 대성동 84호 같은 경우 석관묘에서 유리구슬들이 나왔습니다. 잘은 모르겠습니다만 유리구슬이 크기나 스타일로 봐서 기원후 1세기라고 보아도 무방할 정도로 보이는 유리구슬들이 나오기 때문에 오히려 석관묘의 하한을 더 내려 봐야 되는, 재지계의 지석묘문화를 더 내려 봐야 되는 이런 해석도 가능한 수준인데요. 그런 것들이 일부 보이기는 합니다만 한두 사례를 가지고 이런 거대한 담론을 이야기하기는 현재로써는 힘들지 않을까 생각합니다.

이양수 : 네, 감사합니다.

이영식 : 예, 좀 무지한 얘기 같은데 목관묘에서는 청동기가 나와도 지석묘에서는 철기는 안 나오는 그런 큰 구분은 있지 않습니까? 두 분, 이양수 선생님하고 박진일 선생님 어떻습니까?

박진일 : 예, 현재까지 지석묘에서 철기가 나왔다는 보고는 저는 알지 못하고요. 목관묘에서 청동기는 곧잘 나오는 것이니까요.

이영식 : 네. 권오영 선생님, 그 다음 진행해주시죠.

권오영 : 예, 그 다음이 우에노 선생님의 발표에 대한 질문입니다. 발표문에서 핵심적인 내용은 아니지만 제가 궁금했던 부분입니다. 발표자께서는 중국에서 삼국, 서진단계, 한 단계 그 다음 남북조시기 두 단계로 나눠 전자와 후자에 한경을 모방하면서도 시대적인 차이가 있다고 이야기를 하셨습니다. 그러면서 그 배경으로 중국사회의 혼란을 원인으로 들었습니다.

제가 궁금했던 내용은 사실 그것보다 거울이 지닌 어떤 의미의 변화, 벽사의 기능 같은 것이 강조되는 거울과 정말 얼굴을 보기 위한 기능 어디에 좀 더 중점을 두느냐 차이로 벌어진 것은 아닌지 한번 여쭤보고 싶습니다.

우에노 : 네, 질문 감사합니다. 저는 본 발표에서 거울을 제작할 때의 변화와 거울을 사용할 때의 변화에 대해서 말씀드렸습니다. 그리고 제작의 경우 삼국시대와 남북조시대는 그 상황이 다르다는 것을 말씀드렸습니다. 기물로서의 거울을 제작하는 상황의 배경 역시 변화가 있다는 것은 사실이라고 생각합니다. 그리고 권오영 선생님께서 말씀하신 부분도 아마 사용에 대한 부분과 거울의 가치라는 측면에 대한 부분이라고 생각되는데요. 이것 역시 한대와 그 이후 시기와는 변화가 있었을 것으로 생각됩니다. 참고로 최근 교토대학에 계셨던 오카무라 선생님께서 남북조의 남조에서도 거울을 사용할 때의 정치적인 배경과 가치에 대해서 언급을 하신 글이 있습니다. 그래서 제가 말씀드리는 대형경의 정치적인 가치라던가 사용방법의 변화 같은 것은 사용의 의미에 대한 변화가 있다는 그런 생각입니다. 이상입니다.

이영식 : 어떻습니까? 그 다음에 우에노 선생님에 대한 질문, 이양수 선생님 있으시죠?

이양수 : 마찬가지로 토론문에 있습니다. 첫 번째로 발표자는 낙랑 등 한사군 설치 이전까지 한왕조와 왜의 직접교섭을 상정하기 어렵다고 기술하고 있습니다. 한식문물이 유입되는 것은 낙랑군 설치 이후다, 기원전 108년 이후다 라고 하는데 또 앞쪽에 보면 익산 평장리 출토 대형 반리문경 같

은 경우는 다른 유입배경을 상정할 수 있다고 지적을 하고 있습니다. 최근의 연구라든지 그런 것들을 봤을 때 전국시대 진시황의 기년명을 가진 동과가 석암리에서 출토되고 있는 점이라든지 전국시대 도씨검들도 한반도 남부에서 출토되는 점들을 생각한다면, 굳이 기원전 108년 이후라는 한사군 설치에 중원계유물의 유입 상한연대를 고정할 필요는 없다고 저는 생각하고 있습니다. 그 부분을 어떻게 생각하시는지 알고 싶습니다.

우에노 : 감사합니다. 우선 지적하신 평장리의 유물이 어떤 시기에 들어왔는가 하는 부분을 생각하는 것은 매우 어려운 문제입니다. 우선 거울이 제작된 중국문물의 시각에서 언제 들어왔는지를 살펴보는 것과 그리고 그것이 재지사회에서 어떤 가치를 지니고 또는 사용 되는가 두 가지 부분을 들 수 있습니다. 이것을 좀 더 고고학적으로 말하면 유물이냐 유구냐 라는 시각이라고 생각되는데요. 저 같은 경우에는 중국문물이라는 유물로서의 시각을 중요시했던 것입니다. 다른 중국문물과 함께 들어왔다는 시각도 가능하겠지만 저는 역시 거울의 특수성에 대한 부분에 주목해서 나름대로 해석한 것입니다. 참고로 말씀드리자면 경산 임당동에서 거울을 재가공한 파편이 출토되었습니다. 임당동 유적은 B.C 2세기 후반의 유적입니다. 이 거울은 낙랑군이 설치되기 이전의 거울이라는 것이 확인됩니다.

이양수 : 네, 두 번째 질문입니다. 선생님이 쓰시는 글을 보면 기본적으로 한반도 남부에서 출토된 서진대 거울이나 전라도에서 출토되고 있는 한경들, 그런 것들에 대해 한반도에서 중국과의 교섭을 통해서 들어왔다고 보지 않고 왜를 통해 유입된 걸로 보는 시각을 계속 견지하고 있는 것 같습니다. 기본적으로 저도 발표자와 같이 양동리 441호 출토품이나 대성동 23호 출토품을 서진경이라 생각 하고 있는데, 그것의 유입을 지금 선생님께

서는 일본과의 관계로 보고 있습니다. 그 증거로서 일단 일본에서 출토량이 많다고 하는 것들을 들고 있는데 최근 조사되고 있는 대성동 91호분의 경우에도 중국 서진대의 문물인 동새나 동완, 그리고 88호분에서 서진대구가 출토되고 있습니다. 이런 것들을 볼 때, 물론 저도 서진과 가야의 직접적인 교섭이라기보다는 서진과 북방, 그리고 가야 이 세 개의 관계에서 해석될 거라고 생각을 하는데 거기에 왜가 개재해 있다고 생각은 하지 않습니다. 선생님의 의견에 대해서 좀 더 자세히 설명을 듣고 싶습니다.

우에노 : 지금 선생님의 질문에 두 가지 방향에서 답변을 드리고자 합니다. 우선 중국문물이 중국에서가 아니라 일본열도에서 한반도로 건너왔다고 생각할 수 있는 근거입니다. 대성동 14호분에서 출토된 거울의 파편인데요, 파편의 깨진 부분을 깎아 구멍을 내는 공정이 보입니다. 그러한 공법은 야요이 시대 후반에 사용한 공법입니다. 이러한 공법은 다른 시대에서는 볼 수가 없기 때문에 아마도 2세기경 일본에서 한반도로 건너간 것이 아닌가 생각됩니다. 그리고 양동리 441호분, 대성동 23호분 거울의 경우에도 일본의 분포양상에서 보이는 특징과 경향으로 봤을 때 종합적인 결론을 내릴 수가 있는 것입니다. 441호분에서 출토된 동경은 완전히 똑같은 거울이 큐슈에서 출토가 되고 있습니다.

그리고 중국계 거울을 다른 유물들과 분리 시켜 따로 유입경위를 생각할 수 있느냐 하는 부분에 대해 제 생각을 말씀드리겠습니다. 이 문제를 생각하는 것은 금관가야 지역, 김해와 주변지역이죠. 김해지역에서 중국문물을 어떻게 다루었는가? 어떻게 소유를 했는가? 하는 부분과 관련된 중요한 문제라고 생각합니다.

이것에 대해 두 가지만 말씀드리자면, 대성동 23호분과 양동리 441호분의 경우, 일본에서 건너왔던 왜계유물과의 공반관계를 볼 수 있습니다. 대성동 88호와 91호는 중국문물을 집중적으로 소유하고 있다, 그러니까 출토가 되고 있다 하는 점을 들 수가 있습니다. 이처럼 중국문물을 집중적으로 소유하는 존재와 왜계문물을 집중적으로 소유하고 있는 존재를 나눠 생각할 수 있다면, 거울이 일본에서 건너왔다는 생각도 가능하다는 것입니다. 어디까지나 제 얘기도 가능성에 불과하지만 지적해주셔서 감사드립니다.

이양수 : 연결선상에서 한 가지만 더 물어보면 대성동 88호분 의 경우, 서진 대 유물이 나오고 왜계유물도 엄청나게 나옵니다. 그렇게 보면 서진대의 대구도 일본을 건너서 왔다는 그런 식의 논리적인 오류가 생길 수도 있는 게 조금 문제인 것 같습니다.

토론문 외에 두 가지만 더 질문하겠습니다. 선생님 발표의 기본적인 논리를 보면, 중국에서는 거울의 크기가 결국 신분을 상징하는 것이 된다고 보고 있고 한국에서는, 특히 한반도 남부에서는 중형이나 대형의 거울은 없다, 그리고 소형이 중심이 된다. 일본 같은 경우는 대형이 있다. 이렇게 되는데 그것을 논리적으로 비약을 시켜버리면, 결국 중국과 일본에는 대형 거울을 가질 수 있는 경제력이든지 군사력이든지 그런 신분을 가지고 있는 사람이 있음에도 불구하고 한반도에는 그게 없다, 이렇게 되는 논리적인 모순이 생깁니다. 결국 한반도 남부 특히 가야에서는 거울이 큰 게 없지만, 창원 다호리 같은 경우에도 거울 말고도 더 많은 그때 당시에 제일 중요한 철이라든지 그런 것들이 있기 때문에 사실 신분을 상징하는 것으로서 신분을 나타낼 수 있는 것들이 이쪽에서는 거울보다는 다른 것일 가능성이 훨씬 더 높습니다.

다음으로 선생님께서는 한반도 남부와 일본을 구별하면서 한반도 남부에서는 거울이 특정 집단에게, 한 특정인에게 집중한다고 하셨습니다. 제가 봤을 때 한반도 남부 중에서도 변한과 진한은 다릅니다. 신라와 가야가 다르듯 변한과 진한이 다른데 변한의 경우, 구야국을 중심으로 한 지역의 경우는 하나의 무덤에 하나의 동경이 들어갑니다. 기본적으로 창원 다호리에서도 한 점 나오고, 밀양 교동에서도 한 무덤, 3호에서 한 점, 17호에서 한 점 그런 식으로 하나하나 이렇게 나옵니다. 이에 반해 진한의 신라지역 같은 경우 경주 조양동에서 다섯 점 등 여러 개가 모여서 나오고 있습니다. 그런 지역차가 있고, 진한 같은 경우는 모든 동경이 무덤에서만 나옵니다. 구야국, 변한 같은 경우는 무덤에서도 나오지만, 무덤 외에 김해패총에서도 나오고 사천 늑도 주거지에서도 나오고 이런 식으로 지역적으로, 세력별로 뭔가 차별성을 가지고 있습니다. 일본 같은 경우도 구주의 양상과 긴키의 양상이 다르지 않습니까? 그런 것처럼 좀 더 세분해서 보면 좀 더 선생님의 논리가 명확해지지 않을까 생각합니다.

이영식 : 뭐 혹시 그 질문을 하시는데 같이 아울러서 하시면 어떨까 싶은 게 역시 일본열도에 일단은 동경이 우리보다는 월등히 많이 나오니까 일본 사람들이 동경을 좋아하는, 이코노미의 문제인지, 좋아하는 것의 문제인지, 아니면 일본에는 동경이 기능하는, 특별한 위신재로서 기능할 수 있는 그런 배경이 우리 한반도 남부하고 어떤 차이가 있는지 입니다. 지금 이양수 선생님의 지적도 동경 말고 우리 쪽에는 다른 위신재가 있으니까 그런 것도 좀 포함해서 말씀을 해주시면 어떨까 싶습니다.

지금 이양수 선생님의 질문 두 번째는 아까 우에노 선생님이 구분지표, 그다음에 유대지표 이런 말을 쓰고 있습니다. 구야국을 비롯한 삼한의 세계에서는 동경이 아까 사로국 쪽에 한 무덤에 다섯 장이 나온다든지 해서 다른 곳에 비해 월등한 차이가 있다. 그래서 랭크를 구분하는 구분지표로는 확실히 생각할 수 있는데 일본열도처럼 전 지역에 이런 동경들이 서로 연락관계를 가지며 유대관계를 확인할 수 있는, 다시 말하면 동경의 분배론 이라든지 이런 특징은 아마 한반도 남부에서 동경의 분포에서는 생각할 수 없다. 그런 차이가 어디서 오느냐 하는 이양수 선생님의 질문도 있었습니다.

우에노 : 먼저 이양수 선생님의 질문 중에서 같은 시기에 분포양상이 다르다고 하셨습니다. 그것은 각 지역에서 교섭을 어떻게 했느냐 하는 것에 따라서 조금씩 달라지는 문제라고 생각합니다. 경상도 전체에서도 전한경은 경상북도 쪽에서 그리고 후한경은 경상남도 쪽에서 많이 나온다. 이것도 이미 많은 학자가 지적해 온 사실입니다. 저 같은 경우에는 그것도 물론 중요하지만 중국경이 거의 출토되지 않은 전라도에 대해서 어떻게 생각을 할 것인가 하는 부분에도 관심을 가지고 있습니다. 그 지역에서의 가치와 그리고 교역루트의 문제 등을 생각을 해봐야 할 것 같습니다.

그리고 이영식 선생님이 왜에서는 왜 그렇게 거울이 많이 나오느냐, 거울을 좋아했는가 라는 식의 질문을 하셨습니다. 이에 대해서는 어디까지나 제 감각, 느낌으로만 말씀드려야 되는데요. 일본열도가 중국과 교류를 하기 시작했을 때, 거울이라는 것이 대·중·소경이 많이 들어옵니다. 그리고 다른 크기의, 랭크가 있는 거울들이 들어오면서 그러한 개념, 랭킹에 대한 의미가 지속적으로 일본사회에서는 지속되었다는 점을 들 수 있을 것 같습니다. 야요이시대부터 고분시대에 이르는 기간에 각지에서 가치가 있는 문물이 통합되어 가는 과정을 살펴볼 수 있습니다. 가치가 있는 부분에 거울도 역시 거기에 포함되어 갔다는 것입니다. 그러다가 3세기에 다시 위나라와 히미코, 야마다이국의 히미코라는 사람의 유명한 교섭이 시작되면서 그 때 다시 대량의 거울들이 들어오게 됩니다. 그 때 다시 한 번 거울의 크기에 대한 어떤 가치를 재인식하게 된 것이 아닌가 라는 것이 지금의 제 생각입니다. 이상입니다.

이영식 : 예, 고맙습니다. 다음으로 국립문화재연구소 윤형준 선생님께서 발표해 주셨습니다. 목관묘, 구야국사회의 계층에 관한 말씀을 해주셨습니다. 권오영 선생님 질문 부탁드립니다.

권오영 : 예, 그전에 거울 얘기 저도 잠깐만 하고 넘어가겠습니다. 아까 제가 질문 드렸던 그 부분이 한국과 일본에서 거울에 대한 인식이 다른 것이 아닌가 싶어서 그렇습니다. 한국은 아무래도 토기의 다량 부장으로 가고, 일본은 거울 다량 부장이라는 것이 지금도 이어지고 있습니다. 한국 사람들은 골동품 하면 대개 도자기 생각하지 않습니까? 그런데 일본은 카시하라고고학연구소에서 얼마 전에 일본 전기 고분을 발굴했는데 작은 동경편들이 수백 점이 나왔는데, 일반 시민들이 그거를 보느라고 줄을 서서 엄청나게 오랫동안 보더라고요. 그래서 지금도 역시 그런 차이가 있는 것이 아닌가 하는 생각을 해봤습니다.

윤형준 선생님 발표에 대해서는 한 가지만 질문했습니다. 발표자께서는 김해지역의 목관묘를 대상으로 위세품, 무기와 생산도구 등을 가지고 피장자 집단을 여섯 등급으로 나누고 있습니다. 여기서 더 이상 이야기를 안 하고 계시는데 이러한 등급차가 과연 무엇을 반영하는지, 그리고 원삼국단계에 이렇게 너무 세분을 해버리면 목곽묘단계를 더 세분돼 버리고 이미 사회가 이렇게, 삼한단계에 사회가 이렇게까지 세분됐느냐 이런 의심을 품을 수 있습니다. 청동기시대도 마찬가지죠. 송국리문화 단계에 너무 계층문화를 심하게 상정해 버리면 뒤 시기랑 연결이 안 되는 문제가 있는데 이런 부분도 목관묘단계만 볼 것이 아니라 그 다음 단계까지 생각을 한다면 여섯 등급은 너무 세분된 것이 아니냐 이런 생각입니다. 그와 함께 2단계-2 시기에는 오히려 한 묘역 내에서의 차이 못지않게 묘역과 묘역 간의 차이가 보다 본질적인 것이 아니냐 하는 생각이 들어서 창원 다호리 같은 유적과 다른 유적과의 차이점도 고려해야지 한 유적만 이렇게 봤을 때는 뭐랄까요 나무를 보고 숲을 보지 못하는 그러한 오류가 있지 않을까 하는 생각입니다.

이영식 : 네, 윤형준 선생님 답변 부탁합니다.

윤형준 : 네, 질문에 답변 드리겠습니다. 좋은 지적 감사드립니다. 우선 제가 목관묘를 여섯 등급으로 나눈 것들은 어떠한 등급을 나누기 위한 방법론적인 것에서 나왔습니다. 그 여섯 등급 자체가 사회계층과 그대로 연결이 되지는 않습니다. 그리고 제가 등급이라 나눈 것들에 대한 명칭 사용이 잘못되었던 것 같습니다. 등급이라고 하니까 목관묘의 등급들 자체가 위계를 가질 수밖에 없는 정의 표현이라 마치 여섯 등급이 그대로 목관묘 조영상에서의 서열과 피장자의 서열로 연결되는 것 같은 뉘앙스를 주고 있어서 글을 다시 천천히 읽어볼 때 반성하게 됩니다. 그런데 저 자체의 논지로는 여섯 등급은 임의적인 방법론상에서 나온 등급이고 실질적으로 제가 층이라는 것들과 연관시키는 것은 약 한 세 개층 정도 됩니다. 물론 여기는 무묘자집단은 뺀 층입니다.

그리고 지적해주신 바와 같이 뒤 시기 이어지는 목곽묘단계와의 비교 역시 중요하나 그런 것들을 다 담지 못했습니다. 차후 목곽묘단계와의 비교, 그리고 그 전시기와의 비교들은 분명히 있어야 될 부분들입니다. 이와 관련해 선생님께서 다시 지적해주셨던 유적 내부에서의, 묘역 내부 유구 간 차이, 그러한 위계도 중요하나 더 중요한 것이 각 유적 간의 차이가 더 중요하지 않느냐, 중요한 말씀입니다. 둘 다 중요하다는 것들 역시 마찬가지 의견입니다. 제가 밝히고자 했던 것은 구야국사회 사회구조 내에서의 사회

조직의 문제이기 때문에 그러한 구야국사회를 저는 김해지역 쪽에 한정하고 있습니다. 다호리 유적 같은 경우가 비교할 수 있는 중요한 유적인 것은 부언할 수 없는 사실입니다. 그것들이 동일한 사회 간의 비교에서는 당연히 중요한 방법론적인 접근이 되겠지만 지금 구야국사회 내에서의 조직을 논하고자 할 때에는 역시 김해지역에 한정할 수밖에 없었다는 점을 말씀드리고 싶습니다.

이영식 : 네, 권선생님 어떻습니까?

권오영 : 네, 제 얘기는 김해지역 내에서 집단 간의 차이를 봐야한다 그런 말씀이었습니다. 다른 지역과의 비교사 아니라, 구야국을 구성했던 여러 집단이 있지 않겠습니까? 그 각각의 집단이 남긴 묘역이 따로 있을 텐데 그런 묘역간의 비교도 중요하다는 말이었습니다.

윤형준 : 양동리와 대성동 정도가 크게 나눌 수 있다고 저는 생각합니다. 그런데 양동리와 대성동의 차이를 크게 저는 확인할 수는 없었습니다. 아마 유적 자체가 그렇게 많지 않고 출토된 양상 자체도 크게 다르지는 않다고 생각합니다. 동일한 구야국이라는 사회 내에서 유적 자체를 하나의 사회로 볼 것인가, 어떻게 묶을 것인가는 연구자가 묶기 나름이긴 한데 저는 양동리와 대성동 자체를 합쳐서 구야국으로 보고 있는 시각이 있습니다. 그래서 그 안에서 사회의 비교가 어떤 유의한 결과가 나올지는 조금 더 연구를 해봐야 될 것 같습니다.

이영식 : 네, 고맙습니다. 이양수 선생님 질문해 주시죠.

이양수 : 네, 제 질문은 사실 구야국의 시간적 범위와 윤형준 선생님이 생각하는 시간적 범위와 공간적 범위에 대한 얘기였는데 발표할 때 그 부분에 대해서 앞에서 다 말씀을 하셨습니다. 일단 김해로 한정되고, 시기적으로는 와질토기가 사용되는 시기, 전기와질토기가 사용되는 시기라고 명확하게 발표를 해주셔서 질문을 안 하도록 하겠습니다.

이영식 : 아, 그렇습니까?

이양수 : 예

이영식 : 혹시 가야의 숲 3호 목관묘 출토 칠기부채를 비롯한 칠기유물들은 위신재로 할 수 없는 건가요?

윤형준 : 물론 위신재라고 할 수 있습니다. 그걸 위신재라 하지 않을 수는 없겠죠.

이영식 : 분류에 안 넣으셔서 질문해 봤습니다. 특히 다호리 1호분 같은 경우에 부채가 하나 나왔고 가야의 숲 3호 목관묘에서는 두 점이 나왔습니다. 그래서 저는 의미상으로 최상급에 포함시켜야 하는 것이 아닌가 하는 의견이 있습니다만 어떻습니까?

윤형준 : 네, 칠기 자체를 표1에 나와 있는 것처럼 도식화하다 보니까 빠져있기는 한데요. 칠기 자체는 포함을 시켜야 할 것으로 생각하고 있습니다.

이영식 : 네, 시민 여러분 가야의 숲은 지금 수릉원을 얘기합니다. 김해공설운동장을 처음에는 가야의 숲으로 바꾸자, 그랬는데 수릉원이라는 이름으로 바뀌었습니다. 학계에서는 발굴 당시의 이름으로 가야의 숲 이런 이름으로 유적 명칭을 부르고 있습니다.

윤선생님, 그런데 한 가지 더 문제가 되는 게 칠기를 위신재로 넣는다고 하면, 윤선생님이 말씀하신 매납위치에 따라서도 1급의 위신재는 관내에 넣는다고 하고 그보다 좀 떨어지는 건 보강토에 넣는다 이렇게 했는데 똑같은 칠기인데 문서통은 보강토 내에 있었고요. 부채는 관내에 있었던 것 같은데 그 점에 대해서는 어떠십니까?

윤형준 : 네, 고고학적으로 나오는 여러 양태를 제가 가설로서 증명하다 보니까 안 맞는 점들이 분명히 있습니다. 원래 고고학이 귀납적인 방법들, 통계적으로 나오는 양상들을 가지고 해석을 해야 되는데 제가 하는 것들은 분명히 좀 다른 방식입니다. 어떻게 보면 연역적으로 가설을 세우고 거기에 끼워 맞추기 식으로 되었다는 단점이 분명히 있습니다. 그래서 등급이란 게 정해진 대로 보통 목관묘 등급이 나눠진다는 치명적인 약점을 저도 알고 있습니다. 그렇게 하면서 칠기라는 것들을 언급을 빠뜨린다거나 혹은 동경이라든지 검 정도만 하다 보니까 이러한 부장양상들에 대해서 검토가 많이 되지 못한 부분이 있습니다. 기본적으로 아까 말씀하셨다시피 칠기부채라든지 원통형칠기 같은 것은 부장위치가 다릅니다. 이런 칠기들을 위신재라 지정하더라도 꼭 그러한 것들이 여기서만 출토된다는 것은 아닙니다. 경향상의 문제들은 분명히 있을 것이고요. 원통형칠기 이런 것들은 제가 지금 나눈 기준들이 원래는 어떤 용도에 따른 분류들과 칠기라고 하는 것들은 재질상의 부분들이 있어서 정의가 약간 혼재되는 감이 있습니다. 이러한 것들은 분명히 지적해주신 듯이 문제가 될 수 있는 부분들이고요. 차

후 보강해서 책자로 낼 때 정의되는 것들을 좀 더 명확히 해서 이러한 부분들을 해결할 수 있도록 하겠습니다.

이영식 : 네, 고맙습니다. 다음 시노하라 선생님 발표로 넘어가겠습니다. 문헌사료를 가지고 몇 가지 구야국에 관한 사료들이 어떻게 읽혀 왔는지 발표를 하셨습니다. 발표자께서는 당시 변진제국이 중국에 조공했거나 중국에서 왕호를 받은 흔적을 찾을 수 없다고 하셨습니다. 왕호 때문에 이렇게 됐는지 아니면 앞에 조공했거나가 있어서 그런지는 모르겠습니다만, 조공했다는 사실 자체도 부정하면 곤란합니다. 후한서에 A.D 44년에 한의 염사인이 이른바 염사마을의 소마시라고 하는 사람이 분명히 조공을 가거든요. 그래서 그 기록이 있는데 왜 찾을 수 없다고 그랬는지 그게 우선 첫 번째 사실 확인을 해야 될 것 같습니다.

시노하라 : 네, 감사합니다. 이건 제가 문장을 표현하는 게 조금 부족했습니다. 일단 제가 이번 발표의 주제를 하면서 3세기를 중심으로 삼국지를 봤습니다. 저는 기본적으로 진왕, 목지국의 진왕이라는 사람이 마한과 변진이 대중외교를 할 때, 중심적인 역할을 했던 대표자로 보고 있습니다. 그러다 보니 그 시기에 대한 서술에서 '당시'라는 표현이 조금 애매했던 것 같습니다. 제가 그 건무 20년, A.D 44년, 1세기 전반의 이 기사를 부정하는 것은 아닙니다. 나중에 보완, 수정해서 다시 정확하게 표현을 하도록 하겠습니다. 감사합니다.

이영식 : 네, 알겠습니다. 그다음에는 선석열 선생님도 내친김에 같이 대답을 해주시면 좋겠습니다. 역시 진왕에 관한 서술의 문제입니다. 대개 문

헌으로 고민할 내용 중에 진왕의 칭호, 발표문의 '진왕은 목지국을 다스리며'입니다. 선석열 선생님의 토론문에서도 똑같은 사료를 제시하면서 우선 시노하라 선생님은 사료를 짧게 우호, 가우호, 즉 아름다운, 좋은 칭호를 더한다고 하는 거기까지만 딱 끊어서 제시를 하셨어요. 그런데 선석열 선생님은 뒤에 관등부터 해서 위솔선부터 해서 뒤에 백장까지 나열했습니다. 그래서 그 기록은 아마 전체를 다 제시를 해야 되는 게 온당합니다. 자르면 전혀 생각이 달라집니다. 그 앞에 있는 네 개 나라에 칭호, 그다음에 그 칭호는 한(韓)사회 내의 특별한 칭호를 얘기하는 것입니다. 그 다음에 관 어쩌고 해서 시작해가지고 위솔선 부터 시작해서 백장까지 끝나는 그 기술은 중국하고 외교교섭을 통해서 받은 관작, 칭호의 여러 가지입니다. 그래서 하나는 한 사회 내의 칭호고 하나는 중국에서 받은 칭호기 때문에 두 개가 다 한꺼번에 같이 고려돼야 옳을 것 같습니다.

저는 지금 이 백장까지 나가는 기록 모두가 사실 진왕의 칭호다라는 생각을 가지고 있습니다. 시노하라 선생님은 그렇지 않다 '진왕치목지국'에서 이미 끝나고 그다음에 '신지'라고 시작되는 것은 삼한사회 내의 일반적인 명칭이 신지다, 라고 하는 거죠. 그런데 그 문장이 꼭 그렇게 보이는가? 장학봉 선생님께도 나중에 물어보고 싶은데요. 거기서 딱 끝나는 게 아니고 진왕은 목지국을 통치한다, 그런데 진왕의, 신지라고 하는 칭호가 있는데 신지는 다시 이하의 네 개 국의 신지에 대신하는 칭호를 다 아울러서 갖는다, 그렇게 해석을 하고, 그 다음에 그 밑에 관등에 대해서는 진왕이 이전까지의 외교교섭에서 각각 받았던, 이건 대개 순서가 있어서 군사호, 장군호, 군태수호와 같은 행정호 이런 순서로 되어 있는데 위솔선이 나왔다가 그 다음에 귀후, 후, 그러니까 행정권을 표시하는 왕후호가 나왔다가 그 다음에 다시 중랑장이 나왔다가 장군을 표시하는, 그렇게 되어 있거든요. 그래서 일사불란하게 되어 있지는 않다, 대신 여기는 다섯 개고 앞에는 네 개국이다, 그럼 이 네 개국의 각각 관을 다 받은 것은 누구냐? 이런 문제도 있습니다. 네 개국에는 분명히 진한이 속해 있지 않습니다. 보통 전체 삼한 내의 유력국, 한강 이남 78개국 중 지금 여기 언급된, 우리가 지금 다루는 쪽은 구야국과 아야국입니다. 변한에 두 개, 그 다음에 마한에 두 개가 기록이 되어 있는데 진한에 두 개는 빠져있다, 으레 삼한의 유력국을 표시하려고 하면, 삼한의 유력국에서 신지에 대한 이칭을 표시하려고 하는데, 진한은 왜 빠졌을까? 이런 생각도 듭니다. 그게 비교하면 진왕은 '치목지국'하면서 '치변진', 변진이 진한에 소속돼 있다, 그렇게 얘기하고, 또 진왕은 항상 마한인으로서 세운다, 이렇게 되어 있습니다. 그러니까 진왕이 마한에 대한 영향력도 있고 변진에 대한 영향력도 있는 것이 확인되지만, 진한에 대한 영향력이 있는 건 확인되지 않는다, 그러면 여기 마침 진한의 두 개 소국들이 빠져있는 것 하고 연결을 하면 어떻게 생각을 해야될까 이런 점이 있습니다. 시노하라 선생님과 선석열 선생님 부탁을 드립니다.

시노하라 : 그럼 제가 먼저 답변 드리겠습니다. 먼저 게재한 사료 뒷부분이 잘렸다, '진왕치목지국' 이것이 잘렸는데 그것은 뒤에 나오는 중국에서 받은 관호까지, 작위도 있습니다만 그것까지 포함시켜야 되지 않겠느냐, 하는 부분에 대해서는 동의합니다. 신분에 대한, 지위에 대한 문제이기 때문에 거기까지 나열을 해서 해석을 하는 것이 마땅하나, 저 같은 경우는 이 문장만이 해석이 어렵다는 부분을 좀 부각시키려고 했습니다. 그러면 뒷부분을 아울러서 어떻게 해석을 할 것이냐, 하는 부분에 대해서는 사실 아직 결론을 못 내리고 있습니다. 그러나 지금 이영식 선생님이 말씀하신 진왕에게 이것이 올려진 칭호 아니면 관작이다, 라고 하는 부분에 대해서는 약간 의문을 가지고 있습니다. 우선 진왕에게 다 바친 그런 칭호다, 라는 부분이죠? '신운견지보'부터 '구야진지렴지호'까지의 부분인데요. 이것은 발

표에서도 말씀드렸듯이 신지가 무엇을 '가우호'했다는 것은 알겠는데 '누구에게' 라는 부분이 사실 등장하지 않습니다. 그래서 '진왕은 월지국을 다스리며 신지는 이러이러한 것들을 다시 진왕에게 올렸다' 라고 한다면 그것은 문법상 저 같은 경우에는 맞지 않다고 생각을 하는 것입니다. 물론 생략을 했을 수도 있는 부분이지만 이것도 발표에서 말씀드렸듯이 우선 이 문장만으로는 해석이 안 될 경우, 순조롭게 문법적으로 맞고 해석도 된다면 그것이 제일 우선으로 생각해야 되는 해석이고요. 그렇지 않을 경우에 이러한 생략된 부분을 보완해서 두 번째 후보에 대해서도 염두에 두어야 되지 않겠느냐는 생각인데요. 그래서 그렇게 봤을 경우에는 역시 '진왕이 신지에게 이러한 호를 가하여 우대했다'라고 해석하는 것이 바르다는 생각이고요. 오히려 이영식 선생님께서는 '진왕에게' 라고 하는 것을 어떻게 보충을, 보완을 해서 이 문장을 맞출 것인지에 대해서 여쭤보고 싶습니다.

이영식 : 네, 선석열 선생님 부탁합니다.

선석열 : 저는 일단 자구상의 해석에서 신지 다음에 '혹' 이라는 게 나오면 어떤 인간을 가리킬 때 혹은, 어떤 타인을 나타내는 게 아니고 그중에 어떤 사람들이라는 뜻이 된다고 생각해서 해석을 한 겁니다. 그런데 이제 질문이 왜 마한 둘, 변한 둘 있는데 왜 진한은 빠졌느냐에 대해서는 그 밑에 사료에 나오듯이 진한은 대방군과의 교섭에서 진한을 중심으로 한 교섭체계 내에는 진한이 들어가지 않았기 때문에 거기에 소개가 되지 않았다는 겁니다. 물론 변진조에 보면 다시 다섯 개의 신지, 살해읍차라고 해서 다섯 개의 다른 호칭들이, 별칭들이 보입니다. 그것은 읍락의 지배자까지 포함한 다양한 별칭, 고유별칭이라고 볼 수 있는데 이러한 사건

으로 인해서 진한을 매개로 하는 대방과의 교섭체계에서는 진한이 빠졌기 때문에 굳이 여기에 소개하지 않았다고 생각합니다. 그런 생각에서 저는 이것을 나누어 봤습니다.

이영식 : 저희가 왜 이것을 가지고 시비를 하는가 하면 지금 여기 포함돼 있는 구야국이 대외교섭을 할 때에 주체, 그리고 나머지 한의 소국들과의 연대, 이런 걸 생각하는데 중요한 기준이 되기 때문에 그렇습니다. 예를 들어 지금 두 분 선생님처럼 하면 구야국이 단독으로 중국 군현과의 외교를 적극적으로 벌인, 뭐 그런 식으로 평가할 수 있고요. 또 진왕에 포함된 칭호하면 외교와 관련돼서는 어느 정도 한의 여러 나라들이 외교권을 진왕에게 위탁한 흔적으로도 생각할 수 있기 때문입니다. 우리가 지금 여기 주제로 하는 고대 동아시아 속에서 과연 이 구야국이 어떤 양상으로 중국의 군현과 외교교섭을 벌였던지 그걸 좀 더 확인하고 싶어서 이런 작구해석에 관해서 조금 말씀을 드렸습니다.

시노하라 선생님에 대해서는 그 정도 하고 선석열 선생님 발표로 넘어가겠습니다. 오늘 선석열 선생님께서 상당히 중요한, 재미있는 지적을 하셨습니다. 우리가 철을 수출했다, 뿐만 아니고 중국 입장에서 진짜로 철이 필요했느냐, 지금 우린 이 자리에 앉아서 내내 수출했다, 수출했다만 얘기하고 있었습니다. 그런데 선석열 선생님께서 위가 오, 촉과 대립을 하면서 철이 상당히 필요했다. 그래서 중국의 입장에서 이건 오히려 가야의 철을 수입할 수밖에 없었다. 그런 중국 쪽의 필요성을 지적해 주신 것을 저는 처음 봅니다. 다만 중국의 입장에서 보면, 과연 오와 촉을 견제하기 위해서 위가 군현을 통해서 가야의 철을 그렇게 강력하게 수입하고자 했느냐, 이런 문제에 대해서 어떻게 생각할지 조금 물어보고 싶습니다.

선석열 : 예를 들면 이제 한이나 왜에서 생산되는 비단들이 낙랑을 통해서 재가공 돼서 중국으로, 위나라로 들어간다는 겁니다. 그런 자료들이 나오기 때문에 또 향신료라든지 이런 것도 분명히 중국은 보면 화북, 화중, 화남만 있으면 자급자족이 가능한 상태지만 분리가 되면 물자부족 현상이 나타난다는 그런 논리가 있습니다. 예를 들면 만약에 낙랑군에서 철이 필요한데, 우리 염사치설화에도 나옵니다. 거기에 보면 한인을 잡아 왔다가 소동이 일어나는 그런 것과 같이 낙랑지역에 철이 필요한데 이 철을 중국 본토에서 공급받다가 본토에 전쟁이 일어나 철을 사용할 일이 많아지면, 오히려 왜와 한에서 이것을 낙랑으로 부족분을 메울 수 있는 그게 되면, 아주 소극적인 해석입니다마는 중국 본토의 철 부족 현상이 어느 정도 해소되지 않는가 하는 그런 측면에서 말씀드린 겁니다.

이영식 : 네, 고맙습니다. 장학봉 교수님 준비 되셨으면 말씀해 주시죠.

장학봉 : 갑자기 질문을 받았는데요. 가야의 철이 중국으로 유입되는 것을 그 전에 제가 생각해 본 적이 한 번도 없었습니다. 그런데 앞에 말씀하신 것을 들어보니까 낙랑군이 서한의 군현 중의 하나인 사실을 제가 깜빡했구나 하고 느껴졌습니다. 제 생각에 철기의 원료인 철광석이 낙랑으로 유입되는 것과 중국으로 유입되는 것은 다른 차원입니다. 낙랑군은 양한시기에서 아주 중요한 위치를 차지하고 있습니다. 서한 초기부터 나라에서 일정한 법령을 내려서 중국 안에 있는 철들이 다른 지역으로 유입 금지되었습니다. 예를 들면 예전의 남월국이나 흉노들에 대해서 구체적인 기록이 있었습니다. 하지만 그 당시에 남월이나 흉노는 서한에서 보면 외국입니다. 하지만 낙랑군은 서한 중앙정부에 속하기 때문에 중앙정부

는 낙랑에게도 그러한 금령을 내린 적이 있는지 검토할 필요가 있다고 생각합니다. 하지만 낙랑군 유적으로 볼 때 그 안에서 나오는 철기 같은 것의 생산지는 오늘날의 사천지역, 예전의 촉군, 그리고 광한군 일대입니다. 낙랑군과 광한군은 거리가 아주 멉니다. 하지만 낙랑군에서 출토되는 광한군에서 제작된 공예품들을 볼 때 국가관영 제작공방에서 나오는 것입니다. 그래서 제 생각은 한대 정부는 낙랑군에 대해서 다른 정책을 실시하고 있는 것 같습니다. 나중에 낙랑군에서 관영부서 외에 호족들의 제작 공방이 많이 생겼습니다. 그 사람들이 만약에 중국 대륙에서 원재료들을 구할 수 없으면 혹시 한반도를 통해서 그런 것들을 구입했을 가능성이 있다고 생각합니다.

이영식 : 네, 고맙습니다. 선석열 선생님 발표문에 진서 기사가 있는데요. 이건 원래 전부터 선생님께서 연구하시던 거고, 저도 지난해 이 자리에서 이 사료를 변한의 구야국이 교역에 포함되어 있었을 가능성이 충분히 있다, 이렇게 얘기를 했습니다. 한 가지 덧 붙이자면, 홍보식 선생님 등이 제시한 마한계 토기가 고김해만, 그리고 수영만에 집중되어 출토되는 양상을 추가했습니다. 즉, 위지 왜인전의 기록에서는 '역한국'해서 즉 한국을 다 거쳐서 구야한국, 구야국에 도착한다고 되어 있으니까 그런 교류의 하나로 수영만과 고김해만 지역에 마한계 토기가 출토되는 게 혹시 이 기록을 좀 더 살릴 수 있지 않을까, 그런 얘기를 한 적이 있습니다.

다음으로, 연민수 선생님 발표입니다. 연민수 선생님 발표는 오늘 여러분들은 모르시겠지만 저는 진짜 깜짝 놀랄 얘기가 있었습니다. 분명히 신라본기에 있는 기록인데, 이거 신라 얘기 아니고 가야 얘기다, 이렇게 말씀하신 게 있습니다. 그것 하나하고 그다음 선석열 선생님이 언급하신 게 수로왕의 기사입니다.

서력 연대는 108년 이렇게 돼 있습니다. 파사이사금이 현재의 경상북도 경주시 안강읍과 강원도 삼척시에 자리했던 국가들끼리 국경분쟁이 일어나 조정을 잘 못하자, 수로왕을 불러 이걸 조정 해달라 하고, 수로왕이 조정을 했는지 어쨌는지는 모르지만 환영연에서 육부의 촌장 하나인 한기부 촌장을 자기 노비를 시켜 죽이고 유유히 김해로 돌아온 사건이 있습니다. 거기에 대해서 두 분 다 같은 기록을 사용하고 있는데, 선석열 선생님은 임나가라 연맹, 금관가야 연맹 이런 연맹을 얘기하십니다. 그래서 이 기록에 무슨 연맹을 생각할만한 그런 내용이 있는지, 조금 궁금합니다. 혹시 연민수 선생님 두 가지 다 포함해서 이 기사에 대해 말씀 부탁드립니다.

연민수 : 사실 이 글을 쓰기 위해 사용 가능한 사료를 다 끄집어 보려고 노력을 했는데 참 쓰기가 힘들더라고요. 그래서 교역 관련해서는 고고학 자료도 있고 해서 많이들 연구가 됐고, 외교적인 측면에서 한번 볼 수는 없을까, 구야국하면 떠오르는 게 교역과 철, 이런 것이 어떤 아이콘 같이 돼 있어서 교역의 문제를 논할 때 사실 외교를 배경에 두지 않으면 어렵지 않느냐, 철 자원 같은 경우는 특히 왕권의 유지와도 관련이 있는 것이고 이게 개인 교역에 의해서 이뤄질 수는 없는 거다 그래서 외교의 안정성이 있어야 교역도 원활하게 이루어지지 않을까, 그런 생각을 가졌습니다. 삼국사기 초기기록 자체가 신라본기에 나오는 왜 관련 기록들이 상당히 문제가 많습니다. 그래서 특히 왜의 침략기사가 초기에 상당히 많이 나옵니다. 그와 더불어 또 혼인기사, 왜국과의 혼인관련기사도 나오고 잘 안 될 때는 단절기사도 나오는데, 여기에 가야 관련 기록은 본기도 없고 열전도 없고, 깡그리 빼먹은 상태에서 편찬됐기 때문에 어딘가는 가야 관련 기사가 신라 기록 속에 포함되지 않았을까 해서 끄집어내 봤습니다. 가야

와 신라보다도 가야와 왜가 뭔가 우호적으로 진행되었고, 기록은 없지만 그래서 혼인관계기사도 이런 쪽에 붙이면 좀 이해하기가 수월하지 않을까 생각됩니다. 그런데 이러한 중앙정권이 지방세력을 병합하면서 다양한 지방세력들의 경험들이 중앙에 편입하는 예가 일본 측 기록에도 많이 나옵니다. 안정되지 않은 과잉추론이지만 한 번 사용해 봤습니다. 상당히 불안한 감을 가지면서 생각해 봤는데 좀 더 고민을 해봐야 될 것 같습니다.

이영식 : 예, 가야사의 지평을 넓혀준다는 건 좋지만, 묶어서 하는 것보다는, 기사 하나하나 다 사료비판을 거치는 게 더 바람직하지 않을까 생각됩니다. 조금 전의 쟁강기사에 대해서도 부탁합니다.

연민수 : 제가 그런 기년의 문제를 그대로 믿는 게 아니라 초기에 양국 간에 여러 가지, 몇 가지 신라초기와 가라국간에 우호관계를 전하는 그런 몇 가지 사례를 들었는데 그런 게 하나의 양국 간의 정치적인, 왕권간의 우호관계, 친근감을 나타내는 사료로서 반영된 것으로 보는 거지 실질적으로 중재했다 안 했다 사실판단을 하기는 상당히 어렵다고 봅니다.

이영식 : 혹시 선석열 선생님 하실 말씀 있으십니까?

선석열 : 조금 논외이기는 합니다만, 마립간 시기에도 신라, 왜의 전투기사가 나오고 그 이전 이사금 시기에도 나오는데 그 기사는 일정한 경향성이 있습니다. 전반부는 신라 월성이나 금성 이렇게 수도권을 공격하다가 후반기에는 신라 변경을 공격합니다. 그 패턴이 왜 똑같은지 모르겠습니다. 그 다음 소국 쟁강기사 이후에 앞에서 본 박씨와 석씨가 병립한다고 보고 소국 정복기사를 순서대로 나열하면 딱 이 이후부터 소국 정복활동이

본격화됩니다. 한 50년 안에 급속하게 이루어집니다. 그것은 진한사회 내부의 어떤 변화가 아니라 국제정세의 변동과 연동돼 나타나는 게 아닌가 생각됩니다. 한 가지 에피소드가 있었습니다. 제가 이 발표문 관련 내용을 93년도에 처음 논문으로 썼는데, 한 달 뒤인가 안재호 선생님이 갑자기 전화가 왔습니다. 울주 하대 고분군을 발굴하니까 280년대부터 그 이전하고는 문화상이 바뀌더라, 완전히 신라화 되어 간다는 그런 말을 듣고 저도 깜짝 놀랬습니다. 그래서 그 뒤에 국제사회 변동 문제하고도 연결을 해 공부를 하게 됐습니다. 이상입니다.

이영식 : 예, 감사합니다. 그다음 중국에 장전민 선생님 쪽으로 넘어가겠습니다. 우선 이양수 선생님이 토론을 준비하셨는데 이양수 선생님 부탁을 드리겠습니다.

이양수 : 예, 장전민 선생님 발표는 한경에 대한 개괄적인 설명이었고 그래서 되게 재미있게 봤습니다. 어느 동경이 어떤 지역에서 주로 출토되고, 화상경의 경우는 절강성 샤오싱에서 많이 출토된다고 하셨습니다. 한국에서 출토되는 거울을 보면, 전한경의 경우 임당것을 포함시켜 초엽문에서부터 시작해서 창원 다호리에서 성운문경이 나오고 그다음에 이체자명대경이 조양동에서 출토되고 그다음에 훼룡문경이 평리동, 대구 평리동에서 출토됩니다. 이렇게 순서대로 가고 있다가 갑자기 후한경이 되면 진한 지역에서는 전혀 출토되지 않고 변한 지역에서만 출토되고 있는데 처음에 박국경, 그다음에 세선식수대경이 고성패총에서 출토되고 있습니다. 사실 그 뒤에 나오는 강남으로 동경이 제작되는 곳이 넘어가는 시기의 동경들, 일본에서 지금 호케노야마에서 출토된 신수경이라든지 그런 거울을 사실 보이지 않고 있습니다. 그런 것들이 어쩌면은 시기적인 문제일 수도 있고, 아

니면 중국과의 지역적인 교류의 양상에서의 차이 등이 그런 것들도 있을 것 같습니다. 그런 측면에서 봤을 때 지금 선생님이 발표하신 내용은 시기적인 변화에 좀 더 초점이 맞춰져 있는데 지역적인 양상으로서 각 형식들이 어떠한 의미를 가지고 있는지, 어떠한 변화라든지 지역적인 양상이 어떤 것인지 그것을 좀 명확하게 설명을 해주시면, 한반도에 들어오는 동경에 대해서도 좀 더 이해를 높일 수 있지 않을까 하는 생각이 듭니다.

장전민 : 한대는 통일이라는 정치국면 때문에 남북지역에서 문화 표현도 통일성이 보입니다. 서한 중기에는 중앙지역 외에 다른 지역에서 동경의 형태 같은 부분은 동일성을 보여주고 있습니다. 그래서 지역적 차이가 아주 작습니다. 저희들이 서한 동경을 연구했을 때에는 지역적 차이성을 거의 고려하지 않지만 동한 중만기부터 지역적 차이가 점차 커지고 있습니다. 그래서 동한 중만기부터 저희들이 연구할 때 지역적 차이도 같이 고려하게 되었습니다. 이러한 상황을 고려해서 저는 논문에서 이런 지역적 특성을 크게 언급하지 않았습니다. 하지만 논문을 보시면 각 동경 형태가 유행했던 지역을 소개하였습니다. 발표문을 보시면 신수경은 주로 황하유역에서 발굴된 한묘에서는 드물게 출토되었으나 양자강유역 등지에서는 다량 출토되었습니다. 이 두 가지 유형은 북방지역, 특히 황하유역에서는 거의 발견하지 못했습니다.

그리고 연호문경중을 제가 운뢰연호문경, 장의자손연호문경으로 나누었습니다. 중원지역과 북방지역에서는 장의자손연호문경과 운뢰연호문경이 유행하였습니다. 그리고 남방지역에서는 다운뢰연호문경이 출토되었습니다. 요즘의 연구추세는 갈수록 세밀하게 연구하는 추세입니다. 그래서 앞으로 중국에서도 지역적 차이에 대해서 연구가 많아질 것 같습니다.

이영식 : 예, 고맙습니다. 그 다음에 조윤재 교수님질의 부탁합니다.

조윤재 : 예, 장전민 선생님께 두 가지 질문만 드리도록 하겠습니다. 지금 토론문 요지가 있으니까 통역하기 편하게 제가 한 번 읽도록 하겠습니다. 동경문제는 사실 금방 이양수 선생님께서 질문을 좀 하셨는데 원래 동경에 대한 연구가 사실은 중국에서는 상품성과 이동성이 너무 탁월하다 보니까 동경 자체에 대해서 사실은 이 지역성 문제가 과연 제조한 지역이 어디냐, 아니면 유행한 지역이 어디냐, 둘로 나눠서 생각해야 됩니다. 그래서 사실 이전에 금방 장 선생님께서 얘기했듯이 동경에 대한 연구가 많이 안 돼 있었습니다. 왜냐하면 일선 학교에서도 대학원생들한테 주제를 동경으로 했을 때는 선생님들이 그거 할 필요 없다고 했습니다. 그런데 이제 와서는 그걸 그렇게 볼 문제는 아니고 조금 더 미시적인 관찰이 필요하지 않나 그렇게 보고 있습니다. 그래서 저는 개인적으로 동경을 볼 때 시대별로 뉴의 변용이 보입니다. 뉴가 과연 왜 반구형으로 변하고 또 뉴에 대한 끈을 묶는 방법, 부위라든지 형태라든지 크기라든지 이런 것들, 그리고 동경 전체의 형태, 특징들이 변하는 것들이 상당히 풀어야 될 문제들이 많습니다. 그중에서 한대 동경의 경뉴변화가 궁금합니다. 그래서 이 변화의 실제적인 동인이 뭔가, 동경제작 기술로 봐야 되는 것인지, 아니면 동경을 부착한다거나 고정하는 방식의 변화 때문인지 이 점에 대해서 설명을 부탁합니다.

두 번째로 한대 이래로 중요한 동광 문제입니다. 남방지역과 장강유역에 분포하고 있다고 일단 이해를 하고 있습니다. 그런데 동한시기에 보면 북방지역 혹은 중원지역에 이 동경은 주로 수도 낙양에서 주조가 되고 제작된 것으로 판단하고 있습니다. 그 구체적인 예로는 상방이라든지 후일의 우상방 이라든지 이러한 관영동경 제작부서에서 제작되고 있는데 과연 이러한 부서에서 실제적으로 동의 수급에 대한 문제와 동을 확보하고 난 다음에 저장과 관련된 유적이 확인이 되고 있는지 대답을 부탁드립니다.

장전민 : 한대는 극단적인 경제발전으로 인하여 동광이 많이 생기고 동의 생산량도 많이 늘었습니다. 이로 인해 한대 동경의 제작은 정치적으로 봤을 때는 이전 시기보다 훨씬 두꺼워지면서 무거워졌습니다. 이에 따라 경뉴의 형태변화도 나타났습니다. 예전의 가벼웠던 산형뉴가 원뉴로 변하고 점차 반구형으로 변했습니다. 그리고 한대는 경제적 발전 외에 사람들의 심미관 변화도 일어났습니다. 예전의 가벼운 동경보다는 기묘하고 무거운 형태를 더 선호하는 편입니다. 그래서 경뉴의 형태도 변화가 일어났습니다. 그리고 한대 경뉴는 점차 동경의 중요한 부분으로 되어 있습니다. 예를 들면 반룡문경 같은 경우 경뉴가 반룡문의 한 부분이 되었습니다. 그리고 동경을 사용했을 때 경뉴 밑에는 구멍이 있습니다. 구멍을 통해 띠를 매고 사용합니다. 이러한 고정방식은 중요한 방식이라고 생각합니다. 고고출토문물 중에도 많이 나타났습니다. 그래서 제 생각은 경뉴의 변화와 고정방식의 관계성이 적다고 생각합니다.

상방에 관한 질문은 굉장히 전문성 있는 질문입니다. 토론자분께서 한대에 제작하는 관소에 대해서 아주 잘 아시는 것 같습니다. 상방은 한대 황실을 위해 명품들은 제작하는 관소입니다. 소부에 속합니다. 후일에는 좌상방, 우상방으로 나누어졌는데 우상방은 동경제작만 맡았습니다. 현재 중국사회과학원 고고대는 하내고성에서 고고발굴을 계속 진행하고 있습니다. 제가 개인적으로 고고팀장에게도 여쭤봤는데 아직까지는 동의 제련, 관이 제작한 흔적을 발견하지 못하고 있습니다. 제 생각에 이러한 상황은 발굴의 경과에 따라, 보존상황에 따라서 달라지고 있습니다. 동에 관한 흔적이 없지만 하내고성에서 소량의 철 찌꺼기 등이 출토된 흔적이 있었습니다. 아마도 야철유적이 아닌가 싶었는데 아쉽게도 파괴가 너무 심해서 보존상태가 좋지 않습니다.

이영식 : 예, 고맙습니다. 애써 먼 데서 오셨으니까 우리 김해에서 동경이 출토되고 있는데, 여러분들 뒤에 보시는 게 대성동 23호 출토 동경입니다. 그래서 혹시 이거 하고 그다음에 전 양동리, 같은 거울이 있는데 그것에 대해서 소견을 말씀해 주시면 좋겠습니다. 짧게 부탁합니다.

장전민 : 이 동경은 박국문경 유형입니다. 이 박국문경의 가장 큰 특징은 T · L · V 모양과 같은 문양입니다. 한대에 박국에서 이러한 문양이 많이 나오기 때문에 학계에서 이런 거울을 박국문경이라고 부릅니다. 그 전에 어떤 학자는 규구문경이라고 부릅니다.

이영식 : 시간이 없으니까 시기나 생산지에 대해서 조금 생각이 있으시면 부탁드립니다.

장전민 : 왕망시기에서 동한 전기, 그 사이에 나오는 거울이라고 생각합니다. 이것 역시도 중앙관소에서 제작한 것으로 생각합니다. 왜냐하면, 동한 후기부터 지방에서도 제작 되는데 그 이전에는 거의 다 중앙에서 제작하는 것으로 추정합니다. 그리고 이러한 형태의 동경은 보통 상방이라는 명문이 있습니다.

이영식 : 네, 고맙습니다. 장학봉 선생님 오래 기다리셨습니다. 장학봉 선생님 발표에 대한 질문으로 옮기겠습니다. 조윤재 교수님.

조윤재 : 예, 장학봉 선생님 발표문에 보면 김해만 외측에 거제도에 대한 얘기가 나옵니다. 구야국의 중요 구성 부분이면서 거제와 구야의 독음이 상통된다고 말씀을 하고 계십니다. 거제지역의 중요성과 기능들은 지적한 것은 동의하지만 과연 거제와 구야의 독음이 우리식으로 봤을 때 상통이 된다는 의견에 저는 개인적으로 아닌 것 같습니다. 그리고 거제 지명에 대한 기원이나 출현 시점을 생각해야 됩니다. 과연 거제라는 지명이 어느 시점에 출현하는가? 이것이 바로 관건이 되겠죠. 그래서 지금 보면 문헌상에도 나옵니다마는 경덕왕 757년에 사주가 나오는데 그 부분에 거제가 나옵니다. 이런 지명들이 보이고 있고 또 조금 더 이른 시점에 거제가 나왔을 수도 있는데 과연 이 시점과 거제의 지명이 출현하는 시점이 과연 매치가 될 수 있는가? 이런 의문이 생깁니다. 그래서 이에 대한 발표자의 의견을 듣고 싶습니다.

두 번째로는 역시 조금 문제가 되는 대목입니다. 국명의 특징을 들어 이 주민의 출자를 제시한 대목이 보입니다. 특히 본문에서 盧, 路 등과 같이 설음, 반설음 혹은 유사한 독음으로 국명의 끝 글자를 기재한 국명의 경우 이들 소국의 구성원은 중국의 동부지역 혹은 한반도의 북부에서 동부해안을 경유해서 남하한 소위 기마민족일 가능성을 추정하고 있다고 얘기를 했는데 저는 이에 대한 조금 더 구체적인 근거 배경이 필요하다고 봅니다. 여기에 대해서 대답을 부탁드립니다.

장학봉 : 감사합니다, 조 선생님. 사실 지금은 거제 지역을 거제라고 부르는데 과거에 제가 사료를 찾아볼 때는 중국어로 '끄제' 라고 부르고요. 제가 단지 발음에만 주목했습니다. 거제라는 지명을 저도 삼국사기를 통해서 봤습니다. 삼국사기를 보면 거의 대부분 지명이 통일신라 이후부터 중국식 지명으로, 한자식 지명으로 바뀌는데 가끔씩 그중에 남아있는 고대 한국어

의 발음이 나타나는 지명들이 있습니다. 예를 들면 평양과 하얼빈, 지금 중국어로는 핑랑(Píngrǎng), 하얼삔(Hā'ěrbīn) 하고 부르는데 단순히 한자적으로 보면 굉장히 중국식 지명같이 보이지만 그 발음이 사실은 옛날 그 지역의 발음이 남아있는 것이라고 생각합니다. 사실 저도 논문에서 의문점을 제시했을 뿐이고요. 만약에 구야라는 그 지역의 발음이 고어에 따라서 발음할 수 있었으면 거제라는 발음과 구야라는 발음이 무슨 관계인지 앞으로 밝혀질 수 있기를 기대합니다.

이영식 : 네, 고맙습니다. 거제라는 지명은 통일신라시대에도 없습니다. 통일신라시대에 거제는 '상군'이었습니다. '두루마기 상'자 상군, 그래서 조금 문제가 있습니다. 선석열 선생님 질문부탁합니다.

선석열 : 부리와 비리라는 초기에 평면을 뜻하는 지명은 만주와 한반도 동해안에 즐비하게 나옵니다. 거기에 대해서 어떻게 생각하십니까?

장학봉 : 한자를 단순히 보면 비리라고 발음하는데 음운학적으로 중고시기에 발음을 보시면 자음과 모음을 나눴을 때 자음은 거의 변할 수 없고 모음은 a,o,e,i,u 이렇게 되어 있고요. 그래서 저는 이런 발음을 통해서 추론해 봤습니다. 사실 제가 주목하는 부분은 한반도 서남부지역에서 도작유적이 많이 나오기 때문에 그중에 제가 백월과 관련된 요소들을 봤습니다.

선석열 : 그런데 거기에 나오는 삼국사기의 지명들이 부리나 비리라는 것의 삼국사기의 신라시대 표현입니다. 백제나 마한시기의 표현이 아니라는 겁니다.

장학봉 : 그 부분에 대해서는 저도 구체적으로 잘 모르는 상황입니다. 제가 사서를 봤을 때는 원래 백제 정권 밑에 있던 것의 이름이 아닌가 싶었습니다.

이영식 : 네, 알겠습니다. 비리, 부리의 차이도 있는 것 같고요. '로'로 끝나는 것도 마한지역에 막로국도 있고 자리모로국도 있고 또 있습니다. 그런 차이가 있네요. 시간이 조금 넘었습니다. 이제 겨우 각자의 확인이 끝났는데 시간이 다 넘어서 뭐 시간을 지켜야 되겠죠. 다만 한두 가지만 말씀을 드리겠습니다.

공통주제가 쭉 있었는데 전혀 소화 못 했습니다. 박진일 선생님, 대성동 소성유적 50%, 구산동에 90%, 야요이토기의 분포에 대해서 어떻게 생각하시는지 알고 싶습니다. 혹시 이 구야국에 주민구성과 관련해서도 의견의 있으시면 말씀해 주십시오. 사실 문헌기록에서는 그런 게 그렇게 이상하지는 않습니다. 왜냐하면, 중국에 변란이 있을 때마다 사람들은 이동해서 한(韓)지역에 들어왔다는 기록도 분명히 있고요. 그 다음에 바다로부터 오는 탈해전승 이라든지 허황후전승도 있습니다. 그래서 우리가 생각하는 것보다는 여러 사람들이 함께 용광로처럼 들끓는 그런 공간이었다고 생각되는데 선생님께서 마침 대성동 소성 유적하고 야요이토기의 압도적 분포를 말씀해 주셨으니까 좀 더 말씀해 주실 게 있으시면 부탁합니다.

박진일 : 저는 야요이토기의 비율이 많은 것도 중요하지만, 김해, 부산지역을 중심으로 출토되는 야요이토기의 주시기가 야요이 중기 전반 토기들, 소위 스구식토기라고 하는 것들이 중심이 되는 것이 더 주목할 만한 양상이라 생각됩니다. 예를 들면 일본 규슈에 있는 하구 유적 같은 경우, 연구자들이 얘기하기에 이 세대에서는 점토대토기 집단이 이주하지만, 그 집단

이 내지에서 절충을 하면서 새로운 형태의 토기를 만들어내고 그와 비슷한 형태가 원지역 보다 더 오래 지속 된다고 합니다. 그와 마찬가지로 김해지역으로 최초로 이주한 일본 야요이토기 집단, 이주라 할까요? 아니면 교역 때문에 왔을까요? 아무튼 이런 사람들의 최초 정체성은 야요이 중기 전반 토기의 정체성을 가진 집단이 있었고 이 집단들이 계속 여기에 정주하면서 교역을 담당했던 세력으로 성장했던 것이 아닌가 생각됩니다. 대성동 소성 유적에서 와질토기와 야요이토기의 시차가 보인다 이런 말씀을 드렸는데 사실 뭐 발굴하신분도 계십니다만 층을 어떻게 볼 거냐? 이런 부분에 대해서 명확하지 않습니다만 만약에 그게 인정이 된다고 한다면 야요이 중기 전반을 중심으로 한 집단들이 일부 이주를 했고 계속 이쪽에서 상주하면서 야요이와 변한사회의 교역을 주도하는 세력으로 자리매김하고 있지 않았을까 이렇게 생각합니다.

이영식 : 네, 갑작스러운 질문에 답변해주셔서 고맙습니다. 플로어에서 시간이 경과되기는 했지만 두세 분 정도 혹시 의견이 있으시면 주시기 바랍니다. 네, 선생님. 선생님 저희가 채록을 하고 있어서 소속을 말씀해 주시면 좋겠습니다.

유기성 : 저는 학자는 아닙니다. 역사학을 공부하거나 연구하는 학자는 아닌데 우리 가야 향토사에 대해서 관심이 많아서 관련된 책자들을 많이 봤습니다.

이영식 : 저기, 어디에 누구시죠?

유기성 : 예, 저는 왜관연구회에서 활동 하고 있는 부원동에 살고 있는 유

기성이라고 합니다. 그런데 제가 관심이 있는 것은 아까 박진일 선생님께서도 대성동고분의 축조시기가 가야의 건국시기와 상당히 연관이 있는 것처럼 말씀하셨다고 합니다. 그래서 제 생각에 물론 김수로왕의 건국시기는 A.D 42년이라고 문헌 속에 나오는데 대성동고분의 축조 시기는 제가 알기로 3세기 초부터 4세기까지라고 기억하고 있습니다. 그런데 대성동고분의 축조 시기가 3세기 초라면 혹시 김수로왕의 건국시기가 3세기 초로 후퇴해서 생각해 볼 수도 있는 것인가? 이런 생각도 제가 해봤고요.

그다음에 과거에 한반도 남부지역이 국가 간의 경계가 없던 그런 시기였다면 남방계의 사람들이 많이 한반도 남부로 와서 살 수 있지 않았겠나? 그렇다면 여러 가지 지금 현재 이야기되고 있는 북방세력은 그 후에 들어와서 남방계와 같이 어울려서 국가가 형성되지 않았을까 이런 생각을 해봅니다. 거기에 대해서 설명을 해주시기 바랍니다.

이영식 : 네, 고맙습니다. 북방계, 남방계 얘기는 범위가 너무 넓으니까 대성동 축조시기, 고분군 축조시작과 그리고 가락국의 시작, 수로왕의 건국관계는 어떻게 되느냐에 대해 박진일 선생님 말씀을 해주시죠.

박진일 : 말씀하신 것은 아마도 대성동의 전성기를 말씀하시는 것 같습니다. 대성동에 있는 여러 묘제, 돌로 만든 거라든지 목곽묘라든지 그 이전 단계의 목관묘 등 여러 가지 상황을 고려해봤을 때 현재로써 지석묘 이후, 점토대토기단계 이후에 대성동의 주력세력으로 등장하는 것은 발표 내내 목관묘 세력이라고 말씀드렸습니다. 제 생각에는 기원후 1세기 정도면 충분히 등장할 수 있다고 보여집니다.

이영식 : 아까 대성동고분군의 범위에 대해서 말씀을 해주셨는데요. 지금

구지로 유적 이라든지 전에 실로암유치원 앞에 있었던 구지로 유적 이라든지 아니면 반대편의 가야의숲, 우리가 3호묘 이런 얘기를 하지 않습니까? 지금 수릉원의 낮은쪽입니다. 사실 그런 것도 다 포함을 해서 대성동고분군으로 간주해야 된다고 발표자 두 분이 어제 말씀해 주셨습니다. 그런 데는 기원후부터 또는 전부터 시작하고 있으니까요. 위에 있는, 우리가 아는 대성동이라고 이름 붙은 그것만 생각할 필요는 없을 것 같습니다. 혹시 또 계십니까? 예, 정인성 교수님. 마지막으로 하겠습니다.

정인성 : 영남대학교 정인성입니다. 먼저 우에노 선생님께 몇 가지가 있습니다. 평장리 관련해서는 최신연구가 있습니다. 평장리 같은 경우에는 지금까지 봤던 공반유물 중에서 중광형동모 같은 것들이 공부 점선복원 때문에 중광형으로 보였지 실제로는 세형이다, 그렇기 때문에 시기는 반드시 올라간다. 그렇지 않고는 최근에 나오는 호남지역의 주조철기, 전국계 철기들을 이해할 수 없다, 이런 게 이미 선행연구로 발표가 되었고 최근 철기연구에서는 대세입니다. 이런 최신 선행연구가 전혀 고려되지 않으면서 평장리를 임당동에 나오는 재가공품과 연결시켜 가지고 낙랑군이라고 하는 것들은 완전히 예전 이야기로 돌아간 것 같은 그런 느낌이 강하게 있습니다.

또 하나 늦은 시기의 거울이 왜를 통해서 들어온다고 하면서 구체적인 근거가 단면마멸흔 이야기를 하셨습니다. 벌써 십 년 전에 토성리토성, 낙랑토성에서 단면마멸흔이 있는 청동기가 거울이 여러점 있다, 이미 발표가 된 것입니다. 마지막으로 낙랑과 왜 직항통로가 교역로가 있었을 가능성이 있다는 이야기는 이 역시 최근에 김병준 선생님이 중앙아시아와 주변국가의 관계를 설명하면서 소위 군현의 역할이 그렇지 않다, 주변에 있는 국가들을 전부 연동해서 같이 군현에서 관리한다, 이런 연구가 있습니다. 뭐 어쨌거나 제 이야기는 이런 관련한 최신 선행연구를 참고해서 발표를 하시면 더욱 박진감 넘치는 발표가 되지 않을까 싶습니다.

우에노 : 예, 감사합니다. 철기, 최근에 논의가 되고 있는 철기론이라든지 낙랑 이전부터 중국문물이 들어오고 있다는 얘기는 저도 전해 듣고 잘 알고 있는 바인데 그런 중국문물의 흐름과는 달리 거울이라는 것에 집중해서 봤을 때 어떤 것이 보이느냐는 부분에 이번에는 초점을 맞췄던 것입니다. 그리고 아까 이양수 선생님과의 토론에서도 말씀드렸던 바 있지만, 대성동 고분에서 나오는 거울 같은 경우에도 일률적으로 중국에서 들어왔다 아니면 일률적으로 일본에서 들어왔다 이런 논의를 하는 것이 아니라 어떤 것들은 일본에서 들어왔고 어떤 것들은 중국에서 들어왔다 그런 식으로 시기라든지 거울의 성격이라든지 그런 것들에 따라서 구분하고, 중국의 의도나 왜왕권의 의도라든지 그런 것들을 종합적으로 봐서 검토해볼 필요가 있지 않나 하는 의도에서 그런 말씀을 드렸던 것입니다.

이영식 : 네, 우에노 선생님에 대한 질문은 그 정도 하시고요. 박진일 선생님 질문 하나만 더 하시죠.

정인성 : 오늘 학술대회의 발표를 전반적으로 봤을 때 이 시기를 다루려면 동아시아 속의 구야국이기 때문에 시기의 편년문제가 대단히 중요합니다. 최근 10년, 15년 동안 동아시아에서 이시기를 다루는 시기 문제는 AMS 편년으로 크게 움직였습니다. 여기에 대해 개인적으로 비판 내지는 보충논문들을 쓰면서 일본과 한국과 중국의 이 시기를 바라보는 연대의 패러다임이 크게 움직이고 있는데 여기에 대해 개인마다 의견이 다르다고 생각합니다. 오늘 장전민 선생님도 말씀하셨지만, 중국에서의 최신 거울 편

년도 시기가 상향되고 있습니다. 중간에 오카무라 선생님 이야기를 하셨는데, 오카무라 선생의 수정연대보다 오늘 장전민 선생님의 연대는 더 빠릅니다. 이런 기본적인 베이스에 깔려있는 동아시아의 연대관에 대한 개인적인 의견을 먼저 좀 이야기를 하고 논의를 전개했으면 더욱 박진감 넘치고 재미있지 않았을까 하는 그런 느낌이 있습니다.

관련해가지고 박진일 선생님 갑자기 원형점토대토기는 그렇게 보시면서 나머지 토기들의 출현연대를 김해에서 내리는 이유가 뭔가 궁금합니다. 최근 여기에 근거 중의 하나를 윤태영 선생님 논문에서 읽어 봤습니다마는 근거가 딱 하나입니다. 조진선 선생의 세형동검 편년입니다. 아시는 것처럼 관련된 편년론에서 국내에서 특히 일본을 포함해가지고 가장 연대를 늦게 보는 선생님인데 그 연대를 가지고 와서 비슷한 시기의 청동검이 있기 때문에 연대가 늦다 이런 식의 판단은 조금 곤란하지 않나 생각됩니다. 아울러 대성동 소성유구를 동일유구에서 안정된 공반으로 생각하고 발표를 하셨는데 일본에서 들어온 야요이토기가 소성유구에서는 현지에서 계속 제작되었다라고 말씀하시는 것들은 시기가 안 맞으니까 그런 것 아닙니까? 그렇다면 제가 이 소성유구를 검토를 해봤는데, 야요이토기, 와질토기, 무문토기가 그런 구덩이에서 같이 소성될 수 있습니까?

박진일 : 깜짝 놀랐습니다. 이 연대문제에 대해서는 사실은 표현상의 오해가 있을 거라고 생각합니다. 윤태영 선생님의 연대를 제가 믿는다기보다는 윤태영 선생님이 가장 최근에 연구한 연구 성과이니까 윤태영 선생님의 연대가 이러하다는 것이고 제 개인의 연대는 사실 야요이중기의 개시에 대한 명확한 연대는 없습니다만 일반적으로 기원전 200년 전후로 보고 있지 않습니까? 저는 그렇게 생각하고 있습니다.

대성동 소성유구는 사실 저도 고민이 많습니다. 예를 들면 어떤 곳처럼 토기형식이 빨리빨리 바뀌는 곳도 분명히 있을 테고 어떤 곳은 그 토기의 형식이 지석묘를 예를 들더라도 지석묘가 빨리빨리 바뀌고 적석목관묘가 빨리 등장하는 지역은 빨리 없어질 터이고 제가 판단하기에는 김해지역은 좀 늦게 있는 것 같기도 하고 이렇습니다. 야요이토기 문제도 같은 맥락입니다. 야요이토기가 과연 그러면 스구 I 식 토기를 중심으로 한 이 김해지역의 야요이토기 집단이 정말 스구 I 식 단계까지만 살았을까라고 생각해 볼 때는 그보다 좀 더 오래 정주할 가능성이 충분하지 않나 봅니다. 소성단일유구도 제 생각에는 같이 나올 것 같지는 않습니다. 같이 소성했을 거라고 생각하지는 않고 다만 보고서에서는 현재 층위를 나눌만한 적극적인 증거가 없다고 기술되어 있고 완전 단일 시기는 아니라 하더라도 그 시기폭이 그렇게 길지는 않을 거라고 생각을 합니다. 답변 되었는지 모르겠습니다.

이영식 : 네, 고맙습니다. 제가 시간을 관리를 잘 못 해서 시간이 좀 오버가 됐습니다. 이해해 주시기 바랍니다. 내년에 또 똑같은 자리가 이루어집니다. 대신 내년에는 또 다른 좌장께서 앉으셔서 진짜 첨예한 논쟁으로 마지막 같은 불꽃같은 토론이 될 것으로 기대를 합니다. 제 생각에 이렇게 많은 인원이 자리에 계시는 것도 너무너무 감사하게 생각하고 이러면 가야사 발전이 있지 않겠나 하는 생각이 듭니다. 그리고 여기 발표자, 토론자 여러 분들께 시간을 충분히 못 드린 것도 대단히 죄송하게 생각합니다. 장시간, 이틀 동안 수고 많으셨습니다. 고맙습니다.